SCIENCE ET PHILOSOPHIE

AUTRES OUVRAGES DE M. BERTHELOT

OUVRAGES GÉNÉRAUX

LA SYNTHÈSE CHIMIQUE, 5ᵉ édition, 1883. in-8. — Chez Germer-Baillière.

TRAITÉ ÉLÉMENTAIRE DE CHIMIE ORGANIQUE, 2 vol. in-8, 2ᵉ édition, avec la collaboration de M. Jungfleisch, 1881. — Chez Dunod.

ESSAI DE MÉCANIQUE CHIMIQUE, 2 forts vol. in-8, 1879. — Chez Dunod.

SUR LA FORCE DES MATIÈRES EXPLOSIVES D'APRÈS LA THERMOCHIMIE, 2 vol. in-8. 3ᵉ édition, 1883. — Chez Gauthier-Villars.

LES ORIGINES DE L'ALCHIMIE, un beau volume in-8. 1885. — Chez Georges Steinheil.

LEÇONS PROFESSÉES AU COLLÈGE DE FRANCE

LEÇONS SUR LES MÉTHODES GÉNÉRALES DE SYNTHÈSE EN CHIMIE ORGANIQUE, professées au Collége de France en 1864, in-8. — Chez Gauthier-Villars.

LEÇONS SUR LA THERMOCHIMIE, professées au Collège de France en 1865, publiées dans la *Revue des cours publics*. — Chez Germer-Baillière.

Même sujet en 1880, *Revue scientifique*, chez Germer-Baillière.

LEÇONS SUR LA SYNTHÈSE ORGANIQUE ET LA THERMOCHIMIE, professées au Collège de France en 1882-1883, publiées dans la *Revue scientifique*. — Chez Germer-Baillière.

OUVRAGES ÉPUISÉS

CHIMIE ORGANIQUE FONDÉE SUR LA SYNTHÈSE, 2 forts volumes in-8, 1860. — Publiée chez Mallet-Bachelier.

LEÇONS SUR LES PRINCIPES SUCRÉS, professées devant la Société chimique de Paris en 1862, in-8. — Chez Hachette.

LEÇONS SUR L'ISOMÉRIE, professées devant la Société chimique de Paris en 1863, in-8. — Chez Hachette.

BOUROTON. Imprimeries réunies, B.

SCIENCE

ET

PHILOSOPHIE

PAR

M. BERTHELOT

SÉNATEUR, MEMBRE DE L'INSTITUT

PARIS

CALMANN LÉVY, ÉDITEUR

ANCIENNE MAISON MICHEL LÉVY FRÈRES

3, RUE AUBER, 3

—

1886.

Droits de reproduction et de traduction réservés

PRÉFACE

La vie d'un savant d'aujourd'hui est multiple, et son activité s'exerce dans des directions fort diverses : ce n'est pas qu'il y soit poussé par un vain désir d'agitation ou de popularité; peut-être aimerait-il mieux rester enfermé dans son laboratoire et consacrer tout son temps à ses études favorites. Mais il ne lui est pas permis de s'y confiner, sans qu'il s'ingère pourtant en rien de sa propre initiative. On vient l'y chercher et ses services sont demandés, souvent même sollicités d'une manière impérative et au nom de l'intérêt public, dans les ordres les plus différents : applications spéciales à l'industrie ou à la défense nationale, enseignement public, enfin politique générale. Solon disait déjà que nul citoyen ne doit se désintéresser et rester neutre dans les affaires de la cité. Aujourd'hui, ce devoir est plus imposé que jamais; car chaque Français, comme chaque Athénien, concourt à la défense militaire aussi bien qu'à la direction politique de la République.

De là la variété des essais contenus dans ce volume. Il est formé par la réunion d'articles que j'ai publiés depuis trente ans, dans diverses revues et journaux, tels que la *Revue germanique*, la *Revue des Deux Mondes*, la *Nouvelle Revue*, la *Revue scientifique et littéraire*, le *Journal des Savants*, les Revues spéciales de l'Instruction publique, enfin le journal *le Temps*, auquel je suis rattaché par de vieilles amitiés, depuis l'époque déjà lointaine où il débuta sous les auspices du regretté Nefftzer, jusqu'aux jours présents, où mon ami A. Hébrard préside à sa direction. Ces essais ne sont pas d'ailleurs isolés et absolument indépendants les uns des autres. Ils ont été inspirés par certaines vues philosophiques, dont le lecteur pourra retrouver la trace. En effet, quelques personnes, trop indulgentes peut-être, ont pensé qu'il y avait lieu de mettre ces essais sous les yeux du public, en un volume qui les réunirait tous et en montrerait le caractère général et la direction commune. Leur suite et leur enchaînement constituent une sorte de biographie intellectuelle et morale de l'auteur, la seule qui puisse intéresser les personnes étrangères à sa famille privée. Qu'il me soit permis d'entrer dans quelques détails à cet égard.

Les morceaux compris dans ce volume se rattachent à quatre ordres principaux : philosophie scientifique ; histoire de la science ; enseignement public ; enfin politique et défense nationales. Non certes que je prétende embrasser et remplir un semblable cadre dans ces quelques pages ; je n'ai pas de si hautes visées. Mais je me borne à énumérer les sujets auxquels mes articles se réfèrent et dont ils touchent, avec une compétence spéciale, quelques points particuliers.

C'est ainsi que le présent volume débute par une lettre à M. Renan sur *la Science idéale et la Science positive*, dans lequel j'expose mes vues personnelles sur la méthode scientifique et philosophique, sur le caractère et le degré de certitude de ses résultats dans les divers ordres de nos connaissances. En conformité avec ces vues, je présente ensuite les conclusions philosophiques des travaux de science pure qui ont occupé ma vie. Telle est d'abord la *Synthèse chimique* et la formation des composés organiques par les méthodes de la chimie, découverte qui a démontré l'identité des lois de la chimie organique et de la chimie minérale, écarté définitivement de notre science l'intervention de la force vitale, et manifesté pleinement le caractère créateur en vertu duquel la chimie réalise en acte les conceptions abstraites de ses théories et de ses classifications : c'est là une prérogative que ne possèdent jusqu'ici ni les sciences naturelles, ni les sciences historiques.

J'ai reproduit un article de la *Revue germanique* (1859), rédigé dans ce sens, et la leçon d'ouverture du cours qui fut créé au Collège de France en 1864 pour ce nouvel enseignement.

Non seulement les phénomènes chimiques sont identiques, en principe et en fait, dans la nature vivante et dans la nature minérale; mais ils peuvent être ramenés eux-mêmes aux lois plus générales de la mécanique; lois qui régissent aussi bien les astres qui nous entourent que les atomes ou dernières particules des corps. Cette doctrine, développée et précisée par des milliers d'expériences dans mon grand ouvrage sur la *Mécanique chimique* (1879), est trop abstraite et trop difficile à présenter en détail dans le langage ordinaire pour être exposée ici : mais j'ai cru cependant utile d'en marquer la place, par un court article qui en reproduit les conclusions philosophiques.

Entre les applications sans nombre de la

mécanique chimique, l'une des plus intéressantes est l'*Étude théorique et pratique des matières explosives*, étude également importante pour le savant et pour le patriote, et à laquelle j'ai été appelé à donner mon concours pendant le siège de Paris d'abord, et depuis comme président de la Commission des substances explosives. On trouvera dans ce volume un article qui renferme à la fois *l'Histoire de la découverte de la poudre et des matières explosives*, et les vues philosophiques relatives à leur emploi, soit comme puissances nouvelles dans l'histoire des peuples civilisés, soit comme agents susceptibles de montrer les états extrêmes de la matière, modifiée par des températures et des pressions inconnues dans nos expériences ordinaires.

Ce n'est pas seulement l'histoire de la poudre qu'il importe de connaître, si l'on veut comparer l'état intellectuel de l'antiquité à celui des peuples modernes. Cette histoire ne constitue qu'un chapitre spécial de celle des sciences. J'ai traité la question d'une façon plus large pour la science que je connais le mieux, dans un livre intitulé *les Origines de l'Alchimie* ; j'en reproduis ici quelques pages, destinées à mettre en évidence l'existence et l'importance, dans l'évolution de l'esprit humain, des sciences intermédiaires, demi-mystiques et demi-rationnelles, telles que l'alchimie et l'astrologie. Au même ordre de notions se rattache un article historique sur les rapprochements entre les métaux et les planètes, rapprochements qui jouent un si grand rôle dans les écrivains du moyen âge.

Le tableau des sociétés animales n'est pas sans quelques analogies avec celui des cités humaines, sous le rapport des instincts qui président à leur fondation et à leurs péripéties ; c'est ce que j'ai eu occasion de développer dans un article relatif aux *cités des fourmis*, article que l'on retrouvera ici.

On ne saurait séparer la philosophie scientifique de l'histoire des institutions et de celle des savants en particulier. C'est ce point de vue que j'avais exposé (1867), comme collaborateur d'un ouvrage intitulé *Paris-Guide*, ouvrage composé d'articles des littérateurs et des savants du temps, en racontant la constitution et les fonctions de notre *Académie des sciences*, depuis la Révolution; j'ai reproduit ce morceau, dont la date ne doit pas être oubliée.

On trouvera ensuite des notices biographiques sur divers savants contemporains, membres de cette Académie, tels que : *Balard*, mon ancien maître; *V. Regnault*, mon maître aussi, puis mon collègue au Collège de France; *H. Sainte-Claire-Deville*, et *A. Würtz*, mes émules pendant trente ans d'existence scientifique. Je me suis cru appelé à résumer leur vie et leurs découvertes et à honorer leur mémoire. Peut-être ces souvenirs émus d'un contemporain sympathique conserveront-ils quelques traces des impressions personnelles faites par de tels hommes, traces effacées plus tard pour ceux qui ne les ont pas connus.

Des hommes, il convient de revenir aux institutions, dont l'œuvre est plus durable. Dans la période la plus récente de ma carrière, mon autorité augmentant par le cours naturel de l'âge, je me suis efforcé de faire attribuer à la culture scientifique de la France les ressources matérielles, ainsi que le personnel, qui lui sont nécessaires. J'ai usé pour cela de la compétence spéciale que me fournissaient mes fonctions d'inspecteur général de l'instruction publique et de l'autorité due au titre de sénateur, participant à la confection des lois. En effet, la République a plus fait en quelques années pour les divers ordres d'enseignement, que les régimes qui l'avaient précédé en trois quarts de siècle. Sous le second empire en particulier, vers son début du moins, l'instruction publique était tenue pour suspecte, voire même aux yeux de quelques-uns, pour hostile, et c'est à peine si quelques hommes plus éclairés avaient réussi à en maintenir le principe. De là un retard immense dans l'ordre primaire et dans l'ordre supérieur, par rapport aux développements donnés à ces enseignements dans les pays voisins. Je n'ai cessé pour ma faible part de signaler ce retard, chaque jour plus dangereux, dans le développement de l'enseignement supérieur de la France et de réclamer le concours des pouvoirs publics, pour le réparer et nous ramener au même niveau que nos rivaux. Peut-être mes efforts dans cette direction n'ont-ils pas été stériles : ainsi, par exemple, la reconstruction des *bâtiments de notre enseignement supérieur* est assurée désormais par une loi, dont j'ai sollicité pendant trois ans la promulgation, avec une obstination finalement couronnée de succès. Qu'il me soit permis de rappeler aussi l'aide que j'ai apportée à l'accroissement des subventions des *facultés des sciences* et de leurs laboratoires, ainsi qu'à la création et au maintien de l'institution des *boursiers de l'enseignement supérieur*.

Le présent volume porte la trace de ce concours aux progrès de la science et de la culture française. Sans reproduire les rapports officiels et les écrits purement techniques, il m'a paru cependant utile de donner ici quelques articles rédigés sous une forme plus générale et publiés dans le temps, à l'occasion des débats qui ont décidé la reconstitution de notre outillage scientifique. On y trouvera aussi des extraits de mes rapports annuels sur les conférences de la Faculté des sciences de Paris et un article destiné à exposer l'utilité de l'institution des boursiers des Facultés et à la défendre contre certaines attaques dont elle avait été l'objet.

Au même ordre de renseignements se rattache une étude sur la nouvelle *Université de Genève*, récemment constituée et pourvue des ressources les plus modernes. Elle est fort intéressante à divers égards, spécialement comme intermédiaire entre le système français et le système allemand.

S'il importe de perfectionner et de développer les ressources et l'organisation de notre enseignement supérieur, ce n'est pas une raison cependant pour déclarer que cet enseignement même soit abaissé dans son état actuel et devenu inférieur à celui des peuples voisins, par ses doctrines et par ses professeurs. Ce serait là une erreur et une grave injustice. En effet, si nous reconnaissons avec sincérité nos imperfections, il ne faut pas laisser tirer de nos propres critiques des conséquences excessives contre nous-mêmes. Il importe d'autant plus demain tenir la vérité sur ce point, qu'elle tend aujourd'hui à être obscurcie de parti pris par la haine persistante et l'esprit de dénigrement systématique d'un certain nombre de publicistes allemands : non contents de voir grandir dans le monde l'influence matérielle et intellectuelle de l'Allemagne, ils sont impatients de la rendre exclusive. Ils ne supportent pas de rencontrer encore des influences rivales et de trouver toujours devant eux la France vivante, malgré ses défaites militaires, et réclamant encore sa part dans l'empire de l'esprit humain. Je sais que tous les Allemands ne partagent pas ces préjugés étroits et qu'il en est beaucoup qui se réjouissent comme nous de tout progrès fait pour la découverte de la vérité, pour la grandeur et le bonheur de la race humaine, quelle que soit la nationalité des hommes qui l'accomplissent. Il n'en est pas moins certain que la notion de la solidarité des peuples européens et de leur fraternité, si longtemps soutenue par la France depuis le XVIIIe siècle, a subi un certain affaiblissement. On y reviendra; je n'ai aucun doute à cet égard : car toutes les inventions de la science moderne tendent à rendre de plus en plus fatale cette unité morale de l'humanité. En attendant, il est plus utile que jamais d'en montrer le caractère dans le passé et d'en affirmer la nécessité dans l'avenir. J'ai essayé de le faire dès 1872, dans un article sur les *Relations scientifiques entre la France et l'Allemagne*.

Les articles qui suivent ont un caractère plus spécialement politique et patriotique. Ils débutent par une notice biographique sur *F. Hérold*, le sénateur et préfet de la Seine, auquel j'ai été rattaché par les liens d'une étroite amitié. J'y raconte comment un groupe de jeunes hommes, dévoués à la liberté sous toutes ses formes, ont vécu sous l'Empire, malgré l'oppression des premières années, et comment ils se sont trouvés engagés dans les péripéties de l'histoire de notre temps : chute de l'Empire, siège de Paris, établissement de la République. J'y insiste sur la lutte entamée depuis dix ans et qui se poursuit, pour séparer les organes de la société civile de ceux des églises et associations religieuses; j'expose la part que Hérold a prise à cette lutte et dans quelle mesure elle est légitime.

C'est au *siège de Paris* que sont consacrés les deux derniers morceaux. J'ai été appelé à concourir, comme tous les bons Français, à la défense nationale et j'y ai apporté, dans la mesure de mes forces, ma part de dévouement. Président du Comité scientifique de Défense, j'ai été mêlé à une multitude de tentatives, faites dans les ordres les plus divers, pour défendre la ville assiégée. L'exposé complet de ces tentatives présenterait plus d'un point d'un intérêt général, tant pour l'histoire de notre temps que pour celle de la science; mais il serait trop mêlé au récit des malheurs et des défaillances de cette époque, pour qu'il fut opportun de le faire aujourd'hui, ni peut-être jamais.

J'ai cependant signalé quelques-unes de ces entreprises, relatives à la fabrication et aux emplois de la dynamite au sein de Paris assiégé, dans mon traité des matières explosives. J'ai reproduit ici un morceau plus étendu, tiré de la *Nouvelle Revue*, sur les *Essais scientifiques pour rétablir les communications avec la province et la correspondance électrique par la Seine*; essais organisés par notre comité et poursuivis avec un dévouement persistant par d'Alméida, l'un de mes amis de jeunesse, ravi depuis à la patrie française, après avoir donné, lui aussi, l'exemple de l'alliance de la science et du patriotisme.

SCIENCE ET PHILOSOPHIE

LA SCIENCE IDÉALE

ET LA SCIENCE POSITIVE

A M. E. RENAN

Novembre 1863.

Votre exposition du système ou plutôt de l'histoire du monde, telle que vous l'entendez, a dû exciter, j'en suis sûr, l'étonnement de bien des gens. Les uns n'admettent point qu'il soit permis de traiter de pareilles questions, parce qu'ils ont *a priori* des solutions complètes sur l'origine et sur la fin de toutes choses. Les autres, au contraire, ne conçoivent même pas que l'on puisse les aborder à aucun point de vue d'une manière sérieuse et parvenir à des solutions qui aient le moindre degré de probabilité. Ils rejettent complètement les expositions de ce genre et les regardent comme étrangères au domaine scientifique. En fait, la légitimité et surtout la certitude de semblables conceptions peuvent toujours être controversées, parce que les données positives d'un ordre général et impersonnel et les aperçus poétiques d'un ordre particulier et individuel concourent à en former la trame.

C'est des premières données que les systèmes de cette espèce tirent leur force, ou plutôt leur degré de vraisemblance; c'est par les autres qu'ils prêtent le flanc et sont exposés à être traités de pures chimères. Mais, si l'on n'accepte le mélange de ces deux éléments, toute théorie régulière, toute conception d'ensemble de la nature est impossible. Et cependant l'esprit humain est porté par une impérieuse nécessité à affirmer le dernier mot des choses, ou tout au moins à le chercher. C'est cette nécessité qui rend légitimes de semblables tentatives; à la condition toutefois de leur assigner leur vrai caractère, c'est-à-dire de montrer explicitement quelles sont les données positives sur lesquelles on s'appuie et quelles sont les données hypothétiqnes que l'on a introduites pour rendre la construction possible. En un mot, il faut bien marquer que l'on procède ici par une tout autre méthode que celle de la vieille métaphysique, et que les solutions auxquelles on arrive, loin d'être les plus certaines dans l'ordre de la connaissance, et celles dont on déduit *a priori* tout le reste par voie de syllogisme, sont, au contraire, les plus flottantes. Bref, dans les tentatives qui appartiennent à ce que j'appellerai la science idéale, qu'il s'agisse du monde physique ou du monde moral, il n'y a de probabilité qu'à la condition de s'appuyer sur les mêmes méthodes qui font la force et la certitude de la science positive.

I

La science positive ne poursuit ni les causes premières ni la fin des choses; mais elle procède en établissant des faits et en les rattachant les uns aux autres par des relations immédiates. C'est la chaîne de ces relations, chaque jour étendue plus loin par les efforts de l'intelligence humaine, qui constitue la science positive. Il est facile de montrer pans quelques exemples comment, en partant des faits les plus vulgaires, de ceux qui font l'objet de l'observation journalière, la science s'élève, par une suite de *pourquoi* sans cesse résolus et sans cesse renaissants, jusqu'aux notions générales qui représentent l'explication commune d'un nombre immense de phénomènes.

Commençons par des notions empruntées à l'ordre physique. Pourquoi une torche, une lampe éclairent-elles? Voilà une question bien simple, qui s'est présentée de tout temps à la curiosité humaine. Nous pouvons répondre aujourd'hui : parce que la torche, en brûlant, dégage des gaz mêlés de particules solides de charbon et portés à une température très élevée. — Cette réponse n'est pas arbitraire ou fondée sur le raisonnement; elle résulte d'un examen direct du phénomène. En effet, les gaz concourent à former cette colonne brûlante qui s'échappe de la cheminée des lampes; la chimie peut les recueillir et les analyser dans ses appareils. Le charbon se déposera, si l'on introduit dans la flamme un corps froid. Quant à la haute température des gaz, elle est manifeste, et elle peut être mesurée avec les instruments des physiciens. — Voilà donc la lumière de la torche expliquée, c'est-à-dire rapportée à ses causes prochaines.

Mais aussitôt s'élèvent de nouvelles questions. Pourquoi la torche dégage-t-elle des gaz? Pourquoi ces gaz renferment-ils du charbon en suspension? Pourquoi sont-ils portés à une température élevée? —On y répond en soumettant ces faits à une observation plus approfondie. La torche renferme du charbon et de l'hydrogène, tous deux éléments combustibles. Ce sont là des faits observables : le charbon peut être isolé en chauffant très fortement la matière de la torche ; l'hydrogène fait partie de l'eau qui se produit lorsqu'on brûle la torche. Ces deux éléments combustibles de la torche enflammée s'unissent avec l'un des éléments de l'air, l'oxygène ; ce qui est un nouveau fait, établi par l'analyse des gaz dégagés. Or cette union des éléments de la torche, charbon et hydrogène, avec un élément de l'air, l'oxygène, produit, comme le prouve l'expérience faite sur les éléments isolés, une très grande quantité de chaleur. Nous avons donc expliqué l'élévation de la température. En même temps, nous expliquons pourquoi la torche dégage des gaz. C'est surtout parce que ses éléments unis à l'oxygène produisent, l'un (le charbon) de l'acide carbonique, naturellement gazeux ; l'autre (l'hydrogène) de l'eau, qui, à cette haute température, se réduit en vapeur, c'est-à-dire en gaz. Enfin le charbon pulvérulent et suspendu dans la flamme, à laquelle il donne son éclat, se produit parce que l'hydrogène, plus combustible que le charbon, brûle le premier aux dépens de l'oxygène, tandis que le charbon mis à nu arrive à l'état solide jusqu'à la surface extérieure de la flamme :

selon qu'il y brûle plus ou moins complètement, la flamme est éclairante ou fuligineuse. — Voilà donc la série de nos seconds *pourquoi* résolue, expliquée, c'est-à-dire ramenée par l'observation des faits à des notions d'un ordre plus général.

Ces notions se réduisent en définitive à ceci : la combinaison avec l'oxygène des éléments de la torche, c'est-à-dire du carbone et de l'hydrogène, produit de la chaleur. — Elles sont plus générales que le fait particulier dont nous sommes partis. En effet, elles expliquent non seulement pourquoi la torche est lumineuse, mais aussi pourquoi la combustion du bois, de la houille, de l'huile, de l'esprit-de-vin, du gaz de l'éclairage, etc., produit de la lumière. L'observation de ces effets divers prouve qu'ils dérivent d'une même cause prochaine. Presque tous les phénomènes de lumière et de chaleur que nous produisons dans la vie commune s'expliquent de la même manière. On voit ici comment la science positive s'élève à des vérités générales par l'étude individuelle des phénomènes. Avant d'insister davantage sur le caractère de sa méthode, poursuivons-en les applications jusqu'à des vérités d'un ordre plus élevé.

Pourquoi le charbon, l'hydrogène, en se combinant avec l'oxygène, produisent-ils de la chaleur?

Telle est la question qui se présente maintenant à nous. L'expérience des chimistes a répondu que c'est là un cas particulier d'une loi générale, en vertu de laquelle toute combinaison chimique dégage de la chaleur. Le soufre de l'allumette qui brûle, c'est-à-dire qui s'unit à l'oxygène, le phosphore qui se combine à ce même oxygène avec une lueur éblouissante, le fer détaché des pieds des chevaux qui brûle en étincelles, le zinc qui produit cette lumière bleuâtre et aveuglante des feux d'artifice, fournissent de nouveaux exemples, connus de tout le monde et propres à démontrer cette loi générale. Elle embrasse des milliers de phénomènes qui se développent chaque jour devant nos yeux. La chaleur de nos foyers et de nos calorifères, celle qui fait marcher les machines à vapeur, aussi bien que celle qui maintient la vie et l'activité des animaux, sont produites, l'expérience le prouve, par la combinaison des éléments. Nous voici donc arrivés à l'une des notions fondamentales de la chimie, à l'une des causes qui produisent les effets les plus nombreux et les plus importants dans l'univers.

Nous ne sommes cependant pas encore au bout de nos *pourquoi*. Derrière chaque problème résolu, l'esprit humain soulève aussitôt un problème nouveau et plus étendu. Pourquoi la combinaison chimique dégage-t-elle de la chaleur? Voilà ce que l'on se demande maintenant. Les expériences les plus récentes tendent à établir que la réponse doit être tirée des faits qui réduisent la chaleur à des explications purement mécaniques. La chaleur paraît n'être autre chose qu'un mouvement, ou plus exactement un travail spécial des dernières particules des corps; en effet, ce mouvement peut être transformé à volonté et d'une manière équivalente dans les travaux ordinaires, produits par l'action de la pesanteur et des agents mécaniques proprement dits. Telle est précisément l'origine du travail des machines à vapeur. Or, dans l'acte de la combinaison chimique, les particules des corps changent de distance et de position relatives : de là résulte un travail, qui se traduit par un dégagement de chaleur. C'est en vertu d'un effet analogue, mais aussi palpable, que le fer frappé par le marteau s'échauffe; le rapprochement des particules du fer et le genre de mouvement qu'elles ont pris donnant lieu à cette même transformation équivalente d'un phénomène mécanique en un phénomène calorifique. Tout dégagement de chaleur produit, soit par une action chimique, soit par une action de tout autre nature, devient ainsi un cas particulier de la mécanique. La physique et la chimie se ramènent dès lors à la mécanique : non en vertu d'aperçus obscurs et incertains, non à la suite de raisonnements *a priori*, mais au moyen de notions indubitables, toujours fondées sur l'observation et sur l'expérience, et qui tendent à établir par l'étude directe des transformations réciproques des forces naturelles leur identité fondamentale.

Pour atteindre à de si grands résultats, pour enchaîner une multitude de phénomènes par les liens d'une même loi générale et conforme à la nature des choses, l'esprit humain a suivi une méthode simple et invariable. Il a constaté les faits par l'observation et par l'expérience ; il les a comparés, et il en a tiré des relations, c'est-à-dire des faits plus généraux, qui ont été à leur tour, et c'est là leur seule garantie de réalité, vérifiés par l'observation et par l'expérience. Une généralisation progressive, déduite des faits antérieurs et vérifiée sans cesse par de nouvelles observations, conduit ainsi notre connaissance depuis les phénomènes vulgaires et particuliers jusqu'aux lois naturelles les plus abstraites et les plus étendues. Mais, dans la construction de cette pyramide de la science, toutes les assises, de la base au sommet, reposent sur l'observation et sur l'expérience. C'est un des principes de la science positive qu'aucune réalité ne peut être établie par le raisonnement. Le monde ne saurait être deviné. Toutes les fois que nous raisonnons sur des existences, les prémisses doivent être tirées de l'expérience et non de notre propre conception; de plus, la conclusion que l'on tire de telles prémisses n'est que probable et jamais certaine : elle ne devient certaine que si elle est trouvée, à l'aide d'une observation directe, conforme à la réalité.

Tel est le principe solide sur lequel reposent les sciences modernes; l'origine de tous leurs développements véritables, le fil conducteur de toutes les découvertes si rapidement accumulées depuis le commencement du xviie siècle dans tous les ordres de la connaissance humaine.

Cette méthode est tard venue dans le monde; son triomphe, sinon sa naissance, est l'œuvre des temps modernes. L'esprit humain d'abord avait procédé autrement. Lorsqu'il osa pour la première fois s'abandonner à lui-même, il chercha à deviner le monde et à le construire, au lieu de l'observer. C'est par la méditation poursuivie pendant des années, par la concentration incessante de leur intelligence, que les sages Indiens s'efforçaient d'arriver à la conception souveraine des choses, et par suite à la domination sur la nature. Les Grecs n'eurent pas moins de confiance dans la puissance de la spéculation, comme en témoignent l'histoire des philosophes de la Grande-Grèce et celle des néo-platoniciens. Le rapide progrès des sciences mathématiques entretenait cette illusion. A l'aide de quelques axiomes, tirés soit de l'esprit humain, soit de l'observation, et en procédant uniquement par voie de raisonnement, la géométrie avait commencé, dès le temps des Grecs, à élever ce merveilleux édifice, qui a subsisté et qui subsistera toujours sans aucun changement essentiel. La logique règne ici en souveraine, mais c'est dans le monde des abstractions. Les déductions mathématiques ne sont certaines que pour leur ordre même ; elles n'ont aucune existence effective en dehors de la logique. Si on les applique à l'ordre des réalités, elles y constituent un instrument puissant, mais elles ne sont pas autre chose ; leurs affirmations tombent aussitôt sous la condition commune, c'est-à-dire que les prémisses doivent être tirées de l'observation, et que la conclusion doit être contrôlée par cette même observation. Tous les physiciens sont aujourd'hui d'accord à cet égard : mais le vrai caractère de ces applications mathématiques ne fut pas reconnu d'abord, et l'on a cru en général, jusque dans les temps modernes, pouvoir construire le système du monde par voie de déduction et à l'image de la géométrie.

Au commencement du xvi⁰ siècle, le changement de méthode s'opère d'une manière décisive dans les travaux de Galilée et des académiciens de Florence. Ce sont les véritables ancêtres de la science positive : ils ont posé les premières assises de l'édifice, qui depuis n'a pas cessé de s'élever. Le xviii⁰ siècle a vu le triomphe de la nouvelle méthode : des sciences physiques, où elle était d'abord renfermée, il l'a transportée dans les sciences politiques, économiques, et jusque dans le monde moral. Diriger la société conformément aux principes de la science et de la raison, tel a été le but final du xviii⁰ siècle. L'organisation primitive de l'Institut est là pour en témoigner. Mais l'application de la science aux choses morales réclame une attention particulière; car cette extension universelle de la méthode positive est décisive dans l'histoire de l'humanité.

Jusqu'ici j'ai parlé surtout des sciences physiques, et j'ai dit que l'on ne saurait arriver à la connaissance des choses autrement que par l'observation directe. Ceci est vrai pour le monde des êtres vivants comme pour celui des êtres inorganiques, pour le monde moral comme pour le monde physique.

Dans l'ordre moral, comme dans l'ordre matériel, il s'agit d'abord d'établir les faits et de les contrôler par l'observation, puis de les enchaîner, en s'appuyant sans cesse sur cette même observation. Tout raisonnement qui tend à les déduire *a priori* de quelque axiome abstrait est chimérique ; tout raisonnement qui tend à opposer les unes aux autres des vérités de fait, et à en détruire quelques-unes en vertu du principe logique de contradiction, est également chimérique. C'est l'observation des phénomènes du monde moral, révélés soit par la psychologie, soit par l'histoire et l'économie politique ; c'est l'étude de leurs relations graduellement généralisées et incessamment vérifiées, qui servent de fondement à la connaissance scientifique de la nature humaine. La méthode qui résout chaque jour les problèmes du monde matériel et industriel est la seule qui puisse résoudre et qui résoudra tôt ou tard les problèmes fondamentaux relatifs à l'organisation des sociétés.

C'est en établissant les vérités morales sur le fondement solide de la raison pratique que Kant leur a donné, à la fin du siècle dernier, leur base véritable et leurs assises définitives. Le sentiment du bien et du mal est un fait primordial de la nature humaine ; il s'impose à nous en dehors de tout raisonnement, de toute croyance dogmatique, de toute idée de peine ou de récompense. La notion du devoir, c'est-à-dire la règle de la vie pratique, est par là même reconnue comme un fait primitif, en dehors et au-dessus de toute discussion. Elle ne peut plus désormais être compromise par l'écroulement des hypothèses métaphysiques, auxquelles on l'a si longtemps rattachée. Il en est de même de la liberté, sans laquelle le devoir ne serait qu'un mot vide de sens. La discussion abstraite, si longtemps agitée entre le fatalisme et la liberté, n'a plus de raison d'être. L'homme sent qu'il est libre : c'est là un fait qu'aucun raisonnement ne saurait ébranler. Voilà quelques-unes des conquêtes capitales de la science moderne.

Ainsi la science positive a conquis peu à peu dans l'humanité une autorité fondée, non sur des raisonnements abstraits, mais sur la conformité nécessaire de ses résultats avec la nature même des choses. L'enfant se plaît dans le rêve, et il en est de même des peuples qui commencent; mais rien ne sert de rêver, si ce n'est à se faire illusion à soi-même. Aussi tout homme préparé par une éducation suffisante accepte-t-il d'abord les résultats de la science positive comme la seule mesure de la certitude. Ces résultats sont aujourd'hui devenus si nombreux, que, dans l'ordre des connaissances positives, l'homme le plus ordinaire, pourvu d'une instruction moyenne, possède une science infiniment plus étendue et plus porfonde que les plus grands hommes de l'antiquité et du moyen âge.

Les anciennes opinions, nées trop souvent de l'ignorance et de la fantaisie, disparaissent peu à peu pour faire place à des convictions nouvelles, fondées sur l'observation de la nature ; j'entends de la nature morale, aussi bien que de la nature physique. Les premières opinions avaient sans cesse varié, parce qu'elles étaient arbitraires ; les nouvelles subsisteront, parce que la réalité en devient de plus en plus manifeste, à mesure qu'elles trouvent leur application dans la société humaine, depuis l'ordre matériel et industriel jusqu'à l'ordre moral et intellectuel le plus élevé. La puissance qu'elles donnent à l'homme sur le monde et sur l'homme lui-même est leur plus solide garantie. Quiconque a goûté de ce fruit ne saurait plus s'en détacher. Tous les esprits réfléchis sont ainsi gagnés sans retour, à mesure que s'efface la trace des vieux préjugés, et il se constitue dans les régions les plus hautes de l'humanité un ensemble de convictions qui ne seront plus jamais renversées.

II

J'ai dit ce qu'était la science positive, son objet, sa méthode, sa certitude ; je vais maintenant parler de la science idéale. Commençons par son objet.

La science positive n'embrasse qu'une partie du domaine de la connaissance, telle que l'humanité l'a parcouru jusqu'à présent. Elle assemble les faits observés et construit la chaîne de leurs relations ; mais cette chaîne n'a ni commencement ni fin, je ne dis pas certains, mais même entrevus. La recherche de l'origine et celle de la fin des choses échappent à la science positive. Jamais elle n'aborde les relations du fini avec l'infini. Cette impuissance doit-elle être regardée comme inhérente à l'intelligence humaine ? Faut-il, avec une école qui compte en France et ailleurs d'illustres partisans, faut-il regarder comme vaine toute curiosité qui s'étend au delà des relations immédiates entre les phénomènes ? Faut-il rejeter parmi les stériles discussions de la scolastique tous les autres problèmes, parce que la solution de ces problèmes ne comporte ni la même clarté, ni la même certitude ?

La réponse doit être cherchée dans l'histoire de l'esprit humain : c'est la seule manière de rester fidèle à la méthode elle-même. Or la science des relations directement observables ne répond pas complètement et n'a jamais répondu aux besoins de l'humanité. En deçà comme au delà de la chaîne scientifique, l'esprit humain conçoit sans cesse de nouveaux anneaux ; là où il ignore, il est conduit par une force invincible à construire et à imaginer, jusqu'à ce qu'il soit remonté aux causes premières. Derrière le nuage qui enveloppe toute fin et toute origine, il sent qu'il y a des réalités qui s'imposent à lui, et qu'il est forcé de concevoir idéalement, s'il ne peut les connaître. Il sent que là résident les problèmes fondamentaux de sa destinée. Ces réalités cachées, ces causes premières, l'esprit humain les rattache d'une manière fatale aux faits scientifiques, et, réunissant le tout, il en forme un ensemble, un système embrassant l'universalité des choses matérielles et morales.

Ce procédé de l'esprit humain représente donc un fait d'observation, prouvé par l'étude de chaque époque, de chaque peuple, de chaque individu; il n'est pas permis de refuser de l'apercevoir. C'est ici un fait comme tant d'autres : son existence nécessaire dispense d'en discuter la légitimité. Il se passe dans l'ordre intellectuel et moral quelque chose d'analogue à ce qui existe dans l'ordre politique. L'existence actuelle d'un gouvernement idéal et absolument parfait a toujours été à bon droit regardée comme chimérique; et cependant jamais peuple n'a pu subsister un seul moment sans un système gouvernemental plus ou moins imparfait. De même, dans l'ordre de l'intelligence, la connaissance rigoureuse de l'ensemble des choses est inaccessible à l'esprit humain, et cependant chaque homme est forcé de se construire — ou d'accepter tout fait — un système complet, embrassant sa destinée et celle de l'univers.

Comment ce système doit-il être construit? C'est la question de la méthode dans la science idéale. Nous allons rappeler quel procédé scientifique les hommes ont en général suivi jusqu'ici dans cette construction; puis nous dirons quelle est, à notre avis, la méthode qui résulte de l'état intellectuel présent et du développement acquis par les sciences positives.

Interrogeons les premiers philosophes : « Thalès regarde l'eau comme premier principe[1]. Anaximène et Diogène établissent que l'air est antérieur à l'eau et qu'il est le principe des corps simples. Hippase de Métaponte et Héraclite d'Éphèse admettent que le feu est le premier principe. Empédocle reconnaît quatre éléments, ajoutant la terre aux trois que nous avons nommés. Anaxagore de Clazomène prétend que le nombre des principes est infini. Presque toutes les choses formées de parties semblables ne sont sujettes à d'autre production, à d'autre destruction que l'agrégation ou la séparation; en d'autres termes, elles ne naissent ni ne périssent, elles subsistent éternellement[2]. »

La plupart de ces systèmes ne sont pas fondés seulement sur la considération de la matière, mais ils font appel en même temps à des notions morales intellectuelles. Parménide invoque comme principe « l'Amour, le plus ancien des Dieux »; Empédocle introduit « l'Amitié et la Discorde », causes opposées des effets contraires, c'est-à-dire du bien et du mal,

---

1. *Métaphysique d'Aristote*, livre Ier, t. I, p. 44 et suiv., traduction de MM. Pierron et Zévort.
2. C'est à peu près la doctrine des corps simples de la chimie moderne.

de l'ordre et du désordre, qui se trouvent dans la nature. Anaxagore recourt à « l'Intelligence » pour expliquer l'ordre universel, tout en préférant d'ordinaire rendre raison des phénomènes par « des airs, des éthers, des eaux et beaucoup d'autres choses déplacées », au jugement de Platon [1].

Voici maintenant le monde expliqué par des considérations purement logiques. « Du temps de ces philosophes et avant eux [2], ceux qu'on nomme pythagoriciens s'appliquèrent d'abord aux mathématiques. Nourris dans cette étude, ils pensèrent que les principes des mathématiques étaient les principes de tous les êtres. Les nombres sont de leur nature antérieurs aux idées, et les pythagoriciens croyaient apercevoir dans les nombres, plutôt que dans le feu, la terre et l'eau, une foule d'analogies avec ce qui est et ce qui se produit. Telle combinaison des nombres leur semblait la justice, telle autre l'âme et l'intelligence. » C'est pourquoi « ils pensèrent que les nombres sont les éléments de tous les êtres ».

Mais je ne veux pas retracer ici l'histoire de la métaphysique. Il me suffira d'avoir montré par

---

1. Phédon, xcvii.
2. Aristote, *Métaphysique*, livre Ier; trad. de MM. Pierron et Zévort, p. 23.

quelques exemples comment elle a procédé à l'origine. Le vrai caractère de sa méthode se manifeste sans déguisement dans ces premiers essais naïfs, où chaque philosophe, frappé vivement par un phénomène physique ou moral, le généralise, en tire par voie de raisonnement une construction complète et l'explication de l'univers. Depuis lors jusqu'aux temps modernes, quels qu'aient été l'art et la profondeur de ses constructions systématiques, la métaphysique n'a guère changé de procédé. Elle pose un ou plusieurs axiomes, empruntés soit au sens intime, soit à la perception extérieure; puis elle opère par voie rationnelle et conformément aux règles de la logique. Elle poursuit la série de ses déductions jusqu'à ce qu'elle ait constitué le système complet du monde; car, comme dit Aristote, « le philosophe qui possède parfaitement la science du général a nécessairement la science de toutes choses... Ce qu'il y a de plus scientifique, ce sont les principes et les causes. C'est par leur moyen que nous connaissons les autres choses, tandis qu'eux, ce n'est pas par les autres choses que nous les connaissons[1]. »

---

1. *Métaphysique*, livre Ier, traduction déjà citée. Le texte est plus énergique : Διὰ γὰρ ταῦτα καὶ ἐκ τούτων τἆλλα γνωρίζεται, ἀλλ' οὐ ταῦτα διὰ τῶν ὑποκειμένων.

Le triomphe de cette méthode est dans l'érection des grandes machines scolastiques du moyen âge, où le syllogisme, partant de certains axiomes imposées dogmatiquement et au-dessus de toute discussion, règne ensuite en maître de la base au sommet. Jusque dans les temps modernes, Descartes, qui renverse l'ancien édifice de l'autorité philosophique, demeure fidèle à la méthode déductive. « J'ai remarqué, dit-il[1], certaines lois que Dieu a tellement établies dans la nature, et dont il a imprimé de telles notions en nos âmes, qu'après y avoir fait assez de réflexions, nous ne saurions douter qu'elles ne soient exactement observées en tout ce qui est ou qui se fait dans le monde. » Et plus loin[2] : « Mais l'ordre que j'ai tenu en ceci a été tel. Premièrement j'ai taché de trouver en général les principes ou premières causes de tout ce qui est ou qui peut être dans le monde, sans rien considérer pour cet effet que Dieu seul qui l'a créé, ni les tirer d'ailleurs que de certaines semences de vérité qui sont naturellement dans nos âmes. Après cela, j'ai examiné quels étaient les premiers et les plus ordinaires effets qu'on devait déduire de ces causes, et il me semble que, par là, j'ai trouvé des cieux, des

---

1. *Discours sur la Méthode*, v^e partie.
2. *Discours sur la Méthode*, vi^e partie.

astres, une terre, et même sur la terre de l'eau, de de l'air, du feu, des minéraux, et quelques autres telles choses, qui sont les plus communes de toutes et les plus simples, et par conséquent les plus aisées à connaître. Puis, lorsque j'ai voulu descendre à celles qui étaient plus particulières, il s'en est tant présenté à moi de diverses, que je n'ai pas cru qu'il fût possible à l'esprit humain de distinguer les formes ou espèces de corps qui sont sur la terre — d'une infinité d'autres qui pourraient y être, si c'eût été le vouloir de Dieu de les y mettre, ni par conséquent de les rapporter à notre usage, — si ce n'est qu'on vienne au-devant des causes par les effets, et qu'on se serve de plusieurs expériences particulières. » J'ai cru devoir rapporter ce passage, quoique un peu long, à cause de la netteté avec laquelle Descartes y caractérise sa méthode. Ce grand mathématicien, que l'on a souvent présenté comme l'un des fondateurs de la méthode scientifique moderne, place, au contraire, le raisonnement et la déduction au début et dans tout le cours de sa construction. L'expérience n'y intervient que comme accessoire et pour démêler les complications extrêmes du raisonnement.

Il n'est pas jusqu'au dernier des métaphysiciens, Hegel, qui n'ait voulu à son tour reconstruire le

SCIENCE IDÉALE ET SCIENCE POSITIVE. 25

monde *a priori*, en identifiant les principes des choses avec ceux d'une logique transformée. L'idéal des philosophes a presque toujours été « un système de principes et de conséquences qui soit vrai par lui-même et par l'harmonie qui lui est propre [1] ». Eh bien, il faut le dire sans détour, cet idéal est chimérique : l'expérience des siècles l'a prouvé. Dans le monde moral aussi bien que dans le monde physique, toutes les constructions de systèmes absolus ont échoué, comme dépassant la portée de la nature humaine. Bien plus, une telle prétention doit être regardée désormais « comme la chose la plus opposée à la connaissance du vrai dans le monde physique, aussi bien que dans le monde moral [2] ». Aucune réalité, je le répète encore une fois, ne peut être atteinte par le raisonnement pur. Les mathématiques, dont la méthode avait séduit les anciens aussi bien que Descartes, sont ici hors de cause : elles ne contiennent — tous les géomètres sont aujourd'hui d'accord sur ce point — d'autre réalité que celle que l'on y a mise à l'avance sous forme d'axiome ou d'hypothèse, et cette réalité

---

1. Tennemann, *Manuel de l'Histoire de la Philosophie*, traduction de M. Cousin, t. Ier, p. 43, 1830.
2. *Lettres à M. Villemain*, par M. E. Chevreul, *Sur la Méthode en général*, p. 36, 1856.

traverse le jeu des symboles sans cesser de demeurer identique à elle-même. Au contraire, pour passer d'un fait réel à un autre fait réel, il faut toujours recourir à l'observation.

La métaphysique cependant n'est pas un simple jeu de l'esprit humain ; elle renferme un certain ordre de réalités, mais qui n'ont pas d'existence démontrable en dehors du sujet. La véritable signification de cette science a été clairement établie par Kant dans sa *Critique de la raison pure*. Elle étudie les conditions logiques de la connaissance, les catégories de l'esprit humain, les moules suivant lesquels il est obligé de concevoir les choses. Par là, la métaphysique aussi peut être regardée comme une science positive, assise sur la base solide de l'observation. Hâtons-nous d'ajouter cependant que ces moules, envisagés indépendamment de toute autre réalité, sont vides, aussi bien que ceux des mathématiques, lesquelles d'ailleurs dérivent des mêmes notions, quoique dans un ordre plus restreint.

Non seulement la critique directe de la raison prouve qu'il en est ainsi, mais on arrive au même résultat par l'examen des systèmes qui se sont succédé dans l'histoire de la philosophie. Tout système métaphysique, quelles que soient ses prétentions, n'a de portée que dans l'ordre logique ; dans l'ordre réel, il ne fait autre chose qu'exprimer plus ou moins parfaitement l'état de la science de son temps ; c'est une nécessité à laquelle personne n'a jamais échappé.

Examinons en effet quelques-unes des conceptions que nous avons indiquées tout à l'heure. Les systèmes de l'école ionienne répondent à un premier coup d'œil jeté sur la nature. La notion des lois du monde physique commence à apparaître avec Anaxagore, comme en témoignent ces explications qui scandalisaient si fort Platon. L'école de Pythagore transporte dans ses théories générales les découvertes merveilleuses qu'elle vient de faire en géométrie, en astronomie, en acoustique. Platon lui-même, lorsqu'il nous explique *a priori*, par la bouche de Timée, le plan suivi par Dieu dans l'ordonnance du monde, expose une astronomie, une physique et une physiologie qui répondent précisément à l'état fort imparfait des connaissances de l'époque où il vivait. Dans l'ordre social, sa *République* nous représente une construction imaginaire, dont la plupart des matériaux sont empruntés à des données contemporaines. Cette notion de la beauté, qui donne tant de charme et d'éclat aux écrits du philosophe grec, est la même que celle des artistes de son temps. En face du merveilleux développement de l'art grec, la théorie du beau s'élève : théorie *a priori* et absolue en apparence, en réalité conçue à l'aide de données extérieures présentes sous les yeux du philosophe.

Descartes, pour arriver à la réforme de la philosophie, n'échappe pas à la loi commune. Il termine le *Discours sur la Méthode* en annonçant qu'il a exposé les lois de la nature « sans appuyer ses raisons sur aucun autre principe que sur les perfections infinies de Dieu » ; d'où il pense déduire les propriétés de la lumière, les systèmes des astres, la distribution de l'air et de l'eau à la surface de la terre, la formation des montagnes, des rivières, des métaux, des plantes, et jusqu'à la structure de l'homme. — Mais le raisonnement fondé sur les attributs de Dieu le conduira-t-il à quelque découverte nouvelle? Nullement; ses résultats sont tout simplement conformes aux connaissances positives que l'on avait acquises par l'expérience au milieu du xviie siècle. Descartes supprima son livre à cause de la condamnation de Galilée, dont il partageait les opinions sur le système du monde. S'il avait vécu cinquante ans plus tôt, nous n'aurions pas éprouvé cette perte. Descartes, resté fidèle aux opinions astronomiques du xvie siècle, eût été orthodoxe : il aurait démontré *a priori* que le soleil tourne autour de la terre.

Hegel enfin, pour terminer par un contemporain, n'échappe pas à la nécessité commune de la métaphysique : l'univers, qu'il croit avoir construit uniquement à l'aide de la logique transcendante, se trouve conforme de point en point aux connaissances *a posteriori*. C'est ainsi qu'il dresse *a priori* toute la philosophie de l'histoire de son temps, non sans en grossir les derniers événements, par un effet d'optique naturel à un contemporain. S'il fallait pénétrer plus avant dans son système, je pourrais montrer comment la vue profonde qui fait tout reposer sur le passage perpétuel de l'être au phénomène et du phénomène à l'être est sortie des progrès mêmes des sciences expérimentales. Il suffit pour le concevoir de jeter un coup d'œil sur le développement des connaissances scientifiques relatives au feu et à la lumière. A l'origine, le feu était regardé comme un élément, comme un être, à un titre aussi complet, aussi absolu que n'importe quel autre. Aujourd'hui ce n'est plus qu'un phénomène, un mouvement spécial des particules matérielles. Il y a plus : après avoir établi une distinction entre la flamme et les particules enflammées, on a voulu pendant quelque temps donner à la première pour support un être, un fluide particulier, le calorique, dont la combinaison avec les éléments constituerait les corps tels que nous les connaissons. C'était l'opinion de Lavoisier. Mais voici aujourd'hui que l'être calorique s'évanouit à son tour et se résout en un pur phénomène de mouvement. Le principe de contradiction absolue entre l'être et le phénomène, sur lequel reposait la vieille logique abstraite, cesse d'être applicable aux réalités. Pour la science moderne, aussi bien que pour le langage figuré de nos aïeux, les Aryas et les Hellènes, l'être et le phénomène se confondent dans leur perpétuelle transformation.

Cette impuissance de la logique pure tient à une cause plus générale. Pour raisonner, nous sommes forcés de substituer aux réalités certaines abstractions plus simples, mais dont l'emploi enlève aux conclusions leur rigueur absolue. Telle est la cause qui rend illusoires toutes les déductions des systèmes philosophiques. Malgré leurs prétentions, ils n'ont jamais fait et ils n'ont pu faire autre chose que retrouver, au moyen d'un *a priori* prétendu, les connaissances de leur temps.

Cependant, si leur méthode doit être abandonnée, en sera-t-il de même des problèmes qu'ils ont abordés? Doit-on renoncer à toute opinion sur les fins et sur les origines, c'est-à-dire sur la destinée de l'individu, de l'humanité et de l'univers? Chose étrange! cette science a été la première qui ait excité la curiosité humaine, et c'est elle aujourd'hui qui a besoin d'être justifiée. L'obstination de l'esprit humain à reproduire ces problèmes prouve qu'ils sont fondés sur des sentiments généraux et innés au cœur humain, sentiments qui doivent être distingués soigneusement des constructions échafaudées à tant de reprises pour les satisfaire. Ils sont donc légitimes en tant que sentiments. Faut-il les chasser du domaine de la science, parce qu'ils ne peuvent être résolus avec certitude, et en abandonner la solution au mysticisme? Je ne le pense pas.

La méthode véritable de la science idéale résulte clairement des données inscrites dans l'histoire même de la philosophie. Il s'agit de faire maintenant avec méthode et pleine connaissance de cause ce que les systèmes ont fait avec une sorte de dissimulation inconsciente. En un mot, dans ces problèmes comme dans les autres, il faut accepter les conditions de toute connaissance, et, sans prétendre désormais à une certitude illusoire, subordonner la science idéale à la même méthode qui fait le fondement solide de la science positive. Pour construire la science idéale, il n'y a qu'un seul moyen, c'est d'appliquer à la solution des problèmes qu'elle pose tous les ordres de faits que nous pouvons atteindre, avec leurs degrés inégaux de certitude, ou plutôt de probabilité.

Ici chaque science apportera ses résultats les plus

généraux. Les mathématiques mettent à nu les mécanismes logiques de l'intelligence humaine ; la physique nous révèle l'existence, la coordination, la permanence des lois naturelles; l'astronomie non montre réalisées les conceptions abstraites de la mécanique, l'ordre universel de l'univers qui en découle, enfin la périodicité qui est la loi générale des phénomènes célestes.

C'est l'étude de ces sciences qui nous conduit d'abord à exclure du monde l'intervention de toute volonté particulière, c'est-à-dire l'élément surnaturel. Aux débuts de l'humanité, tout phénomène était regardé comme le produit d'une volonté particulière. L'expérience perpétuelle nous a, au contraire, appris qu'il n'en était jamais ainsi. Toutes les fois que les conditions d'un phénomène se trouvent réalisées, il ne manque jamais de se produire.

Avec la chimie s'introduisent pour la première fois les notions d'être ou de substance individuelle. La plupart des vieilles formules de la métaphysique s'y trouvent en quelque sorte réalisées sous une forme concrète; mais en même temps apparaissent des notions nouvelles, relatives aux transformations perpétuelles de la matière, à ses combinaisons et à ses décompositions, aux propriétés spécifiques inhérentes à son existence même. C'est ici que la puissance créatrice de l'homme se manifeste avec le plus d'étendue, soit pour reproduire les êtres naturels par la connaissance des lois qui ont présidé à leur formation, soit pour en fabriquer, en vertu de ces lois mêmes, une infinité d'autres que la nature n'aurait jamais enfantés.

Au delà de la chimie commencent les sciences de la vie, c'est-à-dire la physiologie, cette physique des êtres vivants, qui poursuit la connaissance de leurs mécanismes; puis la science des animaux et celle des végétaux, concentrées jusqu'à présent dans l'étude des classifications. C'est cette dernière étude que l'on appelle la méthode naturelle en zoologie et en botanique : elle manifeste à la fois certains cadres nécessaires de la connaissance humaine et certains principes généraux qui paraissent régler l'harmonie de structure et la formation même des êtres vivants. La science arrivera-t-elle un jour à une connaissance plus claire de ces derniers principes, de façon à s'emparer de la loi génératrice des êtres vivants, comme elle a réussi à s'emparer de la loi génératrice des êtres minéraux ? Il est facile de comprendre quelle serait l'importance philosophique d'une pareille découverte. L'affirmation peut passer à juste titre pour téméraire; mais peut-être la négation l'est-elle encore davantage, comme exposée à être renversée demain par quelque découverte inattendue.

Nous voici parvenus dans un ordre nouveau, celui des phénomènes historiques. A l'évolution nécessaire du système solaire et des métamorphoses géologiques succède un monde où la liberté est apparue avec la race humaine : celle-ci a introduit dans les choses un élément nouveau et changé le cours des fatalités naturelles. A ce point de vue, l'histoire forme parmi les sciences un groupe à part. Malheureusement les lois de l'histoire sont plus difficiles à découvrir que celles du monde physique, parce que, dans l'histoire, l'expérimentation n'intervient guère et que l'observation est toujours incomplète. Jamais nous ne pourrons connaître un passé que nous ne pouvons restituer, pour le faire apparaître encore une fois devant nos yeux, je dis avec la même certitude qu'une série de phénomènes physiques. Vous savez mieux que personne par quels merveilleux artifices de divination, appuyés sur les indices les plus divers, l'historien supplée à cette éternelle impuissance, et reconstitue, en partie par les faits, en partie par l'imagination, un monde qu'il n'a pas connu, que personne ne reverra jamais.

Parmi les résultats généraux qui sortent de l'étude de l'histoire, il en est un fondamental, au point de vue philosophique : c'est le fait du progrès incessant des sociétés humaines, progrès dans la science, progrès dans les conditions matérielles d'existence, progrès dans la moralité, tous trois corrélatifs. Si l'on compare la condition des masses, esclaves dans l'antiquité, serves dans le moyen âge, aujourd'hui livrées à leur propre liberté sous la seule condition d'un travail volontaire, on reconnaît là une évolution manifestement progressive. En s'attachant aux grandes périodes, on voit clairement que le rôle de l'erreur et de la méchanceté décroît, à proportion que l'on s'avance dans l'histoire du monde. Les sociétés deviennent de plus en plus policées, et j'oserai dire de plus en plus vertueuses. La somme du bien va toujours en augmentant, et la somme du mal en diminuant, à mesure que la somme de vérité augmente et que l'ignorance diminue dans l'humanité. C'est ainsi que la notion du progrès s'est dégagée comme un résultat *a posteriori* des études historiques.

Enfin, au sommet de la pyramide scientifique viennent se placer les grands sentiments moraux de l'humanité, c'est-à-dire le sentiment du beau, celui du vrai et celui du bien, dont l'ensemble constitue pour nous l'idéal. Ces sentiments sont des faits révélés par l'étude de la nature humaine : derrière le vrai, le beau, le bien, l'humanité a toujours senti, sans la connaître, qu'il existe une réalité souveraine dans laquelle réside cet idéal, c'est-à-dire Dieu, le centre et l'unité mystérieuse et inaccessible vers laquelle converge l'ordre universel. Le sentiment seul peut nous y conduire ; ses aspirations sont légitimes, pourvu qu'il ne sorte pas de son domaine avec la prétention de se traduire par des énoncés dogmatiques et *a priori* dans la région des faits positifs.

Sciences physiques, sciences morales, c'est-à-dire sciences des réalités démontrables par l'observation ou par le témoignage, telles sont donc les sources uniques de la connaissance humaine. C'est avec leurs notions générales que nous devons ériger la pyramide progressive de la science idéale. Aucun problème n'est interdit à celle-ci : loin de là, elle seule a qualité pour les résoudre tous, car la méthode que je viens d'exposer est la seule qui conduise à la vérité.

Quelle est la certitude des résultats fournis par la méthode qui nous sert de guide dans la science idéale, voilà ce qui nous reste à examiner. La vérité, nous devons l'avouer, ne saurait être atteinte par la science idéale avec la même certitude que par la science positive. Ici éclate l'imperfection de la nature humaine. En effet, la science idéale n'est pas entièrement formée, comme la science positive, par une trame continue de faits enchaînés à l'aide de relations certaines et démontrables. Les notions générales auxquelles arrive chaque science particulière sont disjointes et séparées les unes des autres dans une même science, et surtout d'une science à l'autre. Pour les réunir et en former un tissu continu, il faut recourir aux tâtonnements et à l'imagination, combler les vides, prolonger les lignes. C'est en quelque sorte un édifice caché derrière un nuage et dont on aperçoit seulement quelques contours. Cette opération est nécessaire, car chaque homme l'accomplit à son tour, et construit à sa manière, d'après son intelligence et son sentiment, le système complet de l'univers; mais il ne faut pas se faire illusion sur le caractère d'une telle construction. Plus on s'élève dans l'ordre des conséquences, plus on s'éloigne des réalités observées, plus la certitude, ou, pour mieux dire, la probabilité diminue. Ainsi, tandis que la science positive une fois constituée l'est à jamais, la science idéale varie sans cesse et variera toujours. C'est la loi même de la connaissance humaine. Ce qu'il s'agit de faire aujourd'hui, c'est de constater cette loi et de s'y conformer, en sachant à l'avance que tout système n'a de vérité qu'en proportion, non de la rigueur de ses raisonnements, mais de la somme de réalités que l'on y introduit. Il ne s'agit plus désormais de choisir le système, le point de vue le plus séduisant par sa clarté ou par les espérances qu'il entretient. Rien ne sert de se tromper soi-même. Les choses sont, d'une manière déterminée, indépendantes de notre désir et de notre volonté.

Parmi les hommes distingués qui font aujourd'hui profession de métaphysique, beaucoup ne paraissent pas encore avoir compris cette nouvelle manière de poser le problème ; ils discutent contre des faits qui ne sauraient être attaqués par le syllogisme ; ils affirment comme des réalités ce qu'ils ont emprunté au seul raisonnement. Faute de comprendre le point de vue des savants, ils argumentent contre le matérialisme, le spiritualisme, le panthéisme, etc. ; ils fabriquent des définitions et en déduisent des conséquences pour les combattre. Il est plus d'un philosophe qui crée des chimères pour avoir le mérite de les dissiper, sans s'apercevoir que le progrès de l'esprit humain a changé les pôles de la démonstration, et qu'il s'escrime contre ses propres fantômes dans l'arène solitaire de la logique abstraite. Tous ces procédés sont précisément l'opposé de la philosophie expérimentale, qui déclare toute définition logique du réel impossible, et qui repousse toute déduction absolue et *a priori*.

En résumé, la science idéale reprend les problèmes de l'ancienne métaphysique, au point de vue des existences réelles et par une méthode empruntée à la science positive; mais elle ne peut arriver à la même certitude. Si elle parvient à certains grands traits généraux, tirés de la connaissance de la nature humaine et du monde extérieur, elle assemble ces traits par des liens individuels. A côté des faits démontrés, la fantaisie tient et tiendra toujours ici la part la plus large. La même chose arrivait dans les anciens systèmes; seulement on exposait *a priori*, et comme les résultats nécessaires du raisonnement, ce même assemblage de réalité et d'imagination que nous devons désormais présenter sous son véritable caractère.

Vous avez exposé votre manière de comprendre le système général des choses, en vous appuyant sur l'ensemble des faits que vous connaissez, et en achevant la construction à votre point de vue personnel. Peut-être aussi composerai-je un jour mon *De Naturâ rerum*, qui, malgré notre accord sur la méthode, différera sans doute à quelques égards du vôtre : aujourd'hui, j'ai préféré mettre en évidence le caractère de la méthode nouvelle, dire en quoi elle diffère de la méthode ancienne, et montrer comment, à côté de la science positive et universelle, qui s'impose par sa certitude propre, puisqu'elle n'affirme que des réalités observables, on peut élever la science idéale, — tout aussi nécessaire que la science positive, mais dont les solutions, au lieu d'être imposées et dogmatiques comme autrefois, ont désormais pour principal fondement les opinions individuelles et la liberté.

LA SYNTHÈSE

DES MATIÈRES ORGANIQUES[1]

A partir du jour où Lavoisier fonda la chimie sur la base définitive des corps simples, le domaine minéral de cette science ne tarda pas à être parcouru dans tous les sens, ses limites furent tracées, ses lois générales découvertes. Bientôt on put à volonté décomposer toute substance minérale, la résoudre par l'analyse dans les éléments qui la constituent; puis, à l'inverse, on réussit presque toujours à reconstituer le composé primitif par l'union des corps

---

[1]. Cet article résume les idées générales développées en 1860 dans mon livre intitulé : *Chimie organique fondée sur la Synthèse chimique*, livre dont j'ai reproduit l'introduction dans un ouvrage spécial faisant partie de la Bibliothèque internationale, publiée chez Alcan.

simples que l'analyse avait mis en évidence; il devint en général facile d'expliquer et de reproduire les conditions naturelles dans lesquelles ce composé pouvait avoir pris naissance.

Lorsqu'on essaya d'aborder par les mêmes méthodes l'étude des matières organiques, on reconnut aussitôt une différence radicale. A la vérité, on parvint aisément à décomposer ces matières et à les ramener à leurs éléments. Ceux-ci se trouvèrent même bien moins nombreux que les éléments des minéraux; car ils se réduisent presque exclusivement à quatre corps, savoir : le carbone, l'hydrogène, l'oxygène et l'azote. Mais, dès qu'il s'agit de recomposer les matières organiques à l'aide des éléments mis en évidence par l'analyse, dès que l'on tenta de reproduire, par l'art, la variété infinie de leurs états et de leurs métamorphoses naturelles, tous les efforts demeurèrent infructueux. Une barrière, en apparence insurmontable, s'éleva dès lors entre la chimie organique et la chimie minérale.

Pour bien saisir toute la difficulté d'un semblable problème, il suffit de savoir que les composés organiques se rencontrent exclusivement au sein des êtres vivants, qu'ils résultent de l'association d'éléments peu nombreux, suivant des proportions fixes pour chacun de ces composés, et cependant variées presque à l'infini, quant à la multitude et aux propriétés de ces mêmes composés. Ces derniers constituent des groupements mobiles, instables, qui se forment et subsistent seulement dans des conditions délicates et compliquées, conditions qui n'avaient point été réalisées jusqu'ici, si ce n'est dans le sein des êtres organisés. L'ensemble de ces circonstances, et surtout l'impuissance de la chimie à reproduire l'association du carbone avec l'hydrogène et les composés si divers auxquels cette association donne naissance, tout avait concouru à faire regarder, par la plupart des esprits, la séparation entre la chimie minérale et la chimie organique comme infranchissable.

En effet, rien de plus étrange en apparence que les idées chimiques, dans leur application à un animal ou à un végétal. A la place de ces organes si divers et disposés cependant pour une fin commune et déterminée, à la place de ces tissus élémentaires formés de fibres et de cellules, à la place de ces derniers éléments visibles, dans lesquels l'analyse microscopique résout les diverses parties d'un être vivant, la chimie conçoit un assemblage indéfini de principes immédiats définis, tels que les acides et les alcalis végétaux, le ligneux et l'amidon, les sucres, la stéarine, l'oléine et les autres corps gras, l'albumine, la fibrine, les essences volatiles, etc.; sortes d'êtres abstraits dont les caractères et les propriétés sont envisagés indépendamment des apparences qu'ils peuvent affecter dans l'être vivant. A la vérité, ces apparences et ces formes ne dépendent point des lois chimiques proprement dites; mais les ensembles déterminés qui résultent de leur assemblage, c'est-à-dire les êtres vivants eux-mêmes ne sont plus conçus, au point de vue chimique, que comme des sortes de laboratoires, où les principes matériels s'assimilent, s'éliminent, se transforment sans cesse, suivant des lois invariables que l'analyse s'efforce de pénétrer.

L'étonnement redouble si l'on songe que les principes immédiats des êtres vivants, premiers termes isolés par l'analyse chimique, peuvent être à leur tour détruits par une analyse ultérieure et ramenés à trois ou quatre corps élémentaires, pareils à ceux que révèle l'analyse minérale. Combien ces éléments ressemblent peu aux êtres qui les fournissent en se décomposant! Sur quatre corps simples constitutifs des êtres vivants, trois sont gazeux, savoir l'oxygène et l'azote, éléments de l'air, l'hydrogène, partie constitutive de l'eau; tandis que le quatrième est solide et fixe : c'est le carbone, le plus caractéristique de tous les éléments qui concourent à la formation des substances organiques. Ces quatre corps simples fondamentaux, unis à de faibles proportions de soufre, de phosphore et de diverses autres matières, sont les seuls éléments que la nature mette en œuvre dans la génération de l'infinie variété des substances végétales et animales. Leur combinaison donne naissance à des millions de substances distinctes et définies.

Il est maintenant aisé de comprendre combien sont délicats et difficiles les problèmes de synthèse en chimie organique ; car il s'agit, pour le chimiste, de reproduire, par les moyens dont il dispose et à l'aide des seuls corps simples, réduits au nombre de quatre, la multitude immense des principes immédiats qui constituent les êtres vivants ; il s'agit en même temps d'imiter la suite des métamorphoses pondérales subies par ces principes et en vertu desquelles les animaux et les végétaux se nourrissent, subsistent et se développent. Dans ce nouvel ordre de recherches, les obstacles sont si grands, que l'on avait même refusé pendant longtemps d'admettre la possibilité du succès, et que l'on avait tracé, je le répète, une démarcation presque absolue entre la chimie minérale et la chimie organique.

Une telle démarcation était conforme à la marche progressive suivie par la science jusqu'à l'époque de mes travaux, et à la nature des méthodes qu'elle savait employer alors. Cette marche avait été essentiellement analytique. Partis de l'étude des principes immédiats qui entrent dans la constitution des végétaux et des animaux, les chimistes se sont bornés d'abord à les extraire, à les définir, à les étudier en eux-mêmes et à reconnaître la nature des produits extrêmes de leur décomposition : carbone, hydrogène, azote, eau, acide carbonique, ammoniaque, etc. Plus tard, ils ont cherché à les transformer les uns dans les autres et à produire de nouvelles matières, analogues aux principes organiques naturels, en détruisant ceux-ci par les réactifs, à l'aide de procédés systématiquement ordonnés. Des composés complexes, fixes et souvent incristallisables, formés sous l'influence de la vie, on passait aux substances volatiles et définies, plus simples que les premières ; de celles-ci, à des corps plus simples encore ; puis enfin aux éléments.

Tous ces changements, dus à l'influence des réactifs, présentaient un caractère commun : les éléments des corps qui les éprouvent se trouvaient de plus en plus rapprochés de leur séparation finale. En un mot, au lieu de décomposer complètement et du premier coup les combinaisons organiques formées sous l'influence de la vie, on les décomposait par degrés successifs et suivant une échelle régulière, en passant du composé primitif à des composés moins compliqués, de ceux-ci à d'autres, et ainsi de proche en proche, jusqu'à ce qu'on eût atteint les termes simples d'une destruction totale. De là cette belle série de travaux poursuivis pendant trente années, de 1830 à 1860, qui ont permis d'obtenir tant d'êtres artificiels par la voie des décompositions ménagées, et qui ont jeté les bases analytiques de la classification des substances organiques. Mais on ne savait point remonter cette échelle, partir des corps élémentaires pour former, par le seul jeu des affinités que l'on a coutume de mettre en œuvre dans la nature inorganique, des carbures d'hydrogène, puis des alcools et des composés de plus en plus compliqués.

Aussi les lois de la combinaison observées en chimie minérale semblaient-elles insuffisantes pour expliquer les faits observés dans la nature organique : comme si quelque chose de vital demeurait jusqu'au bout dans les principes organiques et leur imprimait ce cachet originel, qui donne à ces corps un air de famille et les fait reconnaître à l'instant.

Cette différence fondamentale entre l'état d'avancement de la chimie organique et celui de la chimie minérale se retrouvait jusque dans le mode d'exposition suivi dans l'enseignement de ces deux sciences. Tandis que la chimie minérale part des corps simples et s'élève graduellement aux composés binaires, ternaires, etc., qui résultent de la combinaison de ces corps simples, pris deux à deux, trois à trois, etc.; tandis qu'elle va toujours du simple au composé; la chimie organique procédait en général inversement. Jusque vers 1860, tous les auteurs qui l'ont exposé, en marchant du connu à l'inconnu et sans autre point d'appui que les considérations expérimentales, ont dû prendre leur point de départ dans les produits immédiats de l'organisation. En général, ils ont procédé du ligneux et de l'amidon au sucre, du sucre à l'alcool, de l'alcool enfin aux carbures d'hydrogène; c'est-à-dire qu'ils sont partis des corps les plus composés, parmi ceux que nous rencontrons dans les êtres vivants, puis ils sont descendus par une analyse successive, se conformant d'ailleurs à la marche de l'expérience elle-même, et traversant l'étude d'êtres de plus en plus simples, jusqu'aux composés binaires et jusqu'aux éléments. Mélange singulier, quoique nécessaire, de chimie et d'histoire naturelle, qui ôtait à la science une partie de sa rigueur abstraite.

La science se trouvait dès lors comme suspendue dans le vide et privée d'une base indépendante.

On voit par ces développements quelles différences ont séparé d'abord la chimie organique et la chimie minérale, sous le triple rapport de la marche générale des découvertes, de la nature des méthodes et de la manière d'enseigner l'ensemble de la science. Ces différences tenaient essentiellement à l'impuissance de la synthèse en chimie organique, opposée à sa puissance en chimie minérale.

Pour expliquer cette impuissance, on tirait une raison spécieuse de l'intervention de la force vitale, seule apte jusque-là à composer les substances organiques. C'était, disait-on, une force particulière, qui réside dans la nature vivante et qui triomphe des forces moléculaires propres aux éléments de la matière inorganique. Et l'on ajoutait : « C'est cette force mystérieuse qui détermine exclusivement les phénomènes chimiques observés dans les êtres vivants; elle agit en vertu de lois essentiellement distinctes de celles qui règlent les mouvements de la matière purement mobile et quiescible. Elle imprime à celle-ci des états d'équilibre particuliers, et qu'elle seule peut maintenir, car ils sont incompatibles avec le jeu régulier des affinités minérales. » Telle était l'explication au moyen de laquelle Berzelius justifiait l'imperfection de la chimie organique et la déclarait pour ainsi dire sans remède.

Mais, dans l'étude des sciences, et surtout de celles qui touchent aux origines, il faut se garder également des affirmations téméraires et des déclarations prématurées d'impuissance ; il ne faut point restreindre *a priori* la portée des connaissances futures dans le cercle étroit des connaissances actuelles, ni surtout poser des bornes absolues, qui n'expriment autre chose que notre ignorance présente. Combien de fois ces bornes ont été renversées, ces limites dépassées !

En proclamant ainsi notre impuissance absolue dans la production des matières organiques, deux choses avaient été confondues : la formation des substances chimiques, dont l'assemblage constitue les êtres organisés, et la formation des organes eux-mêmes. Ce dernier problème n'est point du domaine de la chimie. Jamais le chimiste ne prétendra former dans son laboratoire, et avec les seuls instruments dont il dispose, une feuille, un fruit, un muscle, un organe. Ce sont là des questions qui relèvent de la physiologie ; c'est à elle qu'il appartient d'en discuter les termes, de dévoiler les lois du développement des organes, ou, pour mieux dire, les lois du développement des êtres vivants tout entiers, sans lesquels aucun organe isolé n'aurait ni sa raison d'être, ni le milieu nécessaire à sa formation.

Mais ce que la chimie ne peut faire dans l'ordre de l'organisation, elle peut l'entreprendre dans celui de la fabrication des substances renfermées au sein des êtres vivants. Si la structure même des végétaux et des animaux échappe à ses applications; au contraire elle a le droit de prétendre former les principes immédiats, c'est-à-dire les matériaux chimiques qui constituent les organes, indépendamment de la structure spéciale en fibres et en cellules que ces matériaux affectent dans les animaux et dans les végétaux. Cette formation même et l'explication des métamorphoses pondérales que la matière éprouve dans les êtres vivants constituent un champ assez vaste, assez beau : la synthèse chimique doit le revendiquer tout entier.

C'est ce nouveau point de vue général que j'ai développé par vingt ans d'études et d'expériences, consacrées à la découverte des méthodes par lesquelles j'ai réalisé la formation des principes immédiats, sans le concours de forces particulières à la nature vivante. J'ai entrepris de procéder en chimie organique comme on sait le faire depuis près d'un siècle en chimie minérale, c'est-à-dire de composer les matières organiques en combinant leurs éléments, à l'aide des seules forces chimiques; j'ai prouvé que les affinités chimiques, la chaleur, la lumière, l'électricité suffisent pour déterminer les éléments à s'assembler en composés organiques. Or nous disposons de ces forces à notre gré, suivant des lois régulières et connues; entre nos mains, elles donnent lieu à des combinaisons infinies par leur nombre et par leur variété. Voilà comment j'ai établi les lois générales de la synthèse, demeurées si longtemps obscures. Cette voie a été féconde : un grand nombre de savants y sont entrés depuis. Les corps gras naturels d'abord, puis les carbures d'hydrogène et les alcools, d'après mes propres travaux ; puis, à la suite et comme conséquence, leurs dérivés : les acides organiques, les aldéhydes, les camphres, les essences oxygénées, enfin les alcalis, les amides et les matières colorantes ont été obtenus par ces méthodes. Aujourd'hui, nous savons reproduire une multitude de principes naturels, et nous avons l'espoir légitime de fabriquer tous les autres.

Le succès de ces expériences permet désormais de présenter l'ensemble de la science avec toute rigueur, en marchant du simple au composé, du connu à l'inconnu, et sans s'appuyer sur d'autres idées que celles qui résultent de l'étude purement physique et chimique des substances minérales. Au lieu de prendre son origine dans les phénomènes de la vie, la chimie organique se trouve maintenant posséder une base indépendante; elle peut rendre à son tour à la physiologie les secours qu'elle en a si longtemps tirés.

Cette marche nouvelle de la chimie organique s'effectue en procédant d'après les mêmes idées qui ont fondé la synthèse en chimie minérale. Dans les deux cas, il suffit de suivre une marche inverse de celle de l'analyse. Or l'analyse organique conduit à décomposer les principes naturels, à former d'abord les corps volatils et principalement les alcools et les acides; de ceux-ci, l'analyse passe aux carbures d'hydrogène, et des carbures aux éléments.

Renversant les termes du problème, j'ai pris pour point de départ les corps simples, le carbone, l'hydrogène, l'oxygène, l'azote, et j'ai reconstitué par la combinaison de ces éléments des composés organiques, d'abord binaires, puis ternaires, etc., les uns analogues, les autres identiques avec les principes immédiats contenus dans les êtres vivants eux-mêmes. Quelques développements sont ici nécessaires pour montrer la suite progressive des formations synthétiques.

Les substances que l'on forme d'abord, par des méthodes purement chimiques, sont les principaux carbures d'hydrogène, c'est-à-dire les composés binaires fondamentaux de la chimie organique. Pour les produire de toutes pièces, on part des éléments. Ainsi j'ai réalisé la combinaison directe des éléments, et formé, par l'union du carbone et de l'hydrogène libres, associés sous l'influence de l'électricité, un premier carbure fondamental, l'acétylène ; puis à l'aide de ce carbure, par la voie méthodique des synthèses progressives, j'ai constitué tous les autres carbures d'hydrogène, gaz des marais, gaz oléfiant, benzine, naphtaline, anthracène, etc., etc. J'ai obtenu encore les mêmes résultats par d'autres voies, particulièrement à partir des composés binaires les plus simples, tels que l'acide carbonique, l'oxyde de carbone et l'eau ; méthode qui offre cet intérêt particulier de procéder à partir des mêmes origines que la nature vivante, quoique suivant des artifices bien différents. Car c'est à partir de l'eau et de l'acide carbonique que les végétaux et les animaux forment les principes si variés qui constituent la trame de leurs tissus. Mais poursuivons notre exposé général des méthodes synthétiques.

Les carbures d'hydrogène sont devenus à leur tour le point de départ de la synthèse des alcools : nouvelle classe de composés non moins importants et qui en dérivent par l'introduction des éléments de l'eau dans la molécule hydrocarbonée. C'est ainsi qu'avec le gaz des marais et l'oxygène, j'ai formé l'alcool méthylique; avec le gaz oléfiant et les éléments de l'eau, j'ai formé l'alcool ordinaire; avec le propylène et les éléments de l'eau, un alcool propylique, etc.

Voilà par quelles méthodes générales j'ai opéré la synthèse des carbures d'hydrogène et celle des alcools. Ce sont les premiers produits de la synthèse, et les plus difficiles à réaliser. Les carbures d'hydrogène et les alcools, en effet, sont les plus caractéristiques parmi les composés organiques. Ils n'ont point d'analogues en chimie minérale, ils constituent la base de notre édifice, et ils deviennent le point de départ de toutes les autres formations. L'intervention des actions lentes, celle des affinités faibles et délicates, suffisent pour les obtenir. En s'appuyant sur les mêmes méthodes, on peut pousser plus avant; en effet, à mesure que l'on s'élève à des composés plus compliqués, les réactions deviennent plus faciles et plus variées, et les ressources de la synthèse augmentent à chaque pas nouveau. En un mot, dans l'ordre de la synthèse organique, le point essentiel réside dans la formation des premiers termes au moyen des éléments, c'est-à-dire dans celle des carbures d'hydrogène et des alcools : c'est elle qui efface en principe toute ligne de démarcation entre la chimie minérale et la chimie organique.

Cette formation est d'autant plus décisive qu'elle a permis de rattacher les nouveaux résultats avec les découvertes accomplis jusqu'alors en chimie organique. En effet, les chimistes savent produire, au moyen des alcools et des carbures, une multitude d'autres composés : tels sont les aldéhydes, premiers termes d'oxydation qui comprennent la plupart des huiles essentielles oxygénées ; tels sont encore les acides organiques, si répandus dans les végétaux et dans les animaux. En combinant ces mêmes alcools et ces mêmes carbures avec les acides, on obtient les éthers composés et les corps gras neutres, nouvelle catégorie de substances propres à la chimie organique et qui se retrouvent dans la végétation. L'ensemble de ces résultats comprend la plupart des composés ternaires. On peut aller plus loin. Les alcools, les aldéhydes, les acides, étant unis avec l'ammoniaque, donnent naissance à leur tour aux substances quaternaires, formées de carbone, d'hydrogène, d'oxygène et d'azote, c'est-à-dire aux corps désignés sous les noms d'amides et d'alcalis.

La synthèse étend ainsi ses conquêtes, depuis les éléments jusqu'au domaine des substances les plus compliquées, sans que l'on puisse assigner de limite à ses progrès. Si l'on envisage par la pensée la multitude presque infinie des composés organiques, depuis les corps que l'art sait reproduire, tels que les carbures, les alcools et leurs dérivés, jusqu'à ceux qui n'existent encore que dans la nature, tels que les matières sucrées et les principes azotés d'origine animale, on passe d'un terme à l'autre par des degrés insensibles, et l'on n'aperçoit plus de barrière absolue, tranchée, insurmontable. On peut donc affirmer que la chimie organique est désormais assise sur la même base que la chimie minérale. Dans ces deux sciences, la synthèse, aussi bien que l'analyse, résultent du jeu des mêmes forces, appliquées aux mêmes éléments.

On voit ici quelle est la marche successive de la synthèse, comment elle permet de construire les fondements de l'édifice, et d'en asseoir les premières assises, en coordonnant les résultats nouveaux et les résultats acquis sous un même point de vue et par une même méthode, comparable à celle de la chimie minérale. On voit aussi comment aux nouvelles méthodes de formation synthétique répondent une manière nouvelle d'envisager la science et des liens nouveaux et généraux entre les faits qu'elle embrasse. Ce qui caractérise surtout ces nouveaux liens, ce nouveau point de vue, ce qui les distingue essentiellement des opinions passagères qui se sont succédé dans la science, c'est qu'ils ne reposent pas sur des conjectures, sur des présomptions plus ou moins incertaines, mais sur des faits réalisés. Aussi les découvertes synthétiques permettent-elles de constituer la science en dehors des systèmes incomplets et incertains qui avaient été construits auparavant, d'après l'étude des décompositions progressives. Enfin l'application aux substances naturelles des procédés généraux, qui résultent de ce vaste ensemble d'idées et de travaux, fournit aux travaux synthétiques une base chaque jour plus assurée. Elle permet dès aujourd'hui de former de toutes pièces un nombre immense de substances organiques, et elle a ouvert aux découvertes de la science, comme à celles de l'industrie, un champ illimité.

Une démonstration capitale, au point de vue philosophique, résulte de cette introduction de la méthode synthétique en chimie organique. En effet, par le fait de la formation des composés organiques et par l'imitation des mécanismes qui y président dans les végétaux et dans les animaux, on peut établir que les effets chimiques de la vie sont dus au jeu des forces chimiques ordinaires ; au même titre que les effets physiques et mécaniques de la vie ont lieu suivant le jeu des forces purement physiques et mécaniques.

Dans les deux cas, les forces moléculaires mises en œuvre sont les mêmes, car elles donnent lieu aux mêmes effets. La chimie organique, développant chaque jour cette démonstration, a poursuivi et poursuivra désormais sa marche dans la voie synthétique, jusqu'à ce qu'elle ait parcouru tout son domaine et qu'elle en ait défini les limites, aussi complètement que peut le faire aujourd'hui la chimie minérale. Par là, elle forme avec cette dernière un ensemble continu, procédant des mêmes méthodes et des mêmes lois générales; en même temps qu'elle constitue à la physiologie une base et des instruments pour s'élever plus haut.

L'étude de la formation des matières organiques et la recherche des causes qui déterminent cette formation ne sont pas seulement fécondes au point de vue de l'interprétation chimique des phénomènes vitaux; mais elles nous conduisent à une connaissance plus profonde des forces moléculaires et des lois qui président au jeu de ces forces. Cette connaissance s'applique à deux ordres de prévisions essentiellement distinctes : les unes concernent les effets généraux de la combinaison chimique et les relations qui existent entre les propriétés des composés et celles des corps qui concourent à les former; les autres sont relatives à la création d'êtres nouveaux et inconnus, dont la nature extérieure ne présente aucun exemple.

Plaçons-nous d'abord au premier point de vue. La formation des matières organiques fournit les données les plus précieuses pour la théorie mécanique des forces moléculaires. En effet, elle donne lieu à des séries nombreuses et régulières de combinaisons, engendrées suivant une même loi générale, mais avec une variation progressive dans leur composition. D'un terme à un autre, on peut obtenir telle gradation que l'on désire, et observer quel en est l'effet sur les propriétés physiques et chimiques des substances que l'on compare.

Ce sont là des avantages que l'on ne rencontre guère en chimie minérale : chaque substance y est le plus souvent seule de son espèce, ou du moins sans analogue prochain. Elle est le signe isolé de quelque loi générale, dont elle constitue l'unique expression. En l'absence de tout terme de comparaison, on ne peut guère ressaisir la trace de l'idée génératrice dont chaque corps représente la réalisation. Au contraire, en chimie organique, le composé artificiel obtenu par les expérimentateurs, le principe naturel qu'ils cherchent à reproduire n'est point un être isolé, mais le fragment d'un tout plus étendu, l'expression particulière d'une fonction commune, qui se traduit encore par une multitude d'autres expressions analogues. L'étude des corps semblables permet de reconstruire toute la série par la pensée et de remonter à l'idée mère qui préside à son développement. Enfin la connaissance complète du tout conduit à son tour à établir avec certitude les origines et la filiation des cas individuels.

Nous arrivons par là au second point de vue : il est relatif à la puissance que la loi scientifique met entre nos mains. Les méthodes en effet par lesquelles on reproduit tel ou tel principe isolé comportent une extension singulièrement féconde ; car elles reposent presque toujours, je le répète, sur une loi plus générale ; or la connaissance de cette loi permet de réaliser une infinité d'autres effets semblables à ceux que la nature offrait à nos observations ; de former une multitude d'autres substances, les unes identiques avec les substances naturelles déjà connues, les autres nouvelles et inconnues, et cependant comparables aux premières. Ce sont là des êtres artificiels, existant au même titre, avec la même stabilité que les êtres naturels : seulement, le jeu des forces nécessaires pour leur donner naissance ne s'est point rencontré dans la nature. La synthèse des corps gras neutres, par exemple, ne m'a pas permis seulement de former artificiellement les quinze ou vingt corps gras naturels connus jusque-là, maiselle m'a fait encore prévoir la formation de plusieurs centaines de millions de corps gras analogues; substances qu'il est désormais facile de produire de toutes pièces, en vertu du principe qui préside à leur composition. C'est le développement nécessaire de ces séries générales de lois et de composés qui rend si difficile la solution de chaque problème synthétique envisagé isolément: la formation de la stéarine naturelle, par exemple, n'est devenue possible que le jour où j'ai réussi à y rattacher par une relation universelle la formation de toutes les autres combinaisons, soit naturelles, soit artificielles, de la glycérine. Tout corps, tout phénomène représente, pour ainsi dire, un anneau compris dans une chaîne plus étendue de corps, de phénomènes analogues et corrélatifs. Dès lors on ne saurait le réaliser individuellement, à moins d'être devenu maître de toute la suite des effets et des causes dont il représente une manifestation particulière; mais par là même chaque solution acquiert un caractère de fécondité extraordinaire.

Voilà comment nous saisissons le sens et le jeu des forces éternelles et immuables qui président dans la nature aux métamorphoses de la matière, et comment nous arrivons à les faire agir à notre gré dans nos laboratoires. Le mode suivant lequel s'exerce cette puissance mérite quelque attention. Ce qu'il est surtout essentiel de savoir, c'est la succession fatale des changements que la matière éprouve, la filiation précise des substances qui se transforment, et l'influence du milieu et des circonstances dans lesquelles s'effectuent les métamorphoses. Ces choses étant exactement connues, nous devenons les maîtres du mécanisme naturel et nous le faisons fonctionner à notre gré : soit pour reproduire les mêmes effets qui nous ont appris à le pénétrer, soit pour développer des effets semblables conçus par notre intelligence. Dans tous les cas, il est essentiel de remarquer que notre puissance va plus loin que notre connaissance. En effet, étant données un certain nombre de conditions d'un phénomène imparfaitement connu, il suffit souvent de réaliser ces conditions pour que le phénomène se produise aussitôt dans toute son étendue ; le jeu spontané des lois naturelles continue à se développer et complète les effets, pourvu que l'on ait commencé à le mettre en œuvre convenablement. Voilà comment nous avons pu former les substances organiques, sans avoir besoin de calculer complètement les lois des actions intermoléculaires. Il est même vrai de dire que, si les forces une fois mises en jeu ne poursuivaient pas elles-mêmes l'œuvre commencée, nous ne pourrions imiter et reproduire par l'art aucun phénomène naturel ; car nous n'en connaissons aucun d'une manière complète, attendu que la science parfaite de chacun d'eux exigerait celle de toutes les lois, de toutes les forces qui concourent à le produire, c'est-à-dire la connaissance parfaite de l'univers.

C'est ici le fait capital sur lequel nous appelons particulièrement l'attention : il est destiné à influer, non seulement sur le progrès spécial des sciences expérimentales, mais aussi sur la philosophie générale des sciences et sur les conceptions les plus essentielles de l'humanité. Nous touchons, en effet, au trait fondamental qui distingue les sciences expérimentales des sciences d'observation.

La chimie crée son objet. Cette faculté créatrice, semblable à celle de l'art lui-même, la distingue essentiellement des sciences naturelles et historiques. Les dernières ont un objet donné d'avance et indépendant de la volonté et de l'action du savant : les relations générales qu'elles peuvent entrevoir ou établir reposent sur des inductions plus ou moins vraisemblables ; parfois même sur de simples conjectures, dont il est impossible de poursuivre la vérification au delà du domaine extérieur des phénomènes observés. Ces sciences ne disposent point de leur objet. Aussi sont-elles trop souvent condamnées à une impuissance éternelle dans la recherche de la vérité, ou doivent-elles se contenter d'en posséder quelques fragments épars et souvent incertains.

Au contraire, les sciences expérimentales ont le pouvoir de réaliser leurs conjectures. Ces conjectures servent elles-mêmes de point de départ pour la recherche de phénomènes propres à les confirmer ou à les détruire : en un mot, les sciences dont il s'agit poursuivent l'étude des lois naturelles, en créant tout un ensemble de phénomènes artificiels qui en sont les conséquences logiques. A cet égard, le procédé des sciences expérimentales n'est pas sans analogie avec celui des sciences mathématiques. Ces deux ordres de connaissances procèdent également par voie de déduction dans la recherche de l'inconnu. Seulement, le raisonnement du mathématicien, fondé sur des données abstraites et établies par définition, conduit à des conclusions abstraites, également rigoureuses ; tandis que le raisonnement de l'expérimentateur, fondé sur des données réelles et dès lors imparfaitement connues, conduit à des conclusions de fait qui ne sont point certaines, mais seulement probables, et qui ne peuvent jamais se passer d'une vérification effective. Quoi qu'il en soit, il n'en est pas moins vrai de dire que les sciences expérimentales créent leur objet, en conduisant à découvrir par la pensée et à vérifier par l'expérience les lois générales des phénomènes.

Voilà comment les sciences expérimentales arrivent à soumettre toutes leurs opinions, toutes leurs hypothèses, à un contrôle décisif, en cherchant à les réaliser. Ce qu'elles ont rêvé, elles le manifestent en acte. Les types conçus par le savant, s'il ne s'est point trompé, sont les types mêmes des existences. Son objet n'est point idéal, mais réel. Par là, en même temps que les sciences expérimentales poursuivent leur objet propre, elles fournissent aux autres sciences des instruments puissants et éprouvés et des ressources souvent inattendues.

La chimie possède cette faculté créatrice à un degré plus éminent encore que les autres sciences, parce qu'elle pénètre plus profondément et atteint jusqu'aux éléments naturels des êtres. Non seulement elle crée des phénomènes, mais elle a la puissance de refaire ce qu'elle a détruit; elle a même la puissance de former une multitude d'êtres artificiels, semblables aux êtres naturels, et participant de toutes leurs propriétés. Ces êtres artificiels sont les images réalisées des lois abstraites, dont elle poursuit la connaissance. C'est ainsi que, non contents de remonter par la pensée aux transformations matérielles qui se sont produites autrefois et qui se produisent tous les jours dans le monde minéral et dans le monde organique, non contents d'en ressaisir les traces fugitives par l'observation directe des phénomènes et des existences actuelles, nous pouvons prétendre, sans sortir du cercle des espérances légitimes, à concevoir les types généraux de toutes les substances possibles et à les réaliser; nous pouvons, dis-je, prétendre à former de nouveau toutes les matières qui se sont développées depuis l'origine des choses, à les former dans les mêmes conditions, en vertu des mêmes lois, par les mêmes forces que la nature fait concourir à leur formation.

LES

MÉTHODES GÉNÉRALES DE SYNTHÈSE

EN CHIMIE ORGANIQUE

LEÇON D'OUVERTURE DU COURS DE CHIMIE ORGANIQUE

créé au Collège de France; leçon professée le 2 février 1864

Messieurs,

En montant dans cette chaire qui vient d'être instituée par la libérale initiative du ministre de l'instruction publique[1], mon premier devoir est de vous expliquer pourquoi elle a été instituée, c'est-à-dire à quels besoins cette chaire répond dans la science et dans l'enseignement.

La chimie organique, messieurs, est par ses origines aussi vieille que la chimie minérale. Dès les

---

1. M. Duruy.

premiers jours de la civilisation, l'homme a eu le sentiment confus des problèmes chimiques, et il les a conçus sous des formules imparfaites, d'où notre science devait se dégager un jour. Il poursuivait un double résultat : d'une part, la toute-puissance de transformation sur la nature minérale, c'est-à-dire la pierre philosophale, la transmutation des métaux, l'art de faire de l'or, comme on disait déjà du temps des Romains; d'autre part, la toute-puissance de transformation sur la matière animée, exprimée par ces formules étranges : fabrication des êtres vivants, élixir de longue vie, c'est-à-dire art de se rendre immortel.

Ces deux rêves, ces deux chimères, *pierre philosophale, élixir de longue vie*, sont les deux origines de la chimie. Dans la poursuite des grandes entreprises, l'homme a souvent besoin d'être animé et soutenu par des espérances surhumaines. C'est ainsi que Christophe Colomb voulait découvrir le paradis terrestre, alors qu'il naviguait vers l'Amérique. De même en chimie : la poursuite de la pierre philosophale et celle de l'élixir de longue vie ont excité une longue suite d'efforts, qui ont fini par aboutir aux plus grandes découvertes.

A l'une de ces poursuites, celle de la pierre philosophale, répond la chimie minérale, réduite en système régulier à la fin du siècle dernier par Lavoisier et ses contemporains. L'autre chimère, l'élixir de longue vie, a donné naissance à la chimie organique.

Les éléments des matières organiques ont été définitivement connus il y a quatre-vingts ans, précisément à la même époque que les éléments des matières minérales. C'est vers 1780 que cette première assise de l'édifice a été posée. La nature simple du carbone, de l'hydrogène et de l'oxygène, et la conservation absolue de leur poids à travers la suite infinie des métamorphoses étant établies pour la première fois, on reconnut aussitôt que toute matière organique renferme ces trois éléments. Peu d'années après, Berthollet constata l'existence générale de l'azote dans les matières animales.

Ainsi fut démontré ce résultat surprenant : tous les êtres vivants, végétaux et animaux, sont essentiellement formés par les quatre mêmes corps élémentaires, carbone, hydrogène, oxygène et azote ; en d'autres termes, et pour prendre une formule plus saisissante, les êtres vivants sont constitués par du charbon uni avec trois gaz, qui sont les éléments de l'eau et les éléments de l'air.

Cette première découverte fut suivie, comme de raison, par celle des méthodes d'analyse, destinée à reconnaître la proportion des éléments organiques. Gay-Lussac, Thénard et Berzélius donnèrent les premiers procédés rigoureux. Après vingt ans d'efforts, accomplis par les principaux chimistes de l'époque, MM. Liebig et Dumas fixèrent les procédés dont nous nous servons encore.

Par ces méthodes, on parvint à un résultat philosophique d'une haute importance : on reconnut, en effet, que les matières organiques obéissent aux mêmes lois de proportions définies que les matières minérales. Wollaston, et surtout Berzélius, mirent ce point hors de doute par leurs expériences.

Gay-Lussac arriva au même résultat sous une autre forme, en prouvant que les corps naturellement gazeux, ou réduits à l'état gazeux par la chaleur, se combinent suivant des rapports simples de volume. Il appliqua aussitôt cette loi, en 1813, à divers corps organiques, tels que l'alcool, l'éther, le gaz oléfiant, les composés du cyanogène, etc.

On vit bien l'importance de la loi des proportions définies en chimie organique, à la suite des travaux de M. Chevreul, qui fixèrent dans ce domaine la notion du principe immédiat défini. Les *Recherches sur les corps gras d'origine animale*, commencées il y a cinquante ans, prouvèrent, en effet, que les substances organiques, quelle que soit la variation apparente de leurs propriétés, peuvent toujours être représentées par le mélange et l'association en proportion indéfinie d'un certain nombre de principes immédiats définis ou espèces chimiques. C'est ainsi, pour prendre un exemple, qu'une maison est formée par des matériaux, tels que la pierre à bâtir, le plâtre, la brique, le fer, le bois, assemblés diversement par l'art de l'architecte. La chimie examine ces matériaux indépendamment de leur forme; mais elle ne se propose pas de construire la maison.

En chimie organique, nous étudions les matériaux ou principes dont l'assemblage forme les êtres vivants; nous cherchons, soit à les isoler, soit à analyser leurs actions chimiques réciproques, soit même à reproduire synthétiquement les réactions des principes immédiats et les principes eux-mêmes; mais nous ne nous préoccupons ni de décrire leur structure, ni de définir les conditions qui les déterminent à s'organiser : ce sont là des études d'un autre ordre, qui relèvent de l'anatomie et de la physiologie, mais non de la chimie organique.

Les premières bases de la science se trouvèrent ainsi établies, il y a quarante ans : cette date vous montre combien notre science est jeune. Elle prit aussitôt un développement rapide, tant par l'étude des réactions générales que par celle des fonctions chimiques. Le cadre de cette leçon m'oblige à passer rapidement sur la merveilleuse suite de découvertes qui se sont succédé depuis deux générations, et qui ont conduit la chimie organique au point où elle se trouve aujourd'hui. Il me suffira de rappeler comment une notion nouvelle, celle des alcalis végétaux, si précieux, soit au point de vue de la science pure, soit au point de vue de ses applications, fut introduite en chimie, vers 1820, principalement par les travaux de MM. Pelletier et Caventou; comment M. Dumas, après avoir établi sur des lois définitives la connaissance de l'alcool et celle des éthers, étendit ses premières études par de nouvelles découvertes, et fonda la théorie générale des alcools, c'est-à-dire de cette fonction nouvelle, caractéristique de la chimie organique, et dont l'importance va tous les jours grandissant. Pour vous en donner une idée, il suffira de rappeler ce mot : que la découverte d'un nouvel alcool a la même importance que la découverte d'un métal nouveau; car elle donne naissance à des séries de combinaisons aussi riches, aussi étendues, dont les propriétés générales sont prévues avec la même probabilité. M. Dumas jeta également, il y a trente ans, les bases de la théorie des amides et celles de la théorie des substitutions.

M. Pelouze établissait en même temps les lois de la distillation sèche des acides organiques.

Cependant MM. Liebig et Wöhler étudiaient les aldéhydes, et démontraient l'existence de cette fonction nouvelle, spéciale comme les alcools à la chimie organique. M. Liebig, par une multitude de travaux sur les points les plus divers et par l'école de chimistes formée autour de lui, concourait également à la vive impulsion que la chimie organique ne cessait de recevoir.

Au même moment Laurent, dans son laboratoire solitaire, poursuivant l'étude des carbures d'hydrogène, donnait un développement immense à la théorie des substitutions. Il prouva que le chlore peut non seulement remplacer l'hydrogène, équivalent par équivalent, en engendrant des composés nouveaux; mais que ceux-ci conservent un grand nombre des propriétés essentielles du composé primitif. En d'autres termes, les propriétés d'un système moléculaire dépendent plutôt de son arrangement que de la nature même des éléments qui concourent à cet arrangement : notion capitale, et qui porta un coup fatal à la théorie électro-chimique, telle qu'elle était alors comprise par les chimistes. Laurent, étudiant les phénomènes d'oxydation, mit également en lumière cette échelle de combustion, de décomposition successive, qui descend peu à peu, et par degrés ménagés, depuis les corps les plus compliqués jusqu'à l'eau et à l'acide carbonique. Cette échelle de combustion allait prendre bientôt une importance énorme dans le système de Gerhardt.

Gerhardt, en effet, et nous touchons ici à nos contemporains, Gerhardt, outre des travaux spéciaux fort intéressants, tels que la production des acides anhydres, s'est surtout illustré par sa classification générale des substances organiques, fondée sur la théorie des homologues : c'était la conséquence des travaux relatifs à la destruction graduelle des substances organiques par les réactifs. Je ne puis que rappeler ici combien cette classification a mis en relief d'analogies et à combien de résultats féconds elle a conduit.

Ce serait le moment de vous parler des radicaux métalliques composés, inventés par M. Bunsen, et des travaux de MM. Frankland, Kolbe et Löwig sur cette question; de la découverte des éthers mixtes par M. Williamson, découverte féconde en conséquences; et de tant d'autres recherches qui ont étendu si rapidement le domaine de la science. Mais le temps me manque pour ce récit : je le reprendrai peut-être quelque jour avec les développements qu'il mérite.

Je ne puis cependant passer sous silence les méthodes générales par lesquelles nous avons appris à former les alcalis artificiels. La première est due à M. Zinin (1842); elle permet de transformer en alcalis une multitude de carbures d'hydrogène : l'aniline, devenue si intéressante par la production des matières colorantes artificielles, est le fruit de cette méthode. En 1848, M. Würtz, par une découverte très importante, rattacha la formation des alcalis artificiels aux alcools eux-mêmes, c'est-à-dire aux séries fondamentales de la chimie organique. Presque aussitôt M. Hofmann formula la théorie générale de ces nouveaux composés.

C'est ainsi que la chimie organique s'est accrue sans cesse par la conquête de nouveaux domaines. En 1854, j'ai moi-même introduit dans la science la théorie des alcools polyatomiques, théorie féconde et qui a pris aussitôt d'immenses développements. Elle m'a conduit d'abord à reproduire synthétiquement les corps gras naturels et à en établir la constitution véritable; elle définit également la constitution des principes sucrés; elle permet de concevoir, sinon de reproduire encore, celle des principes fixes qui constituent les tissus végétaux. Enfin j'ai été, depuis quinze ans, le promoteur des idées de synthèse, jusque-là négligées en chimie organique, et que je développerai devant vous dans le cours de cette année.

En résumé, la chimie organique est une science née d'hier, en voie de développements continuels. Aussi comprendrez-vous facilement pourquoi elle n'est pas encore parvenue à ce degré de maturité et de fixité qui caractérise les sciences faites et finies, telles que la géométrie élémentaire, ou bien les théories physiques de la pesanteur et de l'attraction universelle. Elle n'est même pas arrêtée à ce point de stabilité relative, suffisante pour un enseignement élémentaire, et qui appartient à la chimie minérale. En chimie organique, les notions générales sont en état d'évolution incessante : chacun a son système, c'est-à-dire un certain ensemble d'idées personnelles et qu'il applique à la science tout entière. C'est là ce qui caractérise une science en voie de formation. Et gardez-vous de regarder cet état comme une preuve d'infériorité : les sciences où toute discussion a cessé sont des sciences épuisées. Nous sommes loin de là. Depuis quatre-vingts ans, on ne cesse de fonder en chimie organique : à l'heure présente nous sommes encore dans l'ère des fondateurs.

A ces progrès dans la science proprement dite répondent des progrès continuels dans deux ordres opposés, dans l'ordre des idées philosophiques et dans l'ordre des applications.

Vous parlerai-je, dans l'ordre philosophique, de ces notions profondes que donne la chimie sur la constitution de la matière, éternellement durable au milieu du perpétuel changement des apparences? Quoi de plus saisissant que cette conception des êtres vivants comme résultant de l'assemblage de certaines substances définies, comparables par leurs propriétés fondamentales aux substances minérales, constituées par les mêmes éléments, obéissant aux mêmes affinités, aux mêmes lois chimiques, physiques et mécaniques? Quoi de plus capital que la reproduction de ces substances, matériaux premiers sur lesquels opèrent les organismes vivants, par le seul jeu des forces minérales, et par la simple réaction du carbone sur les éléments de l'air et de l'eau?

Toute vérité est féconde, tout développement des notions générales enfante une infinité de conséquences dans les diverses sciences théoriques et dans les applications. Dans l'ordre des autres sciences, il suffira de citer la physiologie : ceux qui la cultivent savent quelles lumières elle tire chaque jour de la chimie organique, et à quel point les progrès de ces deux sciences sont corrélatifs. Les problèmes généraux de la nutrition dans les êtres

à quel point les découvertes de notre science ont servi les intérêts matériels de la civilisation. Citons seulement les travaux relatifs aux savons, à la bougie, aux acides organiques, aux alcools, au gaz de l'éclairage, aux huiles minérales, aux alcaloïdes, si précieux par leurs applications médicales, aux matières colorantes et à tant d'autres produits, issus de la chimie organique et qui transforment incessamment les conditions de la vie humaine. Rappelons encore les recherches si précieuses qui ont éclairé et éclairent chaque jour davantage l'agriculture.

Bref, il est peu de sciences qui n'empruntent quelque secours de la chimie organique, il est peu d'industries qui ne tirent une lumière plus ou moins complète de ses découvertes.

En raison de ces progrès incessants de la chimie organique, comme science pure et comme science appliquée, la plupart des chimistes de l'Institut et des professeurs du Collège de France, dans l'ordre des sciences physiques et mathématiques, ont été frappés de l'utilité qu'il y aurait à instituer une chaire destinée à exposer cette science, non seulement au point de vue ordinaire des résultats acquis depuis longtemps et consacrés dans les programmes et dans les examens professionnels, mais à un point de

vivants sont des problèmes chimiques; il en est de même de ceux de la respiration. L'étude de tous ces problèmes s'appuie sur les données fournies par la chimie organique. Dans les tissus animaux, aussitôt que les solides, les liquides et les gaz ont été mis en contact réciproque, sous l'influence de certains mouvements qui relèvent du système nerveux, et d'une structure spéciale que nous ne savons pas imiter, il se développe entre ces solides, ces liquides et ces gaz des affinités purement chimiques; les combinaisons auxquelles elles donnent naissance relèvent exclusivement des lois de la chimie organique.

Dans un ordre plus éloigné, rappellerai-je quelles lumières la chimie a souvent apportées à l'histoire de l'humanité, par l'étude des produits des civilisations antiques, et à l'histoire des êtres vivants qui se sont succédé à la surface de la terre, par l'analyse de leurs débris; rappellerai-je comment, par l'examen des aérolithes, elle semble nous révéler l'existence de la vie dans des mondes étrangers et peut-être antérieurs au nôtre?

En nous bornant aux applications industrielles, c'est-à-dire à quelques-unes des conséquences de la chimie dans l'ordre social, il faudrait retracer l'histoire de l'industrie tout entière pour vous montrer

publique, empressé à accueillir toute idée libérale et progressive, a pris l'initiative de l'exécution : il a institué dans cette enceinte un cours de chimie organique, et il m'a fait l'honneur de confirmer le choix des professeurs en me confiant ce nouvel enseignement.

Un mot encore, messieurs : j'ai un devoir, un devoir bien doux à remplir envers mon maître, M. Balard.

Parmi les professeurs qui ont réclamé cette nouvelle création, il en est un dont la situation était particulière. M. Balard, en effet, professe la chimie au Collège de France depuis quatorze ans ; il a formé plusieurs générations de chimistes. Dans cette circonstance, ce que l'on proposait aurait pu paraître à quelque esprit jaloux un empiétement sur ses droits, car il s'agissait de dédoubler sa chaire. Mais, loin de s'y opposer, par quelque crainte, peu fondée d'ailleurs, car vous connaissez tous sa parole facile et brillante et l'excellence de son enseignement; loin de s'y opposer, M. Balard s'est empressé de prendre l'initiative de la demande, donnant ainsi une nouvelle preuve de ce dévouement à la science, de cette bienveillance généreuse que connaissent si bien tous ceux qui l'ont entendu, tous ceux qui ont été en rapport avec lui. Après avoir été son élève et son préparateur pendant dix ans, j'ai plus que

vue progressif, de façon à saisir la science dans son développement actuel et en s'attachant de préférence aux découvertes et aux idées les plus nouvelles.

Ils ont pensé que c'était au Collège de France qu'une telle chaire devait être instituée. En effet, cet établissement est placé en dehors des exigences des programmes et des examens spéciaux. Dès sa fondation par François I*er*, il a été destiné à représenter précisément les sciences nouvelles, ou les parties des sciences trop récentes pour être introduites encore dans l'enseignement dogmatique des Écoles et des Facultés. Le propre du Collège de France, c'est d'exposer surtout les idées scientifiques au moment même de leur évolution. C'est ainsi qu'à titre de sciences nouvelles l'étude du grec et la culture antique y furent représentées lors de sa fondation; c'est ainsi que, depuis le commencement du XIX*e* siècle, le Collège de France a été le principal théâtre de la transformation opérée dans les études historiques et philologiques.

A ce titre, une chaire de chimie organique, consacrée de préférence aux idées nouvelles qui s'agitent dans cette science, est éminemment dans la donnée générale du Collège de France.

Le ministre éclairé qui dirige l'instruction

rappeler l'analyse de l'eau, décomposée par l'expérience en hydrogène et en oxygène, et la synthèse de l'eau reconstituée, toujours par l'expérience et non par une simple conception de l'esprit, à l'aide de ces deux éléments : double découverte qui a joué le plus grand rôle dans l'institution de la chimie scientifique, il y a quatre-vingts ans.

En chimie organique, l'analyse procède par deux degrés successifs : d'abord les principes immédiats, puis les éléments. Elle commence par démontrer que les êtres vivants sont formés par l'association et le mélange d'un nombre immense de principes immédiats définis, très peu stables, très facilement altérables sous l'influence de la chaleur et des agents ordinaires de la chimie minérale. Ces principes si nombreux résultent presque tous de l'union de quatre éléments fondamentaux : le carbone, l'hydrogène, l'oxygène et l'azote. Opposez ce petit nombre des éléments des matières organiques à la multitude des principes immédiats qui en sont composés et au peu de stabilité de ces principes, et vous comprendrez aussitôt quelles difficultés s'opposent à la synthèse des matières organiques, et comment cette synthèse, envisagée d'une manière générale, est demeurée si longtemps controversée. Cependant la nature la réalise tous les jours

personne le droit et le devoir de lui rendre un témoignage public!

Voilà, messieurs, comment cette chaire a été instituée, quelle en est la destination.

Parlons maintenant du cours de cette année. Ce cours sera consacré à l'exposition des méthodes générales de synthèse en chimie organique.

La chimie organique a pour objet l'étude des matières contenues dans les êtres vivants. Elle peut être présentée sous deux points de vue, tous deux nécessaires et fondamentaux : au point de vue de l'analyse et au point de vue de la synthèse. Ces mots : *analyse* et *synthèse*, ont en chimie une signification spéciale, singulièrement précise et plus complète que dans aucun autre ordre d'idées. En général, ces mots expriment des procédés logiques de l'esprit humain, qui tantôt décompose une notion complexe en une suite de notions plus simples, tantôt et inversement reconstitue une notion générale à l'aide de tout un ensemble de notions particulières. Eh bien, changez le mot notion en celui de substance, et vous comprendrez ce que signifient, en chimie, les mots *analyse* et *synthèse*. Ils représentent une action réelle, effective, sur la nature. Pour vous montrer toute l'importance de l'analyse et de la synthèse dans la philosophie naturelle, il suffira de

l'un des principes immédiats les plus importants des animaux. Cependant cette première synthèse portait sur une substance très simple ; elle demeura presque isolée, malgré quelques belles expériences de M. Pelouze sur la transformation de l'acide cyanhydrique en acide formique, et de M. Kolbe sur la production du chlorure de carbone et de l'acide acétique au moyen du sulfure de carbone, à tel point que Berzélius pouvait encore écrire ces paroles en 1849 :

« Dans la nature vivante, les éléments paraissent obéir à des lois tout autres que dans la nature inorganique... Si l'on parvenait à trouver la cause de cette différence, on aurait la clef de la théorie de la chimie organique ; mais cette théorie est tellement cachée, que nous n'avons aucun espoir de la découvrir, du moins quant à présent. » Et il ajoutait, faisant allusion à la reproduction de l'urée et à quelques travaux plus récents : « Quand même nous parviendrions avec le temps à produire avec des corps inorganiques plusieurs substances d'une composition analogue à celle des produits organiques, cette imitation incomplète est trop restreinte pour que nous puissions espérer produire des corps organiques, comme nous réussissons dans la plupart des cas à confirmer l'analyse des corps inorganiques en

sous nos yeux; chaque jour nous voyons les végétaux former leurs principes immédiats avec les éléments de l'eau et de l'acide carbonique, et les animaux engendrer de nouveaux principes par la métamorphose de ceux que les végétaux ont produits de toutes pièces.

Serait-il donc vrai que l'organisation exerce quelque influence sur les affinités chimiques exercées dans son sein, qu'elle seule ait la vertu de déterminer ces synthèses naturelles, opérant par des forces différentes de celles auxquelles a recours la chimie minérale ?

Buffon avait émis, au siècle dernier, une opinion encore plus radicale : il supposait qu'il existe une matière organique animée, universellement répandue dans les substances végétales et animales. Mais cette opinion fut renversée le jour où l'on démontra que les éléments chimiques des êtres organisés sont les mêmes que les éléments chimiques des êtres minéraux.

A cette première conception, grossière dans sa subtilité même, on substitua bientôt celle d'une action propre de la force vitale, intervenant pour modifier le jeu des affinités chimiques. Cette idée commença à être ébranlée le jour où Wöhler, en 1829, reproduisit artificiellement l'urée, c'est-à-dire

pour sujet du cours de cette année les méthodes générales de synthèse en chimie organique : là où il n'y avait que quelques faits épars et isolés, nous possédons aujourd'hui des méthodes générales. Les travaux de celui qui vous parle, la longue suite d'expériences par lesquelles il a réalisé la synthèse des corps gras neutres, la synthèse totale des carbures d'hydrogène et des alcools les plus simples, alcools et carbures dont aucun n'avait été formé jusque-là avec les éléments; enfin l'ouvrage dans lequel il a formulé l'ensemble des problèmes de synthèse, réduits pour la première fois en un corps de doctrine, en mettant sous les yeux de tous le but qu'il s'agissait d'atteindre, les résultats déjà acquis et la voie qu'il convenait de suivre pour aller plus loin, n'ont sans doute pas été sans influence sur cette évolution nouvelle de la chimie organique.

Messieurs, voici le moment de vous signaler quelle est l'importance et le rôle de la synthèse en chimie et particulièrement en chimie organique. La synthèse, en effet, peut être envisagée : soit comme vérifiant l'analyse, soit comme donnant lieu à un nouvel ordre de problèmes, réciproques à ceux de l'analyse; soit comme démontrant l'identité des forces qui régissent les phénomènes chimiques dans la nature minérale et dans la nature organique; soit enfin faisant leur synthèse. » Quelques années auparavant, Gerhardt avait écrit, dans un sens analogue, « que la formation des matières organiques dépendait de l'action mystérieuse de la force vitale, action opposée, en lutte continuelle avec celles que nous sommes habitués à regarder comme la cause des phénomènes chimiques ordinaires... Je démontre, disait-il encore en parlant de sa classification, que le chimiste fait tout l'opposé de la nature vivante, qu'il brûle, détruit, opère par analyse ; que la force vitale seule opère par synthèse, qu'elle reconstruit l'édifice abattu par les forces chimiques. »

Ces citations répondent à l'état de la science, il y a quinze ans ; si j'ai cru nécessaire de les faire, c'est que, les progrès une fois accomplis, les vérités démontrées paraissent si évidentes, que l'on croit les avoir toujours connues ; oubliant souvent combien ces progrès sont récents et combien d'efforts il a fallu pour faire prévaloir un point de vue nouveau.

La science, en effet, depuis dix ans, a éprouvé un changement considérable : les idées sur la constitution des matières organiques et sur leur synthèse se sont profondément modifiées ; les découvertes dans cet ordre ont été telles, qu'à l'heure présente il est peu de chimistes qui ne se préoccupent des questions de synthèse ; elles ont été telles, que j'ai pu prendre

répond nécessairement tout un ordre d'idées scientifiques et philosophiques. En effet, en même temps que nous vérifions les analyses par les synthèses, en même temps que nous en déduisons la conception des problèmes inverses, nous arrivons à des notions d'un ordre extrêmement élevé, spécialement tirées de la synthèse. Les vues générales conçues par l'analyse sont toujours plus ou moins personnelles; elles ne s'imposent pas d'une manière nécessaire à l'esprit humain, tant qu'elles n'ont pas trouvé leur contrôle, c'est-à-dire démontré par la synthèse leur conformité avec la nature des choses, laquelle ne se plie point au gré de nos théories. C'est donc par la synthèse que nous reconnaissons que nous sommes parvenus aux lois mêmes qui régissent la composition des choses, et non à de pures conceptions de notre esprit, propres tout au plus à servir de base à des classifications artificielles.

La synthèse nous conduit également à la démonstration de cette vérité capitale, que les forces chimiques qui régissent la matière organique sont réellement et sans réserve les mêmes que celles qui régissent la matière minérale. Un tel résultat est acquis dès que l'on a prouvé que les dernières forces développent les mêmes effets que les premières et reproduisent les mêmes combinaisons : notion

comme conduisant spécialement à la connaissance des lois générales qui régissent la formation des combinaisons chimiques.

La conséquence de la synthèse qui se présente d'abord, c'est la vérification des résultats de l'analyse. Toutes les fois que nous réussissons à reproduire un composé chimique, au moyen des éléments manifestés par l'analyse, nous acquérons la preuve que nous connaissons bien réellement ces éléments et leurs proportions, c'est-à-dire que l'analyse n'avait rien oublié. Mais c'est là la moindre des conséquences produites par les recherches synthétiques.

En effet, en généralisant ces recherches, nous sommes conduits à envisager la science et ses méthodes sous un point de vue nouveau. Tout un nouvel ordre de problèmes prend ici naissance : ce sont les problèmes inverses. Il s'agit maintenant de recomposer tout ce qui a été décomposé, d'opposer à toute action, à toute métamorphose, l'action, la métamorphose réciproque. De là un point de vue général et fécond, applicable à l'ensemble de la chimie organique. Les méthodes de la synthèse, dans leur opposition aux méthodes d'analyse, représentent, en quelque sorte, le calcul intégral opposé au calcul différentiel.

A un corps de méthodes générales de cette espèce

neutres, extraits des végétaux et des animaux : la synthèse, après avoir découvert et établi la loi générale qui préside à leur composition, s'appuie sur cette loi même pour former aujourd'hui, non seulement ces quinze ou vingt substances naturelles, mais près de deux cents millions de corps gras, obtenus par des méthodes prévues et dont les principales propriétés sont annoncées d'avance. Pour prendre un exemple plus hardi, si la chimie réussit quelque jour à dépasser cette limite jusqu'ici infranchissable que lui opposent les corps réputés simples, si elle parvient à les décomposer et à les recomposer à son gré, la loi générale de cette synthèse nous permettra sans doute de former, à côté des éléments actuels, une infinité d'éléments analogues. Le domaine où la synthèse exerce sa puissance créatrice est donc en quelque sorte plus grand que celui de la nature actuellement réalisée.

La chimie organique, messieurs, est parvenue aujourd'hui à un degré assez avancé pour réduire tous les problèmes de synthèse à un petit nombre d'idées simples, et qui se classent sous deux catégories, savoir :

1° Les classifications, fondées sur les types ou fonctions organiques, et sur les séries qui reproduisent chacun de ces types avec les mêmes caractères chi-

vraiment fondamentale, que l'analyse peut faire pressentir, mais qu'elle est évidemment impuissante à établir. Ainsi, les lois chimiques qui régissent les substances organiques sont les mêmes que celles qui régissent les substances minérales. J'appelle votre attention sur la simplicité de ce résultat : il est conforme à cette tendance générale en vertu de laquelle les sciences se simplifient à mesure qu'elles deviennent plus parfaites, et tendent de plus en plus à rendre compte des phénomènes encore inexpliqués par l'intervention des forces déjà connues. C'est ainsi que la géologie s'efforce de représenter tous les changements du monde passé par le seul jeu des causes actuelles.

La synthèse, je viens de vous le dire, est spécialement propre à nous faire connaître les lois générales qui régissent les combinaisons chimiques. A ce point de vue, elle offre une fécondité spéciale. En effet, tandis que l'analyse se borne nécessairement aux composés naturels et à leur dérivés, la synthèse, procédant en vertu d'une loi génératrice, reproduit non seulement les substances naturelles, qui sont des cas particuliers de cette loi, mais aussi une infinité d'autres substances qui n'auraient jamais existé dans la nature. Ainsi, par exemple, on connaissait par l'analyse quinze ou vingt corps gras

naturelles se proposent de connaître. Ce point de vue appartient à la fois à la chimie et à l'histoire naturelle.

Mais notre esprit n'est point entièrement satisfait par cette manière de comprendre les classifications. Il est toujours enclin à croire que les cadres tracés par elles ne sont pas de simples conceptions de la pensée humaine, mais qu'ils doivent avoir un fondement dans l'essence même des choses. En un mot, nous imaginons qu'une classification ne saurait être naturelle que si elle rassemble tous les êtres produits de la même manière et par une même cause génératrice. Une classification ne peut même prétendre à contenter complètement notre esprit que si elle parvient à nous faire comprendre le caractère et le mode d'action de cette cause génératrice. Telle est, ce me semble, la vraie philosophie des notions relatives aux classifications naturelles et artificielles ; c'est au fond la même idée qui était cachée sous les vieilles discussions des nominalistes et des réalistes.

Or la chimie possède à cet égard un caractère propre, et digne du plus haut intérêt. Non seulement elle construit des classifications, mais elle les fonde sur la connaissance immédiate et sur la mise en jeu des causes génératrices. Elle transforme ses

miques, mais sous divers états de condensation;

2° Les méthodes de métamorphoses, ou cycles de réactions, qui permettent de produire à volonté tel type chimique et tel composé déterminé, soit naturel, soit artificiel.

Entre ces deux ordres de notions, nous devons signaler une distinction fondamentale au point de vue de la philosophie scientifique : les unes sont communes à toutes les sciences naturelles, tandis que les autres caractérisent plus spécialement la chimie. En effet, les notions de séries et de fonctions, c'est-à-dire les notions de classification, existent dans toutes les sciences naturelles : la zoologie et la botanique procèdent à cet égard de la même manière que la chimie. Elles commencent également par établir entre les différents êtres qu'elles envisagent des relations générales, à l'aide desquelles on partage ces êtres en classes, familles, genres, etc.; c'est-à-dire en catégories, tantôt purement conventionnelles, tantôt fondées sur un sentiment plus ou moins net de leurs analogies véritables. A un certain point de vue, ces classifications peuvent être envisagées comme des instruments nécessaires à la faiblesse de l'intelligence humaine et sans lesquels elle serait incapable d'embrasser l'ensemble des êtres particuliers que les sciences

tout pareils à ceux que produit la nature elle-même.

Or, telle est la seule démonstration rigoureuse de l'identité entre les lois conçues par notre esprit et les causes nécessaires qui agissent dans l'univers. C'est en raison de cette faculté créatrice que la chimie a conquis un rôle si considérable dans l'ordre matériel : de là découlent toutes ses applications à l'industrie et à la société. C'est ce même caractère qui donne à ses méthodes et à ses résultats une influence capitale sur le développement général de l'esprit humain.

conceptions générales en réalités, parce qu'elle peut former de toutes pièces et métamorphoser les uns dans les autres les êtres dont elle s'occupe. Au contraire, les autres sciences naturelles n'ont pu jusqu'ici ni reproduire leurs espèces de toutes pièces, ni les transformer à volonté les unes dans les autres. Quel que soit l'intérêt de ces problèmes, et sans affirmer ou nier que l'avenir leur réserve une solution, nous devons avouer que dans tout autre ordre que celui de la chimie ils sont restés inaccessibles à la science positive. La chimie est la seule branche de nos connaissances dans laquelle de telles questions aient pu dépasser les spéculations de la science idéale.

La chimie tire donc de la synthèse un caractère propre. Elle donne à l'homme sur le monde une puissance inconnue aux autres sciences naturelles. Par là même, elle imprime à ses conceptions et à ses classifications un degré plus complet de réalité objective. En effet, les lois générales que la science atteint ici ne sont pas de simples créations de l'esprit humain, des vues dont la conformité avec les lois génératrices des choses puisse être toujours révoquée en doute. Les lois et les classifications de la chimie sont vivantes dans le monde extérieur : elles engendrent chaque jour entre nos mains des êtres

remplacé la notion de substance, attribuée naguère à la chaleur et exprimée par le mot *calorique*. Cette conception nouvelle, déjà entrevue autrefois dans l'étude du frottement et du dégagement indéfini de chaleur qui peut en résulter, a été démontrée vraie par Mayer, Colding et Joule vers 1842, et établie d'une manière plus complète par Helmholtz, Clausius, Rankine et W. Thomson. Les travaux de ces savants ont prouvé d'une manière irréfragable l'*équivalence mécanique* de la chaleur, c'est-à-dire la proportionnalité entre la quantité de chaleur disparue dans les machines et la quantité de travail mécanique développé simultanément.

Ainsi il est démontré que, dans les machines proprement dites, il existe une relation directe entre la chaleur disparue et le travail produit. Toutes les fois qu'une certaine quantité de chaleur disparaît dans un système de corps, sans pouvoir être retrouvée dans les corps environnants, on observe dans le système soit un accroissement de force vive, soit une production de travail correspondante. Réciproquement, s'il y a perte de force vive ou dépense de travail dans un système, sans que cette perte ou cette dépense s'explique par un phénomène du même ordre et corrélatif dans un autre système, on observe le dégagement d'une quantité de chaleur proportion-

LA
THEORIE MÉCANIQUE DE LA CHALEUR

ET LA CHIMIE[1]

Une révolution générale s'est produite dans les sciences physiques depuis trente ans, par suite de la nouvelle conception à laquelle la philosophie expérimentale a été conduite sur la nature de la chaleur : au lieu d'envisager celle-ci comme résidant dans un fluide matériel, plus ou moins étroitement uni aux corps pondérables, tous les physiciens s'accordent aujourd'hui à regarder la chaleur comme un mode de mouvement. La notion de phénomène a ainsi

---

[1]. Cet article résume l'introduction et la conclusion de mon ouvrage intitulé : *Essai de Mécanique Chimique*, 2 v. in-8°, 1879.

une même unité, communes à toutes les forces naturelles.

De là résulte une science nouvelle, plus générale et plus abstraite que la description individuelle des propriétés, de la fabrication et des transformations des espèces chimiques. Dans cette science, on se propose d'envisager les lois mêmes des transformations, et de rechercher les causes, c'est-à-dire les conditions prochaines qui les déterminent. On démontre d'abord que les quantités de chaleur développées par les actions réciproques des corps simples et composés donnent la mesure des travaux des forces moléculaires. Par là, les énergies chimiques se trouvent nettement caractérisées et mises en opposition avec les autres énergies naturelles : les unes et les autres obéissent d'ailleurs également aux lois de la mécanique rationnelle.

Les conditions qui président à l'existence et à la stabilité des combinaisons étant définies d'abord pour chaque corps traité séparément, on en déduit les conditions qui président aux actions réciproques.

C'est ici le résultat fondamental de la nouvelle science. En effet, nous avons réussi à découvrir un principe nouveau de mécanique chimique, à l'aide duquel les actions réciproques des corps peuvent être prévues avec certitude, dès que l'on sait les condi-

nelle à cette diminution. Les deux ordres de phénomènes sont donc équivalents.

Ce principe d'équivalence est démontré, je le répète, par des expériences directes, lorsqu'il s'agit des forces vives immédiatement mesurables et du travail extérieur et visible des machines. On est dès lors conduit à appliquer le même principe aux changements de force vive moléculaire, et aux travaux des dernières particules des corps, changements accomplis dans un ordre de mouvements et de parties matérielles que l'on ne peut ni voir ni mesurer directement. Il s'agit en particulier de rechercher si les mouvements insensibles qui règlent les phénomènes chimiques obéissent aux mêmes lois que les mouvements sensibles des machines motrices. Mais on rencontre ici une difficulté fondamentale : les mouvements insensibles développés pendant les actions chimiques ne pouvant être ni décrits, ni mesurés directement, comme ceux des machines proprement dites. C'est pourquoi la question ne saurait être décidée que par voie indirecte ; je veux dire par la conformité constante des expériences avec des résultats prévus par la théorie. Réciproquement, une telle conformité étant supposée établie, il en résulte cette conséquence capitale, que les travaux des forces chimiques sont ramenés à une même définition et à

toute la science, se trouvera désormais, sinon écartée, — nulle science véritable ne peut ainsi disparaître du domaine de l'esprit humain, — du moins rejetée sur le second plan par la chimie plus générale des forces et des mécanismes : c'est celle-ci qui doit dominer celle-là ; car elle lui fournit les règles et les mesures de ses actions.

La matière multiforme dont la chimie étudie la diversité obéit aux lois d'une mécanique commune, et qui est la même pour les particules invisibles des cristaux et des cellules que pour les organes sensibles des machines proprement dites. Au point de vue mécanique, deux données fondamentales caractérisent cette diversité en apparence indéfinie des substances chimiques, savoir : la masse des particules élémentaires, c'est-à-dire leur équivalent, et la nature de leurs mouvements. La connaissance de ces deux données doit suffire pour tout expliquer. Voilà ce qui justifie l'importance actuelle, et plus encore l'importance future de la thermochimie, science qui mesure les travaux des forces mises en jeu dans les actions moléculaires.

Certes, je ne me dissimule pas les lacunes et les imperfections de l'œuvre que j'ai tentée ; mais cette œuvre, si limitée qu'elle soit, n'en représente pas moins un premier pas dans la voie nouvelle, que

tions propres de l'existence de chacun d'eux envisagé isolément. Le principe du travail maximum, aussi simple que facile à comprendre, ramène tout à une double connaissance : celle de la chaleur dégagée par les transformations et celle de la stabilité propre de chaque composé.

Nous avons énoncé le principe et nous l'avons démontré expérimentalement, par la discussion des phénomènes généraux de la chimie; puis nous en avons développé l'application aux actions réciproques des principaux groupes de substances.

Le tableau général des actions chimiques des corps pris sous leurs divers états, gazeux, liquide, solide, dissous, peut être ainsi présenté d'une manière générale et réduit à une règle unique de statique moléculaire. Non seulement cette règle fournit des données nouvelles et fécondes pour la théorie, aussi bien que pour les applications ; mais la figure même de la chimie et la forme de ses enseignements se trouvent par là changées.

Telle est la destinée de toute connaissance humaine. Nulle œuvre théorique n'est définitive; les principes de nos connaissances se transforment, et les points de vue se renouvellent par une incessante évolution.

La chimie des espèces, des séries et des constructions symboliques, qui a formé jusqu'ici presque

LES MATIÈRES EXPLOSIVES

LEUR DÉCOUVERTE ET LES PROGRÈS SUCCESSIFS

DE LEUR CONNAISSANCE

I

Les anciens n'ont pas connu les matières explosives, ni leur emploi pour la guerre ou pour l'industrie. Ils n'avaient pas soupçonné les réserves d'énergie que les forces chimiques peuvent fournir à l'homme et, dans la guerre, ils se bornaient à utiliser le travail de ses muscles. C'est ce que montre l'étude des engins, constituant une artillerie véritable, qu'ils avaient imaginés pour l'attaque et la défense des places; elle comprend tout un ensemble de machines, balistes et catapultes, destinées à

tous sont invités à agrandir et à pousser plus avant, jusqu'à ce que la science chimique entière ait été transformée. Le but est d'autant plus haut que, par une telle évolution, la chimie tend à sortir de l'ordre des sciences descriptives, pour rattacher ses principes et ses problèmes à ceux des sciences purement physiques et mécaniques. Elle se rapproche ainsi de plus en plus de cette conception idéale, poursuivie depuis tant d'années par les efforts des savants et des philosophes, et dans laquelle toutes les spéculations et toutes les découvertes concourent vers l'unité de la loi universelle des mouvements et des forces naturelles.

théorie préconçue : on y parvint par l'empirisme, comme il est arrivé dans la plupart des industries, du moins avant le siècle présent, qui a marqué l'ère des inventions déterminées par la pure théorie.

L'histoire de l'origine de la poudre, la plus ancienne des matières explosives, est des plus curieuses et des plus caractéristiques pour celui qui cherche à se rendre compte de la marche de l'esprit humain : il s'agit d'ailleurs ici d'une découverte capitale; car nul n'ignore le rôle que la poudre a joué dans les développements de la civilisation moderne.

lancer sur l'ennemi des projectiles de nature diverse : flèches et balles métalliques, pierres et boulets, matières incendiaires attachées à l'extrémité des traits ou déposées dans des pots, des carcasses ou des barils.

On voit déjà le dessin de plusieurs de ces machines sur les monuments assyriens. Les Grecs en ont fait un grand emploi, surtout depuis Alexandre et ses successeurs. Les Romains et les Sassanides les ont perfectionnées et transmises au moyen âge, qui en avait encore développé et agrandi l'emploi, sous le nom de mangonneaux, arbalètes à tour, etc.

Toutes ces machines, fondées sur la tension des cordes, avaient, je le répète, un caractère commun : elles se bornaient à mettre en œuvre la force de l'homme, accumulée peu à peu par un système plus ou moins ingénieux de leviers et de contrepoids, dont la détente subite communiquait aux projectiles l'impulsion et la force vive. On conçoit dès lors quelle révolution dut se produire dans l'art des guerres, lorsqu'on découvrit le moyen de développer la force vive sans machine spéciale, sans travail humain et par le ressort d'une énergie chimique, latente dans le mélange de certains ingrédients.

Cette découverte ne fut pas la conséquence d'une

ces mêmes corps, en y propageant partout l'incendie; enfin l'eau versée à leur surface ne les éteint qu'avec difficulté, parce qu'elle ne les dissout pas et ne s'y mélange point.

Cependant ces avantages n'ont rien d'absolu; on peut parvenir à éteindre les résines enflammées, si l'on réussit à les noyer sous l'eau, ou bien à les refroidir à l'aide d'une affusion abondante et subite d'eau ou de sable, laquelle en abaisse la température jusqu'à ce degré où la combustion cesse. Les projectiles mêmes, qui leur servaient de supports, ne pouvaient guère être lancés avec une très grande vitesse, sans risquer de voir éteindre par l'action réfrigérante de l'air l'inflammation communiquée au départ.

Ce sont ces inconvénients que la découverte du feu grégeois tendait à faire disparaître et qui lui donnèrent tout d'abord une si grande réputation et un si grand avantage sur les anciens procédés incendiaires.

On a beaucoup discuté sur la nature et sur les effets du feu grégeois. Le mystère dont sa fabrication et son emploi étaient entourés à Constantinople, le caractère magique de ce feu, que rien ne semblait pouvoir éteindre et qui, disait-on, communiquait la même propriété aux incendies allumés par lui, frap-

II

La connaissance de la poudre est sortie peu à peu de l'emploi des matières incendiaires dans la guerre.

Les projectiles incendiaires des anciens, fondés d'abord sur l'emploi de torches et de morceaux de bois enflammés, n'avaient pas tardé à être perfectionnés par l'usage de la poix, du soufre et des résines, substances faciles à enflammer, difficiles à éteindre. Une fois fondues, elles adhèrent fortement, en raison de leur viscosité, aux corps sur lesquels elles sont tombées; d'autre part, la chaleur produite par leur combustion même les rend de plus en plus fluides et les fait couler à la surface de

rêter l'incendie qu'elles étaient destinées à provoquer : je possède encore celles que j'ai ramassées dans une maison de la rue Racine, au moment même où elle venait d'être traversée par un obus. La substance inflammable dont elles sont remplies est un mélange de salpêtre, de soufre et d'un corps résineux.

C'était surtout lorsqu'il agissait sur des bâtiments en bois, navires, galeries de défense, tours roulantes ou machines de siège, que le feu grégeois exerçait ses effets les plus redoutables, et qu'il justifiait la terreur inspirée aux peuples ignorants de son usage. Vis-à-vis des constructions de pierre, il n'était guère plus efficace que les obus à pétrole de la Commune, et son action sur les guerriers couverts de fer était si facile à éviter ou si peu dangereuse, que Joinville, au milieu des descriptions effrayées qu'il nous en retrace, ne nous dit pas qu'un seul homme notable de l'armée des croisés ait péri victime de l'attaque directe de ce feu.

Pour avoir une idée exacte du feu grégeois et de ses effets, il suffit de lire les ouvrages classiques de M. Ludovic Lalanne[1], qui a reproduit et discuté les

---

1. *Recherches sur le feu grégeois*, 2ᵉ édition, 1845. — Voir aussi Joly de Maizeroy, *Mémoires de l'Académie des Inscriptions*, 1778. — Voir encore Tortel, *le Spectateur militaire*, p. 53, août 1841.

pèrent fortement les imaginations des contemporains, et le retentissement de leur épouvante est venu jusqu'à nous. En réalité, le secret dont la composition du feu grégeois a été longtemps entourée est aujourd'hui complètement éclairci. On peut dire même, et je le montrerai plus loin, qu'il n'a jamais été perdu. Les projectiles incendiaires, tels que les obus munis d'évents par où s'échappaient de longs jets de feu, projectiles que l'armée allemande a jetés sur Paris en 1870, et dont j'ai eu entre les mains des exemplaires recueillis à Villejuif; ces projectiles, dis-je, ne différaient probablement des marmites à feu décrites par les historiens arabes que par l'épaisseur plus grande des parois et par la projection des obus au moyen d'un canon, au lieu d'une arbalète à tour; mais la matière incendiaire était à peu près la même. Les obus proprement dits, tombés sur Paris par milliers, en décembre 1870 et janvier 1871, lançaient de tous côtés, dans l'acte de leur explosion, des cartouches remplies de roche à feu, c'est-à-dire d'un mélange incendiaire presque identique au feu grégeois. Mais les effets mêmes de ces cartouches, une fois l'explosion produite, n'étaient guère plus redoutables que n'ont dû l'être autrefois ceux des traits à feu des Arabes. Il était facile, comme j'en ai été témoin, d'éteindre ces cartouches et d'ar-

potasse. La neige de Chine était constituée par le même sel, et le nom de *baroud* (c'est-à-dire grêle), employé par les Arabes, semble rappeler la structure rayonnée de ce sel recristallisé dans l'eau.

Les anciens s'en servaient en matière médicale, pour ronger les excroissances charnues et déterminer la cicatrisation des ulcères indolents.

La connaissance de ces propriétés corrosives a-t-elle conduit, par une assimilation grossière, mais de l'ordre des raisonnements que font les peuples primitifs, à envisager le salpêtre comme une matière comburante? Ou bien sa propriété d'entretenir la combustion, en fusant sur les charbons ardents, a-t-elle été découverte par hasard? C'est ce qu'il n'est guère possible de décider. En tout cas, cette aptitude comburante du nitre ne paraît pas avoir été connue des Grecs et des Romains.

Ce sont les Chinois qui semblent avoir eu les premiers l'idée d'en tirer parti, principalement pour la fabrication des artifices, comme en témoignent les noms de *sel de Chine* et de *neige de Chine*, donnés au salpêtre par les écrivains arabes. Mais il est difficile de préciser l'époque de cette découverte, antidatée d'ailleurs, comme beaucoup d'autres, par les premiers Européens qui ont traduit les livres chinois. Il est douteux que son application à la guerre

principaux passages des auteurs byzantins, source
fondamentale en cette matière; le livre de MM. Reinaud et Favé[1], qui ont exécuté le même travail sur
les auteurs arabes; les extraits des auteurs chinois,
par le P. Gaubil; et l'ouvrage magistral de M. Lacabane : *De la poudre à canon*[2].

Nous allons résumer ces documents authentiques,
retrouvés par les érudits de notre temps, mais en
les commentant et les éclairant à l'aide des lumières
nouvelles qui résultent de la connaissance expérimentale des effets des matières explosives et des lois
de la chimie.

C'est la découverte du salpêtre (*sal petræ*) et de
ses propriétés qui a servi de point de départ.

Les efflorescences salines qui se forment à la surface de certaines roches et de certains terrains étaient
connues des anciens. Rappelons, pour l'intelligence
de ce qui suit, que la composition n'en est pas toujours la même : le sulfate de soude, le carbonate de
soude, le chlorure de sodium, en particulier, pouvant
donner lieu à des formations analogues à celle du
véritable sel de pierre. Cependant la fleur de la
pierre d'Assos, ville de Mysie, décrite par Dioscoride
et par Pline, paraît bien identique à l'azotate de

1. *Du feu grégeois et des origines de la poudre à canon*, 1845.
2. *Bibliothèque de l'École des chartes*, 2ᵉ série, t. Iᵉʳ, p. 28, 1845.

C'est la lance de guerre à feu ; mais il n'est question ni du fusil ni du canon.

Le siège de la ville de Kaï-foung-fou par les Mongols, en 1232, a été cité comme fournissant un exemple de l'emploi du canon, quoiqu'il ne donne pas un renseignement plus décisif. En effet, le P. Gaubil a fait observer avec raison que la machine, employée dans ce siège et désignée sous le nom de *ho-pao*, n'est probablement pas le canon, mais plutôt une machine à fronde, lançant des pots à feu dont la flamme s'étendait au loin. Au siège de Siang-yang par les Mongols, soldats de Koublaï-Khan, en 1271, les machines d'attaque furent construites non par les Chinois, mais par des ingénieurs occidentaux, Italiens et Arabes, ou plutôt Persans. C'étaient des machines à fronde, mues par des contrepoids et lançant des projectiles pesants, ainsi qu'il résulte des récits concordants des historiens chinois et de Marco Polo.

Les Chinois ne possédaient donc alors, pas plus qu'aujourd'hui, le génie des inventions mécaniques, et ils étaient obligés d'emprunter les ingénieurs compétents à l'Europe et à la Perse. En 1621, les canons étaient encore inconnus en Chine.

Cependant, d'après une tradition constante, bien qu'elle n'ait peut-être pas été soumise à une cri-

soit plus ancienne en Chine qu'en Occident; les documents exacts cités au siècle dernier par les jésuites de Pékin[1], en réponse à une contestation de Corneille de Pauw, disent seulement : « L'an 969 de Jésus-Christ, deuxième année du règne de Taï-Tsou, fondateur de la dynastie des Song, on présenta à ce prince une composition qui allumait les flèches et les portait fort loin. L'an 1002, sous son successeur Tchin-Tsong, on fit usage de tubes qui lançaient des globes de feu et des flèches allumées à la distance de 700 et même de 1000 pas[2]. » Les missionnaires ajoutent que, suivant plusieurs savants, ces inventions remonteraient avant le VIIIe siècle. Observons qu'il s'agit ici de la fusée, et non des canons, ni même de la poudre à canon, comme le montrent les détails qui suivent.

En 1259, « on fabriqua une arme appelée *tho-ho-tsiang*, c'est-à-dire lance à feu impétueux; on introduisit un *nid de grains*[3] dans un long tube de bambou, auquel on mettait le feu; un jet de flamme en sortait, puis le nid de grains était lancé avec bruit ».

---

1. Je tire cette citation de l'ouvrage de MM. Reinaud et Favé, p. 187.
2. Ces distances sont probablement fort exagérées.
3. Sorte de cartouche renfermant des grains de matières explosives.

sophe en décrit l'emploi, dans ses *Institutions militaires*, comme celui d'une matière disposée dans des tubes, d'où elle part avec un bruit de tonnerre et une fumée enflammée, et va brûler les navires sur lesquels on l'envoie. On la lançait par de longs tubes de cuivre, placés à la proue des navires, au travers de la gueule des têtes d'animaux sauvages destinés par leur aspect à augmenter l'effroi de l'ennemi. Jusqu'à quel point la force impulsive des gaz émis par la matière enflammée s'ajoutait-elle à celle des cordes tendues dont le ressort constituait la force motrice initiale? C'est ce que le vague intentionnel des descriptions des auteurs grecs ne permet pas de décider.

Les Byzantins parlent aussi des tubes à main (*chirosiphons*), destinés à être lancés au visage de l'ennemi avec la composition enflammée qu'ils renferment. Enfin, ils insistent, comme sur un phénomène extraordinaire, sur la propriété de la flamme du feu grégeois de pouvoir être dirigée en tous sens, même de haut en bas, au lieu de s'élever toujours de bas en haut, comme la flamme ordinaire. Cette propriété, due aux propriétés fusantes du mélange nitraté, n'a plus rien de surprenant pour nous; mais elle frappait alors les hommes d'étonnement, et elle concourait aux effets destructeurs de la nouvelle matière.

tique approfondie, les Chinois, je le répète, paraissent avoir connu les premiers les compositions salpêtrées; mais ils en ignoraient la force expansive, et les documents authentiques semblent conduire à leur refuser la découverte des canons et de la poudre de guerre proprement dite. La date même attribuée plus haut à l'invention des fusées de guerre en Chine, c'est-à-dire la fin du xe siècle de notre ère, ne remonte pas au delà de la date de cette même invention dans l'Occident.

C'est trois siècles auparavant, c'est-à-dire vers 673, que le feu grec ou grégeois apparaît pour la première fois dans l'histoire, comme inventé par l'ingénieur Callinicus. La flotte des Arabes, qui assiégeait alors Constantinople, fut détruite à Cyzique par son emploi, et pendant plusieurs siècles le feu grégeois assura la victoire aux Byzantins dans leurs batailles navales contre les Arabes et contre les Russes. Cette composition incendiaire, que l'eau n'éteignait point, était particulièrement efficace à une époque où les navires étaient obligés de se rapprocher pour combattre. Sa propriété de traverser l'air avec vitesse, en produisant un grand bruit et une flamme éclatante, frappait vivement les imaginations et augmentait la terreur que produisaient ses effets destructeurs. L'empereur Léon le Philo-

matière enflammée au moyen de tubes; ils en garnissaient aussi des tubes placés à l'extrémité des lances tenues par les cavaliers, des flèches projetées par les arcs, des carreaux lancés par les machines; ils la plaçaient dans des pots à feu, des carcasses incendiaires, envoyés à de grandes distances par des arbalètes à tour et des machines à fronde. C'est ainsi que l'armée de saint Louis, en Égypte, fut assaillie par de gros tonneaux ou carcasses remplis de matières incendiaires.

« Ung soir advint que les Turcs amenèrent ung engin qu'ilz appeloient la perrière, ung terrible engin à mal faire... par lequel engin ils nous gettoient le feu grégois à planté, qui estoit la plus horrible chose que oncques jamès je veisse... la matière du feu grégois estoit telle qu'il venoit bien devant aussi gros que ung tonneau, et de longueur la queue en duroit bien comme d'une demie canne de quatre pans. Il faisoit tel bruit à venir, qu'il sembloit que ce fust fouldre qui cheust du ciel et me sembloit d'un grant dragon vollant par l'air... et gettoit si grant clarté qu'il faisoit aussi cler dedans nostre host comme le jour, tant y avoit grant flamme de feu. » (Joinville, *Histoire du roy sainct Loys*.)

On trouve tout le détail de cet emploi dans un manuscrit arabe, pourvu de peintures, dont l'auteur

Les Grecs se réservèrent pendant longtemps le secret de cet agent : un ange l'avait donné, disait-on, à l'empereur Constantin, et il était interdit, sous les anathèmes les plus effrayants, d'en faire part à l'ennemi. Cependant, par trahison ou corruption, la connaissance du feu grégeois finit par se répandre parmi leurs adversaires. S'il est douteux qu'il ait été employé lors des premières croisades, il est certain que l'emploi en était en pleine vigueur lors de la cinquième croisade et des suivantes. Ces dates mêmes semblent indiquer que ce n'est pas de la Chine, mais de Constantinople, que la communication de la découverte se fit aux musulmans, confondus sous le nom impropre d'Arabes à cause de la langue employée par leurs historiens.

Ces musulmans, c'est-à-dire les peuples turcs et persans combattus par les croisés, cultivèrent le nouvel art et lui donnèrent des développements considérables. Ils attachèrent des compositions incendiaires à tous leurs traits, armes d'attaque et machines de guerre. Tantôt ils lançaient à la main des pots métalliques, ou des balles de verre, qui se rompaient sur l'ennemi en le couvrant de matières incendiaires; ou bien ils les attachaient à l'extrémité de bâtons et de massues, qu'ils brisaient sur l'adversaire en l'aspergeant de feu. Ils lançaient la

geois des anciennes compositions, je veux dire le salpêtre : c'était là le secret.

Mais il n'existe plus pour les auteurs arabes, et le caractère véritable des compositions qu'ils emploient ressort pleinement de leurs descriptions. Ainsi, dans le traité cité plus haut, les compositions qui y sont données renferment en général du salpêtre, associé en différentes proportions à des matières combustibles, dont la nature varie suivant les effets qu'on voulait produire.

Vers la même époque paraît avoir été écrit le célèbre livre de Marcus Græcus : *Liber ignium ad comburendos hostes;* ouvrage dont la date incertaine a été tantôt avancée, tantôt reculée entre le IXe et le XIIIe siècle. Il renferme un grand nombre de recettes de compositions incendiaires à base de nitre, parmi lesquelles il en est de fort voisines de la poudre à canon. Mais, de même que les auteurs arabes, l'auteur parle surtout des propriétés incendiaires; il décrit seulement la fusée et le pétard, sans aller plus loin : on y reviendra tout à l'heure.

Le salpêtre lui-même n'avait pas, à cette époque, le degré de pureté qui assure des propriétés invariables aux matières explosives dont il constitue la base. Extrait d'abord par simple récolte à la surface du sol et des pierres, on n'avait pas tardé à chercher

est mort en 1295, manuscrit traduit par Reinaud pour l'ouvrage cité plus haut, lequel reproduit en même temps les figures dans un atlas extrêmement curieux.

Le feu devint ainsi un moyen de blesser directement l'ennemi et un agent universel d'attaque, usages auxquels la combustion vive des compositions nitratées les rendait éminemment propres.

Au même ordre d'engins paraissent appartenir les traits tonnants et enflammés et les globes de feu lancés par les assiégés au siège de Niébla, en Espagne, à la même époque. Les divers faits, rapportés à tort par Casiri comme attestant l'emploi des canons en Espagne au XIIIe siècle, ainsi que les instruments mis en œuvre par les Mongols en Chine à la même époque, et que nous avons relatés plus haut, se rapportent aussi à l'emploi du feu projeté par les anciennes machines de guerre.

Une remarque essentielle trouve ici sa place. Les Grecs tiennent soigneusement cachée la composition du feu grégeois : dans les descriptions les plus minutieuses, celle d'Anne Comnène par exemple, au XIe siècle, ils nous parlent de la poix, du naphte, du soufre, toutes matières incendiaires que les anciens connaissaient déjà, mais sans dire un mot de l'ingrédient fondamental qui distinguait le feu gré-

sinon même à reculer en arrière. De cette observation naquit la fusée, ou feu volant (*ignis volatilis, tunica ad volandum*), décrite par les Arabes et par Marcus Græcus. Ce dernier indique même une formule de composition explosive (1 partie de soufre, 2 parties de charbon de tilleul ou de saule, et 6 parties de salpêtre), fort voisine de celle de la poudre de chasse et des poudres de guerre anglaises. Si le salpêtre de cette époque avait été de l'azotate de potasse sec et pur, cette composition aurait même détoné, au lieu de fuser, ce qui en aurait rendu l'emploi presque impossible; mais nous avons dit que le salpêtre d'alors était fort impur.

Les Arabes construisirent, d'après ce principe, des engins de guerre plus compliqués, tels que *l'œuf qui se meut et qui brûle;* deux ou même trois fusées y poussaient en avant un projectile incendiaire, également enflammé.

L'explosion fut aussi utilisée, mais plutôt pour épouvanter l'adversaire par le bruit du pétard (*tunica tonitruum faciens* de Marcus Græcus), que pour exercer une action directe.

C'est à cet état des connaissances et à cet usage des mélanges nitratés que se rapportent les phrases célèbres de Roger Bacon (1214-1292), si souvent citées, mais dont on a tiré des conséquences excessives :

« On peut produire dans les airs, dit cet auteur, du tonnerre et des éclairs, beaucoup plus violents que ceux de la nature. Il suffit d'une petite quantité de matière de la grosseur du pouce pour produire un bruit épouvantable et des éclairs effrayants. On peut détruire ainsi une ville et une armée[1]. C'est un vrai prodige pour qui ne connaît pas parfaitement les substances et les proportions nécessaires. »

Bacon dit encore que « certaines choses ébranlent l'ouïe si violemment que, si on les emploie subitement, pendant la nuit et avec une habileté suffisante, il n'y a ni ville ni armée qui puisse y résister. Le fracas du tonnerre n'est rien en comparaison, et les éclairs des nuages sont loin de produire une pareille épouvante. On en a un exemple dans ce jouet d'enfant très répandu qui se compose d'un sac en parchemin assez épais, de la grosseur du pouce et contenant du salpêtre : la violence de l'explosion produit un craquement plus formidable que les roulements du tonnerre, et un éclat qui efface les éclairs les plus puissants. »

On voit qu'il s'agit ici surtout des effets du pétard et de la fusée, mais non, comme on l'a cru, de

---

1. Par la terreur qu'inspire la détonation. Voir plus loin.

quelque invention ou prédiction propre à Bacon. La composition qui produit ces effets est désignée par une anagramme, sous laquelle on entrevoit une formule analogue à celle de Marcus Græcus.

Albert le Grand (1193-1280), ou l'auteur anonyme qui se cache sous son nom, dans son traité *De Mirabilibus*, qui est de la même époque, reproduit les descriptions et les formules de Marcus Græcus sur la fusée et sur le pétard. Mais la force élastique proprement dite des mélanges explosifs et son application régulière au lancement des projectiles demeurent ignorées de tous ces auteurs.

Le feu grégeois et les compositions congénères étaient surtout redoutables comme agents incendiaires vis-à-vis des navires et des tours de bois et autres machines de guerre, mais bien moins dangereux pour les hommes, ainsi qu'il a été dit plus haut : leur emploi était plus atroce qu'efficace à la guerre. Le sentiment d'effroi produit par le bruit et la flamme une fois émoussé par l'habitude, on se garait assez facilement de la matière enflammée. Nous lisons dans Joinville que des hommes et des chevaux, bardés de fer à la vérité, furent couverts de feu grégeois sans en avoir été blessés.

Les effets psychologiques de ce genre ont été fort recherchés autrefois en Orient, comme l'atteste l'emploi des chars armés de faux, celui des éléphants, etc. Nous avons vu reparaître ce même sentiment lorsqu'on a proposé, pendant la Commune, la mise en avant des bêtes féroces, déjà lâchées contre les Romains par les derniers défenseurs de l'indépendance grecque à Sicyone ; l'emploi plus moderne des obus chargés avec du sulfure de carbone renfermant du phosphore, mélange qui s'enflamme spontanément à l'air ; celui des obus chargés d'acide cyanhydrique, etc. De tels procédés, après la première surprise passée, cessent d'être efficaces vis-à-vis des races courageuses et réfléchies comme les nôtres, parce que leurs effets sont moraux plutôt que matériels. Si quelques individus peuvent en être cruellement atteints, il est cependant facile aux armées de les éviter, avec un peu de sang-froid et de résolution.

Les terreurs récentes excitées en Angleterre et en France, par l'emploi de la dynamite comme agent révolutionnaire sont nées des mêmes illusions et tomberont bientôt. S'il est vrai que l'on peut assassiner quelques hommes et exercer des vengeances individuelles avec de tels engins, il n'est pas moins certain que des imaginations surexcitées ont seules pu y voir les instruments efficaces des promoteurs des revendications sociales : de tels agents ne sauraient produire que des effets localisés et limités, incapables d'exercer une influence matérielle tant soit peu étendue.

Mais revenons à l'histoire des matières explosives.

III

De nouvelles propriétés plus puissantes que les anciennes ne tardèrent pas à être découvertes dans les compositions salpêtrées; elles menèrent à l'emploi définitif de la poudre à canon et à l'abandon de l'ancienne artillerie de guerre.

Vers la fin du xiii siècle, on voit apparaître la première notion claire de l'application de la force propulsive de la poudre pour lancer des projectiles. L'usage de la fusée conduisit à placer dans le même tube que celle-ci, et en avant d'elle, un projectile lancé par la force impulsive de la fusée elle-même. Dans un manuscrit arabe, dont la date est rapportée au commencement du xiv⁰ siècle, on trouve le passage suivant [1] :

« Description du mélange que l'on fait dans le medfaa :

COMPOSITION NORMALE.

10 drachmes de salpêtre ;
2 drachmes de charbon ;
1 drachme et demie de soufre.

« Le mélange est broyé en poudre fine et l'on en remplit le tiers du medfaa, mais pas plus ; autrement il ferait sauter (le medfaa). On fait faire autour un (second) medfaa en bois, ayant pour diamètre l'ouverture du (premier) medfaa ; on l'y enfonce (le second) en frappant fortement ; on place dessus la balle ou la flèche et l'on met le feu à l'amorce. On donne au (second) medfaa la mesure exacte jusqu'au-dessous du trou ; s'il descend plus bas, le tireur reçoit un coup dans la poitrine. Qu'on y fasse attention ! »

Qu'une invention pareille soit appliquée au pot à feu, et nous arriverons à la découverte du canon. C'est ainsi que la force explosive de la poudre, redou-

---

1. *Traité de la poudre*, par Upmann et von Meyer, traduit par Désortiaux, p. 7.

tée d'abord comme incoercible et évitée comme dangereuse au plus haut degré, s'est tournée en un agent balistique. Nous touchons à la découverte fondamentale qui a changé l'art de la guerre.

D'après les documents précis que nous possédons aujourd'hui, cette découverte fut faite dans l'Europe occidentale, au commencement du xiv° siècle; elle se répandit très rapidement : dès la seconde moitié de ce siècle, nous la trouvons appliquée chez les principales nations.

Suivant Libri, on aurait fabriqué en 1326, à Florence, des canons métalliques; mais cet auteur a trop souvent antidaté et falsifié les documents qu'il dérobait pour les vendre, pour que son témoignage soit accepté sans nouvelle vérification.

M. Lacabane a relevé, dans les registres de la chambre des comptes en France, une série de renseignements plus authentiques. En 1338, il y est fait mention de bombardes, à l'occasion de préparatifs faits pour une descente en Angleterre.

« Pots de fer pour traire (lancer) carreaux à feu; 48 carreaux empennés; une livre de salpêtre, une demi-livre de soufre vif pour traire ces carreaux. » Ces carreaux étaient de grandes flèches à pelotes incendiaires, que l'on dirigeait contre les constructions en bois pour y mettre le feu. On voit par le poids du salpêtre que le nouvel engin était encore compté pour bien peu de chose ; mais on voit aussi d'une façon certaine la substitution commençante de la force balistique de la poudre à celle des arbalètes à tour et des mangonneaux.

En 1339 (1338 vieux style), Barthélemy Drach, commissaire des guerres, présente à la chambre des comptes une note pour avoir poudre et choses nécessaires aux canons qui étaient devant Puy-Guillem, en Périgord ; Du Cange citait déjà cette note, il y a deux siècles.

A la défense de Cambrai (1339) figurent dix canons, cinq de fer, cinq de métal (bronze), ainsi que la poudre pour les servir. C'étaient des engins de faible calibre, car ils coûtaient seulement deux livres dix sous trois deniers chacun. On fabrique à Cahors, en 1345, toute une artillerie : vingt-quatre canons de fer, deux mille six cents flèches, soixante livres de poudre ; l'usage des balles ou boulets de plomb est également cité à cette époque.

Nous arrivons ainsi à la bataille de Crécy (1346), où les Anglais mettent en ligne trois canons lançant des petits boulets de fer et du feu.

A la même époque, nous voyons en Allemagne signaler les poudreries d'Augsbourg (1340), de Spandau (1344), de Liegnitz (1348). En 1360, on attribue à la fabrication de la poudre l'incendie de l'hôtel de ville de Lubeck.

Ce serait ici le lieu de citer le fabuleux Berthold Schwartz, réputé autrefois avoir découvert la poudre par hasard, dans le cours d'opérations alchimiques. Mais la date la plus probable de son existence, si celle-ci repose sur d'autres bases que des légendes populaires, ne le placerait pas avant le milieu du xive siècle, époque à laquelle des documents authentiques établissent que l'usage de la poudre était déjà en pleine vigueur.

En 1351, il est aussi question en Espagne, au siège d'Alicante, de boulets de fer lancés par le feu.

La Russie commença à mettre en œuvre l'artillerie en 1389, la Suède en 1400.

Dès 1356, Froissard nous montre les canons et bombardes couramment employés. L'usage s'en répandit rapidement, et toutes les grandes villes et châteaux forts ne tardèrent pas à en être pourvus.

En même temps, le calibre des canons jetant de grosses pierres et des boulets de fer s'augmentait de jour en jour.

Les nouveaux engins ne s'établirent pas sans quelque résistance; outre que la difficulté de construire des tubes métalliques capables de résister à l'explosion rendait dangereux l'emploi des gros canons, les gens de guerre habitués aux anciennes armes méprisaient ces nouveaux procédés, qui tendaient à faire disparaître la supériorité due à la force personnelle des combattants ; ils les regardaient même comme déloyaux. Le passage célèbre de l'Arioste, où Roland jette à la mer la première arme à feu, après en avoir vaincu le possesseur, nous montre la trace de ces préjugés. Les peuples qui avaient brillé par la supériorité de leurs archers, tels que les Anglais, résistèrent surtout pendant longtemps à l'abandon de leurs vieilles armes, naguère si efficaces. En 1573, ils refusaient encore d'abandonner leurs arcs et leurs flèches ; ces engins figurent même, en 1627, au siège de l'île de Ré.

La difficulté de fabriquer les mousquets en grande quantité s'est opposée pendant longtemps à leur emploi général ; l'infanterie demeure armée de piques jusqu'au temps de Louis XIV.

La substitution de l'artillerie nouvelle des canons et bombardes à l'artillerie ancienne des mangonneaux, balistes et arbalètes à tour, était alors faite depuis longtemps, à cause de la grande simplification qu'elle avait apportée dans l'art de la guerre. Les machines nouvelles étaient à la fois plus faciles à construire, à transporter, à manier, et plus puissantes dans leurs effets. C'est avec l'artillerie de Jean

Bureau que Charles VII acheva de chasser les Anglais de France au xv⁰ siècle; et la puissante artillerie de Charles VIII joua un rôle très important dans les guerres d'Italie. L'artillerie des Turcs contribua également beaucoup à la prise de Constantinople en 1453.

Ce n'est pas ici le lieu de retracer les progrès successifs de l'artillerie. Mais il convient de dire quelques mots des derniers usages du feu grégeois et d'insister sur l'application de la poudre aux mines, pour la guerre et pour l'industrie.

Le feu grégeois ne disparut pas tout d'un coup, à la façon d'un secret qui se serait perdu, comme on le supposait naguère. Son usage s'est poursuivi jusqu'au xvi⁰ siècle; il y figure alors dans les *Traités de pyrotechnie*, sous le même nom et avec les mêmes formules qu'au xiii⁰ siècle. Mais cet agent, réputé si formidable à l'origine, avait cessé de frapper les imaginations, en même temps que sa formule avait été connue de tous et qu'il devenait d'une pratique courante. Ses effets étaient d'ailleurs surpassés par ceux de la poudre de guerre, dont il avait été le précurseur. Il tomba peu à peu en désuétude, sans être cependant jamais tout à fait inconnu, sa composition s'étant perpétuée dans celle des matières incendiaires employées jusqu'à nos jours par l'artillerie; matières peu efficaces d'ailleurs, si l'on en compare les effets destructeurs à ceux des projectiles creux et des substances explosives nouvelles.

En effet, l'emploi de la poudre, une fois bien établi, ne fut pas limité à lancer des projectiles; les artilleurs se familiarisèrent de plus en plus avec l'explosion, dont le bruit seul mettait jadis les bataillons en fuite. Ils apprirent à en régler les effets et l'appliquèrent, dès le xve siècle, à faire sauter les bâtiments et à augmenter les effets des mines souterraines. Jadis on faisait écrouler les fortifications par l'embrasement des étais des galeries percées sous les fondations; on trouva plus efficace de placer dans ces galeries des amas de poudre confinés, dont l'explosion déterminait la chute soudaine des murailles.

L'explosion fut encore utilisée dans la guerre sous une autre forme et appliquée aux anciens projectiles incendiaires. Au lieu d'y placer des compositions fusantes, destinées simplement à propager le feu, on eut l'idée de renforcer les parois du projectile et d'y enfermer de la poudre, en s'arrangeant pour que l'inflammation de celle-ci ne se produisît pas en même temps que celle de la poudre du canon destiné à lancer le projectile. De là la bombe et l'obus, dont l'explosion, reproduite au loin, augmente les effets destructeurs des boulets.

L'usage de la bombe, proposé au XVI° siècle, n'a pris une véritable importance qu'au XVII° siècle, et cet engin n'a pas cessé d'être perfectionné, jusqu'à remplacer presque entièrement, de nos jours, les anciens boulets pleins.

C'est également vers la fin du XVII° siècle que l'industrie des mines osa se servir de la force explosive de la poudre, comme d'un moyen régulier pour abattre les rochers et déblayer les obstacles.

Jusque-là, on avait eu recours seulement pour ces effets à la force des bras de l'homme, combinée avec l'action du feu, qui désagrège les rochers; et parfois avec celle de l'eau, versée ensuite sur la pierre incandescente, qui se brise par l'effet d'un brusque refroidissement, — réactions utilisées encore aujourd'hui chez certaines populations sauvages des montagnes de l'Inde et auxquelles paraît se rapporter ce vers de Lucrèce :

Dissiliuntque fero ferventia saxa vapore,

ainsi que l'antique tradition des rochers des Alpes fendus à l'aide du vinaigre par Annibal :

Rupes dissolvit aceto.

L'emploi de la poudre noire a fait oublier ces vieilles pratiques. C'est à sa puissance et à l'énergie plus grande encore des nouvelles matières explosives que sont dus les immenses développements donnés dans notre siècle aux travaux des mines, des routes, des tunnels, des ports et des chemins de fer ; travaux presque impraticables, en raison de leur coût et de leur difficulté, s'il avait fallu les exécuter comme autrefois à l'aide des bras humains. C'est la force des agents chimiques qui les accomplit aujourd'hui.

Ainsi la découverte du salpêtre a conduit à inventer les artifices et les compositions diverses désignées sous le nom de *feu grégeois;* l'emploi de ceux-ci a conduit à découvrir la fusée; enfin les Occidentaux ont passé de ces compositions, par des changements gradués, à des formules douées d'une force projective de plus en plus caractérisée, c'està-dire à la poudre à canon. L'emploi balistique de la poudre fit alors tomber tout à coup les anciennes machines de guerre, devenues inutiles par suite de la découverte d'une substance qui contient en elle-même, sans le secours d'aucun travail extérieur, une force propulsive incomparablement plus grande.

IV

Aux débuts, les progrès de la nouvelle artillerie sont nés principalement de l'étude attentive des conditions des phénomènes, conditions fortuitement révélées par l'usage. Aussi ces progrès demeurèrent-ils d'abord lents et incertains. Mais une nouvelle ère s'est ouverte à cet égard, depuis deux siècles, par suite du développement incessant des sciences mécaniques, physiques et chimiques, et par l'effet de l'application dans la pratique des conséquences les plus hardies de la théorie.

Les premières notions précises que l'on ait eues sur les vrais caractères de l'explosion furent la conséquence des lois physiques des gaz, au XVIIe siècle.

Mais c'est seulement vers la fin du siècle dernier que la découverte de la véritable théorie des phénomènes chimiques, fournit l'explication de la combustion et spécialement de la combustion explosive de la poudre, jusque-là si obscure. On reconnut que l'azotate de potasse y joue le rôle d'un véritable magasin d'oxygène, qui brûle les matières combustibles sans le concours de l'air extérieur. L'intelligence de ce phénomène jeta le plus grand jour sur les conditions de l'explosion de la poudre, en même temps qu'elle mit en évidence ce fait que l'explosion est due à la tension des produits gazeux qu'elle développe : azote, acide carbonique, oxyde de carbone, hydrogène sulfuré.

On entrevit dès lors la théorie physico-chimique de la poudre, et les artilleurs, exercés au maniement des formules mathématiques, s'efforcèrent d'expliquer et de prévoir les conditions générales des réactions qui s'accomplissent dans leurs armes.

Deux groupes de découvertes nouvelles ont donné à cette science, depuis un demi-siècle, un essor immense et qui s'étend encore tous les jours : les unes sont dues aux progrès de la chimie organique, les autres aux progrès de la théorie mécanique de la chaleur.

Jusqu'en 1846, on n'était guère sorti de la composition des poudres salpêtrées. A la vérité, Berthollet, aux débuts du XIXe siècle, guidé par la nouvelle théorie de la combustion, avait tenté de remplacer l'azotate de potasse par un autre agent oxydant, plus actif encore, le chlorate de potasse. Mais cet agent manifesta des propriétés si dangereuses, il communiqua aux poudres qu'il concourait à former une telle aptitude à détoner, que son emploi ne réussit pas à passer dans la pratique.

Il y a quarante ans, une notion nouvelle apparut. Jusque-là, on n'avait formé des matières explosives que par un seul procédé : le mélange mécanique d'un corps comburant avec un corps combustible. On découvrit alors qu'il est possible et même facile de combiner l'acide azotique avec les composés organiques, de façon à constituer des combinaisons complexes, où les composants sont associés chimiquement et de la façon la plus intime. On obtient ainsi des agents explosifs d'une puissance exceptionnelle : la poudre-coton, la nitroglycérine, l'acide picrique, le picrate de potasse, etc.

Ainsi le progrès, dans cet ordre comme dans beaucoup d'autres, a pris un essor inattendu, par suite des inventions théoriques de la chimie organique; inventions qui ont permis de fabriquer à volonté une multitude de substances explosives inconnues jusque-là, et dont les propriétés varient à l'infini.

On tenta tout d'abord de les appliquer à l'art de la guerre. Si ces efforts n'ont pas encore complètement abouti dans les applications au canon et au fusil, cependant les nouveaux agents sont définitivement restés dans l'art des mines de guerre, après bien des tâtonnements et des catastrophes.

Il y a vingt ans, on osa même les employer dans l'industrie, où ils manifestèrent une puissance exceptionnelle dans la plupart des cas et une aptitude spéciale à briser le fer forgé et les rochers les plus tenaces, sur lesquels la poudre ancienne n'avait guère d'action.

De là les applications les plus intéressantes pour la civilisation. Les dangers particuliers que présente l'emploi de la nitroglycérine ont été en grande partie conjurés dans son adjonction à la silice, ce qui constitue le mélange appelé *dynamite.* Ce mélange s'est répandu chaque jour davantage, de façon à supplanter en grande partie la vieille poudre de mine.

On reconnut par là l'infériorité des anciennes poudres de guerre et de mine. Tout l'avantage de ces mélanges grossiers, transmis par la tradition des âges barbares, réside dans le caractère gradué de leur détente explosive; car la réaction chimique elle-même n'utilise guère, comme je l'ai établi, que la moitié de l'énergie de l'acide azotique susceptible d'être mis en œuvre dans la fabrication des matériaux de la poudre. Espérons que celle-ci sera remplacée quelque jour par des substances mieux définies, où l'énergie de l'acide azotique sera mieux ménagée, enfin dont la combustion plus simple et plus complète deviendra susceptible d'être mieux réglée, suivant les besoins des applications et par les principes de la théorie.

Ici, comme dans bien d'autres champs d'applications, le caractère scientifique des industries modernes et la poursuite systématique par la théorie des effets pratiques les plus utiles se caractérisent chaque jour davantage. Non seulement on procède par une méthode régulière à la découverte de matières que l'empirisme n'aurait jamais conduit à soupçonner, telles que la nitroglycérine, ou la poudre-coton; mais l'emploi même de ces matières si puissantes ne peut avoir lieu avec sécurité, s'il n'est dirigé par une théorie certaine.

C'est cette théorie que les progrès récents des sciences modernes et surtout ceux de la thermochimie permettent de construire. En effet, l'empirisme demeurait à peu près le seul guide dans la prévision exacte des propriétés de chacune de ces substances, lorsque la thermo-chimie est venue, il y a treize ans à peine, établir les principes généraux qui définissent les matières explosives nouvelles, d'après leur formule et leur chaleur de formation. Elle marque ainsi à la pratique les horizons que celle-ci peut espérer atteindre, et elle lui fournit cette lumière des règles rationnelles, seules capables de lui permettre de prendre tout son développement.

C'est cette transformation de l'étude empirique des matières explosives en une science proprement dite, fondée, je le répète, sur la thermo-chimie, que je poursuis depuis 1870. Elle résulte de la notion de l'énergie présenté dans les matières explosives; énergie dont le rôle est bien plus général que ne l'aurait fait supposer l'ancienne notion purement chimique des corps comburants opposés aux combustibles. En effet, l'énergie d'une matière explosive exprime le plus grand travail qu'elle puisse effectuer, c'est-à-dire qu'elle touche à une notion pratique fondamentale. Or, la théorie nous enseigne que l'énergie n'est ici autre chose que la différence entre la chaleur mise en jeu dans la formation depuis les éléments et la chaleur dégagée par la transformation explosive. Mais celle-ci n'est point assujettie à être une combustion proprement dite, comme on le croyait autrefois. La puissance de chaque matière explosive, les différences qui existent entre les composés en apparence analogues, tels que les éthers azotiques (nitroglycérine) et les corps nitrés (picrate de potasse), résultent de cette théorie. Elle permet de retracer *a priori* le tableau général des matières explosives, — je dis non seulement les matières actuellement connues, mais même toutes les matières possibles, — et elle assigne à l'avance l'énergie propre de chacune d'elles.

Plaçons-nous maintenant à un point de vue plus élevé et cherchons à dégager la philosophie des matières explosives.

V

L'étude des matières explosives a quelque chose qui séduit l'imagination, et cela à un double point de vue : en raison de la puissance qu'elle met entre les mains de l'homme, et en raison des notions plus profondes qu'elle nous permet d'acquérir sur le jeu des forces naturelles, amenées à leur plus haut degré d'intensité.

Au premier point de vue, la découverte de la poudre à canon, et surtout l'application de sa force explosive au jet des projectiles, ont marqué une ère nouvelle dans l'histoire du monde. C'est ici l'un des progrès les plus décisifs, parmi ceux qui ont concouru à amener une prépondérance toujours croissante des races savantes et civilisées sur les races barbares. L'écart entre le mode d'armement des unes et des autres n'était pas suffisant jusque-là pour ne pas être parfois surmonté par l'effort surexcité des énergies individuelles. C'est là, en effet, ce qui avait permis aux barbares de renverser la savante organisation de l'empire romain. C'est par là que les tribus nomades de l'Arabie, fanatisées par l'islamisme, avaient détruit, au VII° siècle, l'empire persan et enlevé à l'empire byzantin ses plus belles provinces. Un tel effort a suffi pour que les hordes sauvages des cavaliers mongols, sortis des déserts de l'Asie centrale, aient réussi à établir, au XIII° siècle, de la Pologne aux mers de Chine, sur les débris des civilisations chinoise et arabe, le plus vaste empire qui ait été connu jusqu'ici.

Au contraire, depuis l'emploi régulier des matières explosives à la guerre, les retours offensifs, jusqu'alors périodiques, de la barbarie ont cessé de se produire. Si de telles catastrophes paraissent désormais impossibles, si la puissance des races européennes s'étend partout à la surface de la terre, nous devons en savoir gré à la prépondérance insurmontable que les instruments scientifiques assurent aux races civilisées. Ce sont là des instruments que les races barbares ne sauraient ni construire, faute de connaissances théoriques suffisantes, ni maintenir longtemps en état, alors même qu'elles auraient réussi à se les procurer à prix d'or et à en connaître le maniement. Dès son apparition, la poudre de guerre a produit des effets comparables à ceux de l'imprimerie ; elle a mis fin à la féodalité et assuré la prépondérance des pouvoirs centralisés, seuls capables de former les approvisionnements nécessaires et de fabriquer les engins nouveaux, aptes à détruire aisément les plus puissantes des anciennes forteresses.

Cette forme rationnelle et scientifique de la civilisation s'accentue chaque jour davantage. Le xviii° siècle en avait proclamé l'avènement prochain ; le xix° l'a réalisée et étendue à tous les ordres d'activité.

Mais de là résulte une nouvelle conséquence qu'il importe de ne jamais oublier. En effet, tous les peuples civilisés sont obligés, pour augmenter leur puissance matérielle, c'est-à-dire sous peine de déclin, de maintenir chacun chez soi le niveau des connaissances théoriques au point le plus élevé. Dans tous les ordres, dans celui des matières explosives en particulier, les armées se sont doublées de groupes de savants, principalement occupés à développer incessamment la théorie et à en contrôler continuellement les conséquences *a priori* par des vérifications expérimentales.

Aucune force peut-être, à cet égard, n'est plus étonnante que celle que l'on tire des matières explosives; puissance également utile ou dangereuse, selon la direction que lui donne la volonté humaine; car la matière est indifférente à nos intentions.

C'est ainsi que nous avons vu de notre temps, à côté des applications les plus utiles à l'industrie ou les plus efficaces pour la guerre, l'emploi de ces matières proposé par des esprits exaltés dans le but de changer par la force révolutionnaire et par la politique de la dynamite l'organisation des sociétés humaines. De grandes illusions se sont même élevées à cet égard : la force des matières explosives peut servir d'agent à des actes de vengeance personnelle; mais elle n'est guère susceptible d'être mise en œuvre d'une façon générale par des individus isolés, je dis de façon à produire des effets généraux sur la société. De tels résultats exigent des engins coûteux, lents à construire, mis en œuvre par des bataillons disciplinés, bref une organisation savante et compliquée, organisation qu'un gouvernement seul peut coordonner et mettre en branle.

Il est un autre intérêt, plus grand peut-être au point de vue purement abstrait, qui se présente dans l'étude des substances explosives ; cette étude nous montre les états extrêmes de la matière, comme pression, température, force vive, états que nous ne sommes pas accoutumés à mettre en jeu dans nos expériences ordinaires. En général, nous opérons sous la pression atmosphérique, pression voisine d'un kilogramme par centimètre carré, c'est à dire, après tout, peu éloignée du vide. Nous agissons sur des substances maintenues à la température ordinaire, qui est fort voisine du zéro absolu, c'est-à-dire une température à laquelle les gaz ne possèdent qu'une force vive bien faible, si on la compare à celle qu'on peut leur communiquer. C'est à cette limite inférieure des phénomènes que se rapportent la plupart de nos connaissances chimiques et la plupart des lois de notre physique.

Or, ce sont là des conditions bien éloignées de celles que la matière réalise effectivement, soit dans la profondeur de la terre, où les pressions peuvent grandir jusqu'à un million d'atmosphères ; soit à la surface des astres qui nous entourent, où les températures se comptent par milliers de degrés ; soit encore dans le mouvement des projectiles lancés par les volcans et dans les révolutions des étoiles, des planètes et des comètes, astres animés de vitesses qui atteignent des centaines de kilomètres par seconde.

Sans prétendre arriver à ces limites extrêmes, placées hors de la portée de nos expériences et dont l'analyse spectrale nous permet seule d'entrevoir les effets chimiques, nous pouvons cependant étendre nos études bien au delà des données de nos expériences ordinaires, en nous attachant aux phénomènes offerts par les matières explosives. Les pressions qu'elles développent se mesurent par milliers d'atmosphères; leur température semble approcher de celle des astres eux-mêmes; enfin, la vitesse avec laquelle se propagent leurs mouvements peut atteindre plusieurs milliers de mètres par seconde. Nous saisissons ainsi sur le vif une multitude de phénomènes, inaccessibles par toute autre méthode. De là une physique, une chimie, une mécanique spéciales, qui sortent de nos habitudes et de nos conceptions ordinaires. Dans l'ordre des actions naturelles, cependant, elles ne sont pas plus extraordinaires. Nous avons été habitués à construire nos théories et nos conceptions d'après un certain milieu, enfermé dans d'étroites limites. Or, ce nouvel ordre de phénomènes change le milieu, et cela suffit. Par là même, cette étude est éminemment intéressante pour le philosophe qui cherche à se rendre compte de la portée réelle et de la généralité absolue des lois naturelles.

LES ORIGINES DE L'ALCHIMIE

ET LES SCIENCES MYSTIQUES

Le monde est aujourd'hui sans mystère : la conception rationnelle prétend tout éclairer et tout comprendre; elle s'efforce de donner de toute chose une explication positive et logique, et elle étend son déterminisme fatal jusqu'au monde moral. Je ne sais si les déductions impératives de la raison scientifique réaliseront un jour cette prescience divine, qui a soulevé autrefois tant de discussions et que l'on n'a jamais réussi à concilier avec le sentiment non moins impératif de la liberté humaine. En tout cas, l'univers matériel entier est revendiqué par la science, et personne n'ose plus résister en face à cette revendication. La notion du miracle et du surnaturel s'est évanouie comme un vain mirage, un préjugé suranné.

Il n'en a pas toujours été ainsi ; cette conception purement rationnelle n'est apparue qu'au temps des Grecs ; elle ne s'est généralisée que chez les peuples européens, et seulement depuis le xviiie siècle. Même de nos jours, bien des esprits éclairés demeurent engagés dans les liens du spiritisme et du magnétisme animal.

Aux débuts de la civilisation, toute connaissance affectait une forme religieuse et mystique. Toute action était attribuée aux dieux, identifiés avec les astres, avec les grands phénomènes célestes et terrestres, avec toutes les forces naturelles. Nul alors n'eût osé accomplir une œuvre politique, militaire, médicale, industrielle, sans recourir à la formule sacrée, destinée à concilier la bonne volonté des puissances mystérieuses qui gouvernaient l'univers. Les opérations réfléchies et rationnelles ne venaient qu'ensuite, toujours étroitement subordonnées.

Cependant ceux qui accomplissaient l'œuvre elle-même ne tardèrent pas à s'apercevoir que celle-ci se réalisait surtout par le travail efficace de la raison et de l'activité humaines. La raison introduisit à son tour, pour ainsi dire subrepticement, ses règles précises dans les recettes d'exécution pratique, en attendant le jour où elle arriverait à tout dominer. De là une période nouvelle, demi-rationaliste et demi-mystique, qui a précédé la naissance de la science pure. Alors fleurirent les sciences intermédiaires, s'il est permis de parler ainsi : l'astrologie, l'alchimie, la vieille médecine des vertus des pierres et des talismans, sciences qui nous semblent aujourd'hui chimériques et charlatanesques. Leur apparition a marqué cependant un progrès immense à un certain jour et fait époque dans l'histoire de l'esprit humain. Elles ont été une transition nécessaire entre l'ancien état des esprits, livrés à la magie et aux pratiques théurgiques, et l'esprit actuel, absolument positif, mais qui, même de nos jours, semble trop dur pour beaucoup de nos contemporains.

L'évolution qui s'est faite à cet égard, depuis les Orientaux jusqu'aux Grecs et jusqu'à nous, n'a pas été uniforme et parallèle dans tous les ordres. Si la science pure s'est dégagée bien vite dans les mathématiques, son règne a été plus retardé dans l'astronomie, où l'astrologie a subsisté parallèlement jusqu'aux temps modernes. Le progrès a été surtout plus lent en chimie, où l'alchimie, science mixte, a conservé ses espérances merveilleuses jusqu'à la fin du siècle dernier.

L'étude de ces sciences équivoques, intermédiaires

entre la connaissance positive des choses et leur interprétation mystique, offre une grande importance pour le philosophe. Elle intéresse également les savants désireux de comprendre l'origine et la filiation des idées et des mots qu'ils manient continuellement. Les artistes, qui cherchent à reproduire les œuvres de l'antiquité, les industriels, qui appliquent à la culture matérielle les principes théoriques, veulent aussi savoir quelles étaient les pratiques des anciens, par quels procédés ont été fabriqués ces métaux, ces étoffes, ces produits souvent admirables qu'ils nous ont laissés. L'étroite connexion qui existe entre la puissance intellectuelle et la puissance matérielle de l'homme se retrouve partout dans l'histoire : c'est le sentiment secret de cette connexion qui fait comprendre les rêves d'autrefois sur la toute-puissance de la science. Nous aussi, nous croyons à cette toute-puissance, quoique nous l'atteignions par d'autres méthodes.

LES SEPT MÉTAUX

ET LES SEPT PLANÈTES

« Le monde est un animal unique, dont toutes le parties, quelle qu'en soit la distance, sont liées entre elles d'une manière nécessaire. » Cette phrase de Jamblique le néoplatonicien ne serait pas désavouée par les astronomes et par les physiciens modernes, car elle exprime l'unité des lois de la nature et la connexion générale de l'univers. La première aperception de cette unité remonte au jour où les hommes reconnurent la régularité fatale des révolutions des astres; ils cherchèrent aussitôt à en étendre les conséquences à tous les phénomènes matériels et même moraux, par une généralisation mystique, qui surprend le philosophe, mais qu'il importe pourtant de connaître, si l'on veut comprendre le développement historique de l'esprit humain. C'était la *chaîne d'or* qui reliait tous les êtres, dans le langage des auteurs du moyen âge. Ainsi l'influence des astres parut s'étendre à toute chose, à la génération des métaux, des minéraux et des êtres vivants, aussi bien qu'à l'évolution des peuples et des individus. Il est certain que le soleil règle, par le flux de sa lumière et de sa chaleur, les saisons de l'année et le développement de la vie végétale; il est la source principale des énergies actuelles ou latentes à la surface de la terre. On attribuait autrefois le même rôle, quoique dans des ordres plus limités, aux divers astres, moins puissants que le soleil, mais dont la marche est assujettie à des lois aussi régulières. Tous les documents historiques prouvent que c'est à Babylone et en Chaldée que ces imaginations prirent naissance; elles ont joué un rôle important dans le développement de l'astronomie, étroitement liée avec l'astrologie, dont elle semble sortie. L'alchimie s'y rattache également, au moins par l'assimilation établie entre les métaux et les planètes, assimilation tirée de leur éclat, de leur couleur et de leur nombre même.

Attachons-nous d'abord à ce dernier : c'est le

nombre sept, chiffre sacré que l'on retrouve partout, dans les jours de la semaine, dans l'énumération des planètes, dans celle des métaux, des couleurs, des tons musicaux.

L'origine de ce nombre paraît être astronomique et répondre aux phases de la lune, c'est-à-dire au nombre des jours qui représentent le quart de la révolution de cet astre. Le hasard fit que le nombre des astres errants (planètes), visibles à l'œil nu, qui circulent ou semblent circuler dans le ciel autour de la terre, s'élève précisément à sept : la Lune, le Soleil, Mercure, Vénus, Mars, Jupiter et Saturne. A chaque jour de la semaine un astre fut attribué : les noms même des jours que nous prononçons maintenant continuent à traduire, à notre insu, cette consécration babylonienne.

Le nombre des couleurs fut pareillement fixé à sept ; cette classification arbitraire a été consacrée par Newton, et elle est venue jusqu'aux physiciens de notre temps. Elle remonte à une haute antiquité. Hérodote rapporte que la ville d'Ecbatane (*Clio*, 98) avait sept enceintes, peintes chacune d'une couleur différente : la dernière était dorée ; celle qui la précédait, argentée. C'est, je crois, la plus ancienne mention qui établisse une relation du nombre sept avec les couleurs et les métaux. La ville fabuleuse des Atlantes, dans le roman de Platon, est pareillement entourée par des murs concentriques, dont les derniers sont revêtus d'or et d'argent; mais on n'y retrouve pas le mystique nombre sept.

Ce même nombre était aussi, nous l'avons dit, caractéristique des astres planétaires. D'après M. François Lenormant, les inscriptions cunéiformes mentionnent les sept pierres noires, adorées dans le principal temple d'Ouroukh en Chaldée, bétyles personnifiant les sept planètes. C'est au même symbolisme que se rapporte, sans doute, un passage du roman de Philostrate sur la vie d'Apollonius de Tyane (III, 41), passage dans lequel il est question de sept anneaux donnés à ce philosophe par le brahmane Iarchas.

Entre les métaux et les planètes le rapprochement résulte, non seulement de leur nombre, mais surtout de leur couleur. Les astres se manifestent à la vue avec des colorations sensiblement distinctes : *Suus cuique color est*, dit Pline (II, XVI). La nature diverse de ces couleurs a fortifié le rapprochement des planètes et des métaux. C'est ainsi que l'on conçoit aisément l'assimilation de l'or, le plus éclatant et le roi des métaux, avec la lumière jaune du soleil, le dominateur du ciel. La plus ancienne indication que l'on possède à cet égard se trouve dans

Pindare. La cinquième ode des *Isthméennes* débute par ces mots : « Mère du soleil, Thia, connue sous beaucoup de noms, c'est à toi que les hommes doivent la puissance prépondérante de l'or. »

Μᾶτερ Ἁλίου, πολυώνυμε Θεία,
σέο γ'ἕκατι καὶ μεγασθενῆ νόμισαν
χρυσὸν ἄνθρωποι περιώσιον ἄλλων·

Dans Hésiode, Thia est une divinité, mère du soleil et de la lune, c'est-à-dire génératrice des principes de la lumière (*Théogonie*, 371-374). Un vieux socialiste commente ces vers en disant : « De Thia et d'Hypérion vient le soleil, et du soleil l'or. A chaque astre une matière est assignée : au Soleil l'or, à la Lune l'argent, à Mars le fer, à Saturne le plomb, à Jupiter l'électrum, à Hermès l'étain, à Vénus le cuivre[1]. » Cette scolie remonte à l'époque alexandrine. Elle reposait, à l'origine, sur des assimilations toutes naturelles.

En effet, si la couleur jaune et brillante du soleil rappelle celle de l'or :

orbem
Per duodena regit mundi sol aureus astra[2],

la blanche et douce lumière de la lune a été de tout

1. Pindare, édition de Bœckh, t. II, p. 540, 1819.
2. Virgile, *Géorgiques*, I, 232.

temps assimilée à la teinte de l'argent. La lumière rougeâtre de la planète Mars, *igneus* d'après Pline, πυρόεις d'après les alchimistes, a rappelé de bonne heure celle du sang et celle du fer, consacrés à la divinité du même nom. C'est ainsi que Didyme, dans un extrait de son commentaire sur l'*Iliade* (l. V), commentaire un peu antérieur à l'ère chrétienne, parle de Mars, appelé l'astre du fer. L'éclat bleuâtre de Vénus, l'étoile du soir et du matin, rappelle pareillement la teinte des sels de cuivre, métal dont le nom même est tiré de celui de l'île de Chypre, consacrée à la déesse Cypris, nom grec de Vénus. De là le rapprochement fait par la plupart des auteurs. Entre la teinte blanche et sombre du plomb et celle de la planète Saturne, la parenté est plus étroite encore, et elle est constamment invoquée depuis l'époque alexandrine. Les couleurs et les métaux assignés à Mercure « l'étincelant » (στίλβων, *radians*, d'après Pline) et à Jupiter « le resplendissant » (φαέθων) ont varié davantage, comme je le dirai tout à l'heure.

Toutes ces attributions sont liées étroitement à l'histoire de l'astrologie et de l'alchimie. En effet, dans l'esprit des auteurs de l'époque alexandrine, ce ne sont pas là de simples rapprochements ; mais il s'agit de la génération même des métaux, supposés produits sous l'influence des astres dans le sein de la terre.

Proclus, philosophe néoplatonicien du vᵉ siècle de notre ère, dans son commentaire sur le *Timée* de Platon, expose que « l'or naturel et l'argent et chacun des métaux, comme chacune des autres substances, sont engendrés dans la terre, sous l'influence des divinités célestes et de leurs effluves. Le Soleil produit l'or; la Lune, l'argent; Saturne, le plomb, et Mars, le fer. »

L'expression définitive de ces doctrines astrologico-chimiques et médicales se trouve dans l'auteur arabe Dimeschqî, cité par Chwolson (*Sur les Sabéens*, t. II, p. 380, 396, 411, 544). D'après cet écrivain, les sept métaux sont en relation avec les sept astres brillants, par leur couleur, leur nature et leurs propriétés : ils concourent à en former la substance. Notre auteur expose que, chez les Sabéens, héritiers des anciens Chaldéens, les sept planètes étaient adorées comme des divinités ; chacune avait son temple et, dans le temple, sa statue, faite avec le métal qui lui était dédié. Ainsi le Soleil avait une statue d'or; la Lune, une statue d'argent; Mars, une statue de fer; Vénus, une statue de cuivre; Jupiter, une statue d'étain; Saturne, une statue de plomb. Quant à la planète Mercure, sa statue était faite avec un assemblage de tous les métaux, et dans le creux on versait une grande quantité de mercure. Ce sont là des contes arabes, qui rappellent les théories alchimiques sur les métaux et sur le mercure, regardé comme leur matière première. Mais ces contes reposent sur de vieilles traditions défigurées, relatives à l'adoration des planètes à Babylone et en Chaldée, et à leurs relations avec les métaux.

Il existe, en effet, une liste analogue dès le second siècle de notre ère : on la trouve dans un passage de Celse, cité par Origène (*Opera*, t. I, p. 646; *Contra Celsum*, l. VI, 22; édition de Paris, 1733). Celse expose la doctrine des Perses et les mystères mithriaques, et il nous apprend que ces mystères étaient exprimés par un certain symbole, représentant les révolutions célestes et le passage des âmes à travers les astres. C'était un escalier, muni de sept portes élevées, avec une huitième au sommet.

La première porte est de plomb; elle est assignée à Saturne, la lenteur de cet astre étant exprimée par la pesanteur du métal[1].

La seconde porte est d'étain; elle est assignée à Vénus, dont la lumière rappelle l'éclat et la mollesse de ce corps.

---

[1]. « Saturni sidus gelidæ ac rigentis esse naturæ. » (Pline, II, vi.

La troisième porte est d'airain, assignée à Jupiter, à cause de la résistance du métal.

La quatrième porte est de fer, assignée à Hermès, parce que ce métal est utile au commerce, et se prête à toute espèce de travail.

La cinquième porte, assignée à Mars, est formée par un alliage de cuivre monétaire, inégal et mélangé.

La sixième porte est d'argent, consacrée à la Lune.

La septième porte est d'or, consacrée au Soleil; ces deux métaux répondant aux couleurs des deux astres.

Les attributions des métaux aux planètes ne sont pas ici tout à fait les mêmes que chez les néoplatoniciens et les alchimistes. Ils semblent répondre à une tradition un peu différente et dont on retrouve ailleurs d'autres traces. En effet, d'après Lobeck (*Aglaophamus*, p. 936, 1829), dans certaines listes astrologiques, Jupiter est de même assigné à l'airain, et Mars au cuivre.

On rencontre la trace d'une diversité plus profonde et plus ancienne encore dans une vieille liste alchimique, reproduite à la fin de plusieurs manuscrits, et où le signe de chaque planète est suivi du nom du métal et des corps dérivés ou congénères.

La plupart des planètes répondent aux mêmes métaux que dans les énumérations ordinaires, à l'exception de la planète Hermès, à la suite du signe de laquelle se trouve le nom de l'émeraude. Or, chez les Égyptiens, d'après Lepsius, la liste des métaux comprenait, à côté de l'or, de l'argent, du cuivre et du plomb, les noms des pierres précieuses, telle que le *mafek* ou émeraude et le *chesbet* ou saphir, corps assimilés aux métaux, à cause de leur éclat et de leur valeur[1]. Il y a là le souvenir de rapprochements très différents des nôtres, mais que l'humanité a regardés autrefois comme naturels, et dont la connaissance est nécessaire pour bien concevoir les idées des anciens. Toutefois l'assimilation des pierres précieuses aux métaux a disparu de bonne heure, tandis que l'on a pendant longtemps continué à ranger dans une même classe les métaux purs, tels que l'or, l'argent, le cuivre et certains de leurs alliages, par exemple l'électrum et l'airain. De là des variations importantes dans les signes des métaux et des planètes.

Retraçons l'histoire de ces variations ; il est intéressant de la décrire pour l'intelligence des vieux textes.

1. Voir les métaux égyptiens dans mon ouvrage sur les *Origines de l'alchimie*, p. 221 et 233, Steinheil, 1885.

Olympiodore, néoplatonicien du vi⁰ siècle, attribue le plomb à Saturne; l'électrum, alliage d'or et d'argent, regardé comme un métal distinct, à Jupiter; le fer à Mars, l'or au Soleil, l'airain ou cuivre à Vénus, l'étain à Hermès (planète Mercure), l'argent à la Lune. Ces attributions sont les mêmes que celles du scoliaste de Pindare cité plus haut; elles répondent exactement et point pour point à une liste initiale du manuscrit alchimique de Saint-Marc, écrit au xi⁰ siècle, et qui renferme des documents très anciens.

Les symboles alchimiques consignés dans les manuscrits comprennent les métaux suivants, dont l'ordre et les attributions sont constants pour la plupart.

1⁰ L'or correspondait au Soleil, relation que j'ai exposée plus haut.

Le signe de l'or est presque toujours celui du soleil, et il est déjà exprimé ainsi dans les papyrus de Leide.

2° L'argent correspondait à la Lune et était exprimé toujours par le même signe planétaire.

3° L'électrum, alliage d'or et d'argent, était réputé un métal particulier chez les Égyptiens, qui le désignaient sous le nom d'*asem*, nom qui s'est confondu plus tard avec le mot grec *asemon*, argent non marqué. Cet alliage fournit à volonté, suivant les traitements, de l'or ou de l'argent. Il est décrit par Pline, et il fut regardé jusqu'au temps des Romains comme un métal distinct. Son signe était celui de Jupiter, attribution que nous trouvons déjà dans Zosime, auteur alchimique du IIIe ou IVe siècle de notre ère.

Quand l'électrum disparut de la liste des métaux, son signe fut affecté à l'étain, qui jusque-là répondait à la planète Mercure (Hermès). Nos listes alchimiques portent la trace de ce changement[1]. En effet, la liste du manuscrit de Venise porte (fol. 6) : « Jupiter, resplendissant électrum. » Et ces mots se retrouvent, toujours à côté du signe planétaire, dans le manuscrit 2327 de la Bibliothèque nationale de Paris (fol. 17 recto, ligne 16), la première lettre du mot Zeus figurant sous deux formes différentes (majuscule et minuscule). Au contraire, un peu plus loin, dans une autre liste du dernier manuscrit (fol. 18 verso, ligne 5), le signe de Jupiter est assigné à l'étain.

4° Le plomb correspondait à Saturne : cette attribution n'a éprouvé aucun changement, quoique le plomb ait plusieurs signes distincts dans les listes.

---

1. Voir les *Origines de l'alchimie*, pl. II, p. 112. — *Annales de chimie et de physique*, mars 1885, p. 382.

Le plomb était regardé par les alchimistes égyptiens comme le générateur des autres métaux et la matière première de la transmutation. Ce qui s'explique par ses apparences, communes à divers autres corps.

En effet, ce nom s'appliquait, à l'origine, à tout métal ou alliage métallique blanc et fusible; il embrassait l'étain (plomb blanc et argentin, opposé au plomb noir ou plomb proprement dit, dans Pline) et les nombreux alliages qui dérivent de ces deux métaux, associés entre eux et avec l'antimoine, le zinc, le nickel, le bismuth, etc. Les idées que nous avons aujourd'hui sur les métaux simples ou élémentaires, opposés aux métaux composés ou alliages, ne se sont dégagées que peu à peu dans le cours des siècles. On conçoit d'ailleurs qu'il en ait été ainsi, car rien n'établit à première vue une distinction absolue entre ces deux groupes de corps.

5° Le fer correspondait à Mars. Cette attribution est la plus ordinaire. Cependant dans la liste de Celse le fer répond à la planète Hermès.

Le signe même de la planète Mars se trouve parfois donné à l'étain dans quelques-unes des listes. Ceci rappelle encore la liste de Celse qui assigne à Mars l'alliage monétaire. Mars et le fer ont deux signes distincts, quoique communs au métal et à la planète, savoir : une flèche avec sa pointe, et un ϑ, abréviation du mot θουράς, nom ancien de la planète Mars, parfois même avec adjonction d'un π, abréviation de πυρόεις, « l'enflammé », autre nom ou épithète de Mars.

6° Le cuivre correspondait à Vénus, ou Cypris, déesse de l'île de Chypre, où l'on trouvait des mines de ce métal, déesse assimilée elle-même à Hathor, la divinité égyptienne multicolore, dont les dérivés bleus, verts, jaunes et rouges du cuivre rappellent les colorations diverses.

Toutefois la liste de Celse attribue le cuivre à Jupiter et l'alliage monétaire à Mars. La confusion entre le fer et le cuivre, ou plutôt l'airain, aussi attribués à la planète Mars, a existé autrefois ; elle est attestée par celle de leurs noms : le mot *œs*, qui exprime l'airain en latin, dérive du sanscrit *ayas*, qui signifie le fer[1]. C'était sans doute, dans une haute antiquité, le nom du métal des armes et des outils, celui du métal dur par excellence.

7° L'étain correspondait d'abord à la planète Hermès ou Mercure. Quand Jupiter eut changé de métal et fut affecté à l'étain, le signe de la planète primitive de ce métal passa au mercure.

La liste de Celse attribue l'étain à Vénus, ce qui

Origines de l'alchimie, p. 225.

rappelle aussi l'antique confusion du cuivre et du bronze (airain, alliage d'étain).

8° Mercure. Le mercure, ignoré, ce semble, des anciens Égyptiens, mais connu à l'époque alexandrine, fut d'abord regardé comme une sorte de contre-argent et représenté par le signe de la lune retourné. Il n'en est pas question dans la liste de Celse (IIe siècle). Entre le VIe siècle (liste d'Olympiodore le philosophe, citée plus haut) et le VIIe siècle de notre ère (liste de Stephanus d'Alexandrie, qui sera donnée tout à l'heure), le mercure prit le signe de la planète Hermès, devenu libre par suite des changements d'affectation relatifs à l'étain.

Ces attributions nouvelles et ces relations astrologico-chimiques sont exprimées dans le passage suivant de Stephanus : « Le démiurge plaça d'abord Saturne, et vis-à-vis le plomb, dans la région la plus élevée et la première; en second lieu, il plaça Jupiter vis-à-vis de l'étain, dans la seconde région; il plaça Mars le troisième, vis-à-vis le fer, dans la troisième région; il plaça le Soleil le quatrième, et vis-à-vis l'or, dans la quatrième région; il plaça Vénus la cinquième, et vis-à-vis le cuivre, dans la cinquième région; il plaça Mercure le sixième, et vis-à-vis le vif-argent, dans la sixième région; il plaça la Lune la septième, et vis-à-vis l'argent, dans la septième et dernière région[1]. » Dans le manuscrit, au-dessus de chaque planète, ou de chaque métal, se trouve son symbole. Mais, circonstance caractéristique, le symbole de la planète Mercure et celui du métal ne sont pas encore les mêmes, malgré le rapprochement établi entre eux, le métal étant toujours exprimé par un croissant retourné. Le mercure et l'étain ont donc chacun deux signes différents dans nos listes, suivant leur époque.

Voilà les signes fondamentaux des corps simples ou radicaux, comme nous dirions aujourd'hui.

Ces signes sont le point de départ de ceux d'un certain nombre de corps, dérivés de chaque métal et répondant aux différents traitements physiques ou chimiques qui peuvent en changer l'état ou l'apparence.

Tels sont : la limaille, la feuille, le corps calciné ou fondu, la soudure, le mélange, les alliages, le minerai, la rouille ou oxyde. Chacun de ces dérivés possède dans les listes des manuscrits un signe propre, qui se combine avec le signe du métal, exactement comme on le fait dans la nomenclature chimique de nos jours.

Les principes généraux de ces nomenclatures on

---

1. Ms. 2327, folio 73 verso.

donc moins changé qu'on ne serait porté à le croire,
l'esprit humain procédant suivant des règles et des
systèmes de signes qui demeurent à peu près les
mêmes dans la suite des temps. Mais il convient
d'observer que les analogies fondées sur la nature
des choses, c'est-à-dire sur la composition chimique,
démontrée par la génération réelle des corps et par
leurs métamorphoses réalisées dans la nature ou
dans les laboratoires, ces analogies, dis-je, subsistent
et demeurent le fondement de nos notations scientifiques ; tandis que les analogies chimiques d'autrefois
entre les planètes et les métaux, fondées sur des
idées mystiques sans base expérimentale, sont tombées dans un juste discrédit. Cependant leur connaissance conserve encore de l'intérêt pour l'intelligence
des vieux textes et pour l'histoire de la science.

LES CITÉS ANIMALES

ET LEUR ÉVOLUTION

Beuzeval-sur-Dives (Calvados).
18 août 1877.

La *Revue scientifique* a publié, il y a quelque temps, une savante lecture de sir J. Lubbock *Sur les habitudes des fourmis*[1]; c'est un sujet qui n'a cessé de préoccuper les savants et les philosophes, à cause des analogies entre les sociétés animales et les sociétés humaines. Je demande la permission de soumettre aux lecteurs quelques réflexions et observations que j'ai eu occasion de faire sur le même sujet.

1. Voy. *Revue scientifique*, numéro du 21 juillet 1877.

Je suis, en effet, du nombre de ceux qui pensent que l'on peut tirer de là quelque lumière sur les causes naturelles qui ont conduit les hommes à s'assembler en tribus, en cités, en nations. Un même instinct de sociabilité agit sur les races humaines et sur diverses espèces animales.

Rien n'est plus chimérique que cette célèbre hypothèse d'un *Contrat social*, soit imposé, soit librement consenti, et en vertu duquel les hommes, isolés et errants à l'origine, se seraient assemblés en sociétés. En ceci, comme en bien d'autres choses, nous sommes dupes d'un mirage qui fait reporter dans le passé, comme représentant un état antérieur, l'objet idéal dont les hommes poursuivent l'accomplissement et dont l'avenir se rapprochera sans doute de plus en plus. Au lieu d'être le point de départ, au contraire le contrat social, c'est-à-dire le règne de la science et de la raison, établi sur le consentement volontaire du plus grand nombre, représente le but final vers lequel tend l'humanité. C'est du moins ce que semble attester l'histoire de la civilisation européenne.

Mais les origines de l'humanité, telles que nous pouvons les entrevoir, soit par le vague écho des lointaines traditions de l'histoire, soit par l'étude des tribus sauvages, soit par l'examen des débris et des instruments laissés par les anciens hommes, les origines de l'humanité, dis-je, ne semblent avoir eu presque rien de rationnel. Les agrégations des anciens hommes ressemblaient fort à celles des castors et des autres animaux sociables. Or, si les sociétés animales sont le produit fatal d'un instinct héréditaire, pourquoi en aurait-il été autrement des premières sociétés humaines ?

On allègue comme une différence fondamentale l'organisation même des sociétés animales, qui a toujours semblé invariable aux naturalistes et aux philosophes observateurs, depuis plus de vingt siècles.

Je ne sais si les sociétés des castors et celles des grands singes anthropoïdes ont été réellement examinées avec assez de précision pour que l'on puisse en affirmer l'invariabilité absolue, surtout si on les compare avec les villages des nègres ou des Peaux-Rouges qui vivent dans leur voisinage. Les fourmis mêmes, dont l'observation est plus facile, n'ont guère été étudiées avec un détail exact que depuis deux cents ans. Sait-on quels ont été, quels pourront être encore les changements successifs de leur industrie ?

Dès à présent, il existe des faits qui nous permettent d'affirmer que les sociétés animales ne sont pas absolument immobiles : elles se développent, se propagent, se renouvellent suivant des procédés originaux, appropriés aux milieux particuliers dans lesquels elles sont obligées de vivre. Voici l'histoire de l'une de ces sociétés, qui n'est pas sans quelque analogie avec l'histoire des agglomérations humaines.

J'ai observé pendant vingt-cinq ans, dans un coin écarté des bois de Sèvres, une société de fourmis. Quand je la découvris, c'était un petit monticule, de la forme conique que chacun sait, peuplé par des milliers d'habitants. Ceux-ci se répandaient tout autour, à travers l'herbe, les cailloux, le sable, où ils traçaient mille sentiers régulièrement parcourus; d'autres routes s'élevaient sur les arbres; bref, la fourmilière avait mis en exploitation régulière toute une petite colline boisée, sur laquelle j'ai souvent suivi les chemins des fourmis, prolongés au milieu des herbes et des feuilles mortes sur des longueurs de plus de cent mètres : distance énorme si on la compare aux dimensions de l'animal.

La cité animale était en pleine prospérité, lorsque je la vis pour la première fois; sa fondation remontait à plusieurs années. Elle eut sans doute ses luttes contre la nature et contre les animaux, ses catastrophes provoquées par le pied d'un promeneur, par la chute de quelque grosse branche d'arbre, par la brusque invasion d'un filet d'eau pendant un orage. Mais je n'assistai à aucune de ces vicissitudes.

J'observai cependant, dans une autre région du bois, une émigration en masse, l'un des phénomènes les plus remarquables de la vie des peuples. C'était à la fin de l'été. Une fourmilière située au bord d'un chemin fréquenté par les promeneurs avait été souvent ravagée par leur curiosité malveillante. Obligées sans cesse de reconstruire leurs édifices, les fourmis se lassèrent. Un jour, en parcourant la route, je la vis traversée obliquement par une longue colonne de fourmis. Le lendemain et les jours suivants, la colonne noire marchait toujours. Surpris de cette persévérance, je suivis la colonne ; elle se dirigeait au milieu du bois, ne parcourant aucun sentier déjà battu, même par des fourmis ; elle marchait sans se diviser, au milieu des feuilles mortes, des herbes et des racines d'arbres, vers un but évidemment fixé à l'avance. Le trajet dura trois cents mètres : il aboutissait au milieu des arbres, au pied d'un arbuste, en haut d'un petit escarpement sablonneux, difficilement accessible, et dominant une vieille route pavée. Là, une nouvelle fourmilière se formait, en partie sous la terre, en partie à sa surface. L'émigration dura tout l'automne. Au printemps suivant, la ville ancienne était déserte et la ville neuve en pleine activité. Le site actuel d'ailleurs n'était pas bien choisi. S'il se trouvait à l'abri des promeneurs, en raison de sa situation, par contre il était au bas d'une pente herbagée, par laquelle s'écoulaient les eaux d'orage. La fourmilière, inondée à plusieurs reprises, ne reprit jamais sa prospérité première, elle dépérit et finit, après quelques années, par disparaître d'elle-même : comme aurait pu le faire une ville trop souvent ravagée par les eaux, ou par la malaria.

Pendant ce temps, l'autre cité dont j'ai parlé d'abord demeurait toujours prospère. J'observai cependant au bout de dix ans, que la cité avait détaché une colonie à quelques mètres de distance, au pied d'un jeune chêne. La colonie, faible et peu étendue à ses débuts, grandit d'année en année. Elle traversa sans accident une époque critique, celle de la coupe périodique de la portion du bois où elle était établie.

Vers le temps de la guerre de 1870, mes observations furent suspendues pendant près d'une année. A mon retour, la colonie était devenue une grande fourmilière, tandis que la cité fondatrice commençait à décroître. D'année en année, son déclin s'accusa ; le nombre des habitants diminua ; ils semblaient en même temps devenus moins actifs, moins empressés à apporter des matériaux et des provisions, moins prompts à réparer les dommages causés à leurs demeures. Celles-ci prirent peu à peu un aspect de vétusté et s'affaissèrent en partie sous les influences atmosphériques, combattues avec moins d'énergie qu'autrefois.

Aujourd'hui, la colonie est devenue la cité principale; elle a fait périr l'arbuste qui l'avait protégé à ses débuts contre les intempéries atmosphériques et elle étale en pleine lumière ses édifices, formés de pailles sèches et de fragments de bois en bon état, dont la teinte contraste avec celui des toits grisâtres et en décomposition de la vieille fourmilière. Depuis quatre ans, un troisième centre de population s'est même fondé dans le voisinage; mais il n'atteint pas encore l'état de prospérité de la première colonie.

Cependant la vieille ville n'a pas été complètement abandonnée. Elle sert de refuge à des familles, après tout nombreuses encore. Mais son état demi-ruiné rappelle celui de Babylone, subsistant pendant les premiers siècles de l'ère chrétienne, au voisinage de Séleucie et de Ctésiphon, successivement fondées par des civilisations plus modernes.

Depuis la première époque où j'écrivais ces lignes (1877), le groupe de cités dont je rapporte l'histoire a éprouvé une catastrophe. La chasse dans les bois de Sèvres ayant été louée à des bourgeois parisiens, ceux-ci se sont mis à élever des faisans dans leurs réserves:

or les faisans sont fort avides d'œufs de fourmis, si bien qu'un jour, des gardes sont venus avec des pioches et des sacs ; ils ont enlevé les larves et détruit la fourmilière : toutes les fourmilières florissantes des bois de Sèvres ont été anéanties en une année. C'est ainsi que Tamerlan extermina les cités de l'Asie centrale et construisit une pyramide avec les 90 000 têtes des habitants de Bagdad. A peine quelques rares habitants échappèrent à ce désastre ; mais, avec un zèle infatigable, ils se mirent aussitôt à reconstituer leurs cités. Celle que j'observe spécialement s'est ainsi reformée au voisinage, de même que la Bagdad moderne, héritière de Babylone. A nos yeux grossiers, les mœurs et les édifices de la nouvelle fourmilière paraissent semblables à ceux de l'ancienne. Mais c'est là sans doute une illusion, née d'une vue trop lointaine des choses.

Un être colossal, dans le rapport de l'homme à la fourmi, c'est-à-dire dont la hauteur approcherait de celle du Mont-Blanc et dont la vie durerait dans la même proportion, en un mot l'habitant de Sirius dont parle Voltaire, aurait peut-être jugé les civilisations de Babylone et des autres capitales qui l'ont remplacée, comme aussi uniformes que nous jugeons celles des fourmilières.

Mais, par compensation, nous sommes obligés d'admettre, aussi bien que le Sirien de Micromégas, que les cités animales ont une origine, un progrès, une décadence, comme les cités humaines : leur durée n'est courte que pour nous ; mais elle égale celle des États humains, si l'on compte par générations comme le faisait Homère. L'intervalle d'une année, de deux au plus, semble mesurer la vie d'une fourmi. Le nombre de leurs générations, depuis Aristote, répond donc à près de quarante mille années, évaluées d'après les générations humaines ; ce qui nous reporte à une époque contemporaine des premiers êtres dignes du nom d'hommes, si elle ne leur est antérieure.

Si les vicissitudes des cités des fourmis rappellent celles des cités humaines, il n'en est pas moins vrai que la structure générale, l'aspect, les usages de ces cités ne semblent guère avoir changé depuis que nous les observons. Mais en a-t-il toujours été ainsi ? les premières fourmis ont-elles construit tout d'abord une ville, pareille à celles qu'elles élèvent maintenant ? Ou bien y a-t-il eu une évolution dans l'organisation de ces cités ? les progrès des cités animales n'auraient-ils pas été accomplis autrefois, pendant des périodes trop anciennes pour avoir pu être observées ?

On pourrait soutenir que, depuis une époque très

reculée, et qui a peut-être précédé les commencements des races humaines, les races des fourmis ont terminé leur évolution; elles ont maintenant parcouru le cycle des combinaisons intellectuelles compatibles avec leurs organes et les milieux qui les ont sollicitées à l'action; en un mot, la civilisation des fourmis a atteint depuis de longs siècles les limites compatibles avec leur nature. Depuis lors, l'organisation générale de leurs cités se transmet sans changement notable d'une génération à l'autre, cette transmission s'opérant en partie par l'éducation, en partie par les habitudes héréditaires devenues des instincts. Le type commun de leurs sociétés n'éprouve plus désormais que des variations légères, dues à la fois aux circonstances locales et à l'activité plus ou moins grande des tribus. D'après cette manière de voir, le progrès des cités animales aurait été exécuté dans le passé et serait parvenu à des limites, au voisinage desquelles il est condamné à osciller désormais tant que la race subsistera.

En est-il donc autrement des races humaines ? Sommes-nous autorisés à regarder leurs progrès comme indéfinis ? ou bien les races humaines sont-elles destinées à obéir à la même loi fatale ? Leur évolution parviendra-t-elle aussi à un état stationnaire, dont les limites seront déterminées par celle des connaissances que l'homme peut acquérir et combiner, en vertu des facultés intellectuelles qui résultent de son organisation? Ces limites atteintes, les races humaines ne présenteront-elles pas le spectacle d'une civilisation à peu près uniforme, oscillant entre certains états alternatifs de trouble et d'équilibre, mais s'efforçant désormais de revenir toujours à une organisation type, réputée la plus convenable au bonheur et à la dignité de l'espèce humaine?

Une semblable opinion serait peut-être la plus conforme aux leçons de l'histoire. L'Égypte a duré cinq mille ans; c'est la civilisation la plus longue qui ait encore existé. Trois mille ans avant notre ère, les monuments et les inscriptions nous révèlent des arts, une industrie, une culture peu différents de ceux qui subsistaient en Égypte au temps des Ptolémées et des Romains. L'organisation du peuple lui-même ne semble pas avoir été différente, du moins vue en gros et de loin, comme nous le faisons pour les cités animales. A travers les catastrophes des invasions, des conquêtes, des guerres civiles et étrangères, l'Égypte a subsisté sans grands changements intérieurs, jusqu'au jour où elle a péri tout entière et presque d'un seul coup, au dernier siècle de l'empire romain, mais sans avoir pu sortir des limites que la race égyptienne avait conçues comme l'idéal suprême de la civilisation.

La Chine ne nous offre-t-elle pas, même de nos jours, un spectacle analogue? La race qui habite cette vaste région de l'Asie a conçu un certain idéal de la société; elle paraît y être arrivée peu à peu, il y a bien des siècles; elle s'y tient désormais, à travers les désastres des conquêtes tartares et des rébellions intérieures. Si elle cherche à apprendre quelque chose au contact de la civilisation européenne, ce sont plutôt des formules, des pratiques industrielles, qu'une conception nouvelle de la culture humaine. La race chinoise en un mot, de même que la race égyptienne, est parvenue, après une certaine évolution historique, à un état limite, qui semble vouloir durer autant que la société elle-même. Le changement de cet état marquera probablement le terme fatal et la dissolution de la société chinoise tout entière.

Ainsi les races humaines dont la civilisation est la plus ancienne semblent avoir possédé une certaine réserve d'énergie intellectuelle et morale, pour employer le langage des sciences physiques. Cette énergie dépensée les a conduites à un état stationnaire, oscillant entre des limites, et dans lequel elles seraient peut-être demeurées indéfiniment, si elles n'avaient subi le contact destructeur de races animées d'une énergie supérieure. N'est-ce point là l'histoire des cités animales ?

Ne sera-ce point aussi l'histoire des races européennes, lorsqu'elles auront couvert et dominé la surface du globe terrestre, mis en exploitation toutes ses ressources, embrassé tous les éléments de connaissances que son étendue comporte, épuisé les combinaisons fondamentales compatibles avec la puissance, limitée aussi, de l'intelligence individuelle de l'homme? en un mot consommé toute la réserve d'énergie inhérente au globe terrestre et à l'espèce humaine?

L'ACADÉMIE DES SCIENCES

I

1867.

» Le 15 frimaire de l'an IV de la République française [1], les quarante-huit membres nommés par le Directoire exécutif pour faire partie de l'Institut national des sciences et des arts se sont réunis à cinq heures du soir dans la salle d'assemblée de la ci-devant Académie des sciences ; le ministre de l'intérieur a donné lecture des titres IV et V de la loi rendue le 3 brumaire [2] par la Convention natio-

---

1. 6 décemre 1795.
2. 25 octobre 1795.

nale sur l'organisation de l'instruction publique.

» Les 18, 19 et 21 du même mois, l'assemblée a procédé successivement à l'élection de quarante-huit membres; elle en a élu deux dans chaque section, savoir : le premier jour, dix-huit, le second, seize, et le troisième, quatorze ; total quarante-huit.

» Les 22, 23 et 24 suivants, l'assemblée a continué, les élections pour compléter l'Institut : elle a élu le premier jour, vingt membres, le second jour, quatorze, et le troisième, quatorze ; total quarante-huit.

» Le 1er nivôse de la même année, les cent quarante-quatre membres de l'Institut national des sciences et des arts se sont rendus à six heures du soir dans le local ci-devant désigné et ils ont commencé à s'occuper de leur organisation intérieure. »

Tel est le procès-verbal de la fondation de l'Académie des sciences actuelle, partie intégrante d'un tout plus considérable, l'Institut. Dans la loi de fondation, elle est désignée comme la PREMIÈRE CLASSE DE L'INSTITUT, sous le titre de SCIENCES PHYSIQUES ET MATHÉMATIQUES. Sur les cent quarante-quatre membres relatés dans ce procès-verbal, l'Académie des sciences en comptait soixante, c'est-à-dire un nombre supérieur à celui de chacune des deux autres classes, formées, l'une (sciences morales et politiques) de trente-six membres, l'autre (littérature et beaux-arts) de quarante-huit membres. Ces chiffres tendaient à assurer une certaine prépondérance à la première classe sur les autres dans les délibérations communes, circonstance qui accuse la préoccupation des idées purement rationnelles dans la nouvelle organisation de la société française.

D'après la loi de fondation, l'Académie des sciences (classe des sciences physiques et mathématiques) était formée de dix sections, savoir :

	Membres résidents.	Associés dans les départements.
1. Mathématiques................	6	6
2. Arts mécaniques..............	6	6
3. Astronomie...................	6	6
4. Physique expérimentale........	6	6
5. Chimie.......................	6	6
6. Histoire naturelle et minéralogie.	6	6
7. Botanique et physique générale..	6	6
8. Anatomie et zoologie...........	6	6
9. Médecine et chirurgie..........	6	6
10. Économie rurale et art vétérinaire.	6	6

On reconnaît, à la vue de cette liste, l'esprit de règle symétrique et les idées absolument arrêtées des hommes de la fin du XVIIIe siècle. Cet esprit s'est perpétué plus qu'ailleurs dans l'Académie des sciences. Seule, en effet, dans l'Institut, elle est demeurée la même. Tandis que les autres classes ou académies, suivant la loi commune de toutes les institutions, ont changé par le cours de nos révolutions, tandis qu'elles ont subi, dans leurs attributions, dans leur titre et jusque dans leur nombre, des changements considérables, qui ont altéré profondément le système général de l'Institut; au contraire, l'Académie des sciences n'a guère varié depuis sa fondation.

Les modifications les plus notables qu'elle ait éprouvées datent de 1803 : elles ont consisté dans la création de deux secrétaires perpétuels, l'un pour les sciences physiques, l'autre pour les sciences mathématiques; dans la création de huit associés étrangers; dans l'extension du nombre des correspondants nationaux, porté à cent; enfin dans l'addition d'une demi-section de géographie et de navigation, laquelle a été complétée il y a deux ans : toutes dispositions qui étendaient les cadres académiques, sans les transformer. J'excepte cependant l'institution des secrétaires perpétuels, substitués aux secrétaires annuels : cette institution établissait dans la classe une autorité supérieure à celle des simples membres, et elle assurait à l'Académie les avantages et les inconvénients de l'esprit traditionnel.

Même en 1816, la classe des sciences physiques et mathématiques, mutilée par quelques proscriptions individuelles (Carnot, Monge), n'en conserva pas moins son organisation intérieure, sous le nom d'Académie royale des sciences. Les changements les plus importants qu'elle subit alors furent l'introduction du système hétérogène des académiciens libres, renouvelé de l'ancien régime, et surtout la rupture presque complète des liens qui assemblaient les diverses classes de l'Institut en un corps solidaire.

Jusqu'à quel point minutieux l'Académie des sciences a maintenu son organisation d'il y a soixante-dix ans, c'est ce dont on pourra juger, en comparant au tableau des sections originaires, le tableau suivant qui représente l'état actuel :

Deux secrétaires perpétuels ;

Onze sections sous les titres de : Géométrie, Mécanique, Astronomie, Géographie et Navigation, Physique générale, Chimie, Minéralogie, Botanique, Économie rurale, Anatomie et zoologie, Médecine et chirurgie,

Comptant chacune six membres titulaires, en tout soixante-six ;

Huit associés étrangers ;

Dix académiciens libres ;

Cent correspondants, inégalement répartis entre les sections.

Telle est la composition présente de l'Académie des sciences.

Durant l'intervalle qui nous sépare de sa fondation[1], l'Académie a compté deux cent trente-trois titulaires, la durée moyenne du titre ayant été de trente-deux ans par tête.

Héritière de l'ancienne Académie des sciences, (1666-1793), la nouvelle Académie avait à continuer de grandes traditions : d'Alembert, Buffon, les Jussieu, Lavoisier, comptent parmi les fondateurs des sciences mathématiques, physiques et naturelles. Un grand nombre des membres de l'ancienne Académie, parmi lesquels je citerai Lagrange, Laplace, Lamarck, Monge, Haüy, Berthollet, faisaient d'ailleurs partie de la nouvelle. Elle n'a pas été inférieure à son aînée. Les noms de Fourier, Cuvier, Geoffroy Saint-Hilaire, Ampère, Gay-Lussac, Fresnel, pour ne désigner aucun vivant, témoignent de l'éclat du nouveau corps et de l'influence que ses membres ont exercée, par leurs travaux individuels, sur la direction générale des sciences et de la civilisation. Mais l'Académie des sciences n'a pour ainsi dire pas d'histoire générale, puisqu'elle s'est perpétuée sans changement sensible dans ses cadres, depuis l'époque de sa fondation.

Cependant je veux essayer de donner une idée des travaux de l'Académie, afin de faire comprendre

---

[1]. 1795-1867.

comment elle exerce son influence collective sur le développement des sciences et comment son immobilité même, au milieu des sociétés humaines incessamment renouvelées, a fini par restreindre son rôle et menace, si elle n'y prend garde, de la faire passer un jour à l'état de ces mécanismes vieillis, que l'on conserve plutôt comme de vénérables monuments du passé que comme des machines agissantes et efficaces.

II

Dès l'origine, l'objet et les attributions de l'Académie des sciences avaient été fixés dans les termes suivants, qu'il est utile de rappeler, afin de mieux caractériser son état actuel :

« Perfectionner les sciences et les arts par des recherches non interrompues, par la publication des découvertes, par la correspondance avec les sociétés savantes françaises et étrangères; suivre les travaux scientifiques qui auraient pour objet l'utilité générale et la gloire de la République [1].

En somme, dans la grande pensée de ses fondateurs, l'Institut était destiné à centraliser l'ensemble

1. Loi du 3 brumaire an IV, titre IV.

des travaux de l'intelligence humaine, et la première classe avait pour sa part les sciences physiques et mathématiques. Jusqu'à quel point cette conception absolue d'une organisation, construite logiquement d'après des principes rationnels, était-elle favorable à l'éducation générale et à la perpétuité des traditions scientifiques; jusqu'à quel point pourrait-elle être contraire au développement spontané de l'esprit d'invention, c'est ce que je ne veux pas examiner ici. Ce sont d'ailleurs les sciences proprement dites qui justifient le plus aisément une telle conception *a priori*; et c'est là qu'elle a produit, en effet, les fruits les plus brillants.

Entrons dans les détails.

D'après les lois de fondation de 1795 et 1796, la classe des sciences physiques et mathématiques devait :

1° S'assembler en particulier six fois par mois, trois de ces séances étant publiques; tenir chaque mois une séance commune avec les autres classes; enfin se réunir à l'Institut tout entier, chaque année, dans quatre séances publiques et solennelles;

2° Publier tous les ans ses travaux et découvertes;

Les pièces qui avaient remporté les prix;

Les mémoires des savants étrangers qui lui étaient présentés;

Enfin la description des inventions nouvelles les plus utiles;

3° Elle était chargée de toutes les opérations relatives à la fixation des poids et mesures;

4° Deux de ses membres, désignés par l'Institut, devaient faire chaque année des voyages utiles aux progrès des arts et des sciences;

5° La classe proposait et adjugeait deux prix annuels, distribués en séance publique de l'Institut tout entier;

6° Elle nommait au concours, en commun avec l'Institut, vingt citoyens chargés de voyager pendant trois ans et de faire des observations relatives à l'agriculture [1];

7° Elle devait posséder (en commun avec l'Institut) une collection des productions de la nature et des arts, ainsi qu'une bibliothèque relative aux arts ou aux sciences dont elle s'occupait;

8° « L'Institut rendra compte, tous les ans, au Corps législatif, des progrès des sciences et des travaux de chacune de ses classes. »

En 1802, le premier Consul ajouta à ces attributions la présentation de l'un des trois candidats qui devaient être désignés au choix du gouvernement

---

[1]. Loi du 3 brumaire an IV, titre V.

pour les places de professeurs vacantes dans les écoles spéciales (enseignement supérieur). Cette dernière attribution était en apparence la conséquence logique de la constitution de l'Institut, établi comme autorité suprême en matière scientifique. Cependant elle avait un caractère tout différent des autres ; car elle faisait sortir l'Académie de sa sphère abstraite pour la mêler à l'administration de l'instruction publique. Elle est venue jusqu'à nous, sauf de légères modifications ; mais on ne saurait méconnaître que l'exercice de cette attribution a exercé une funeste influence sur l'opinion publique et créé, à tort ou à raison, une multitude de préventions contre un corps dont les membres, candidats naturels aux places de l'enseignement supérieur, se sont trouvés juges et parties dans leur propre cause : nulle prérogative de l'Académie n'a soulevé plus de jalousies et parfois même plus de haines.

Ainsi furent réglés, à l'origine, les rapports de l'Académie avec le public et le gouvernement.

A cet état initial de l'Académie, opposons son état présent : on jugera ainsi à première vue des analogies et des différences.

Les assemblées particulières de l'Académie sont aujourd'hui, comme autrefois, sa principale affaire : elles se tiennent une fois par semaine, le lundi. On y expose, comme autrefois, les travaux des membres de l'Académie, les rapports sur les travaux des savants étrangers, les correspondances, les communications des personnes étrangères à l'Académie, le tout devant ce public limité qui s'intéresse aux recherches scientifiques. Les séances non publiques, qui alternaient d'abord avec les autres, sont devenues des comités secrets, tenus à la fin des séances ordinaires. En somme, toutes les apparences réglementaires son demeurées les mêmes.

Et cependant, si Laplace ou Berthollet revenaient au monde pour assister à nos séances, ils s'étonneraient à juste titre des profonds changements éprouvés par l'esprit de l'institution. Dès l'entrée, et avant d'avoir entendu une seule parole, on peut apercevoir vis-à-vis du bureau une estrade séparée du public et où siègent les journalistes, appelés à rendre compte des travaux académiques dans les journaux quotidiens. C'est une innovation due à Arago, il y a trente ans. Elle manifeste l'introduction de l'opinion générale comme juge souverain de toutes choses, même de l'Académie.

Cette publicité absolue, jointe à l'institution des comptes rendus hebdomadaires, a d'abord grandi singulièrement l'Académie des sciences, en raison de l'immense notoriété donnée à tous ses actes.

Mais, par ce retour étrange propre à toute évolution, l'Académie érigée en oracle n'a pas tardé à perdre, comme force véritable et comme vitalité, ce qu'elle avait acquis comme autorité nouvelle. En présence de journalistes d'une compétence parfois douteuse et plus prompts à recueillir l'incident ou l'anecdote qu'à signaler la découverte abstraite et théorique, les membres de l'Académie commencèrent à s'observer : ils visèrent davantage à l'effet apparent et ils perdirent dans leurs conversations publiques cet abandon, cette liberté indispensables à l'échange des idées et à la critique amicale des travaux scientifiques.

Biot, hostile aux journalistes, se plaisait à raconter l'historiette suivante : L'un des premiers géomètres de ce siècle, Lagrange, à l'apogée de sa réputation, se leva un jour et exposa devant ses collègues une démonstration de la théorie des parallèles, théorie célèbre qui repose depuis Euclide sur un *postulatum* que personne n'a pu démontrer par voie élémentaire : c'est un écueil sur lequel se sont brisés des centaines de géomètres. Lagrange, ce jour-là, n'avait pas échappé à l'illusion qui en a déçu tant d'autres. Il lut sa démonstration, au milieu du silence général, et s'aperçut, avant d'avoir fini, de son insuffisance. « Je ne connais qu'Euclide, » dit-il en s'interrompant; puis il replie son papier et retourne s'asseoir. Personne n'ajouta rien et ne fit depuis la moindre allusion à cette mésaventure, qui tomba dans l'oubli. « Que fut-il arrivé, ajoutait Biot, si la chose s'était passée en séance publique et devant les journalistes, prompts à tourner en dérision une erreur si grossière en apparence et si élémentaire ? Lagrange eût été perdu de réputation devant le public. Doué d'un caractère craintif et modeste, il aurait désormais gardé le silence et enseveli dans l'oubli ses plus belles découvertes. »

En fait, les discussions scientifiques et désintéressées, si nécessaires aux progrès de la science, sont devenues graduellement plus rares et ont fini par tomber à peu près en désuétude; les communications abstraites et dirigées par le seul esprit de la science pure sont également devenues plus restreintes, bien que, grâce à Dieu, la vieille tradition sur ce point se conserve encore assez fortement.

La reproduction des séances dans les journaux quotidiens et surtout l'institution des comptes rendus hebdomadaires ont eu encore d'autres conséquences. Elles ont fait disparaître presque entièrement les rapports que l'on avait coutume de faire sur les travaux et mémoires présentés à l'Académie. A l'origine, tout travail, même d'un membre et surtout d'un savant étranger, était soumis à une commission qui l'examinait, répétait au besoin les expériences, les calculs ou les observations et prononçait un jugement souverain. Le rapport avait principalement pour but de décider l'insertion des mémoires dans le Recueil de l'Académie. Aujourd'hui, les rapports ont perdu toute leur importance : la publicité immédiate des journaux et surtout des comptes rendus hebdomadaires fait parvenir les découvertes à la connaissance de tous ceux qu'elles peuvent intéresser, sans qu'il soit besoin d'attendre plusieurs années la lente impression des mémoires officiels de l'Académie. Le résumé des travaux scientifiques est ainsi publié sans retard. Ils paraissent ensuite *in extenso* dans les nombreux journaux de science pure qui existent aujourd'hui. En somme, les mémoires officiels représentent un rouage vieilli, qui fonctionne à peine et à grands frais : ils ne peuvent désormais offrir d'avantages que pour la publication des travaux étendus, et, là même, ils seraient être aisément remplacés par des moyens plus faciles et plus économiques.

La conséquence indirecte de cette prompte et fructueuse publicité, par laquelle Arago a réussi à faire converger tous les travaux vers l'Académie, a donc été en même temps de soustraire ces travaux au jugegement de l'Académie, pour les remettre immédiatement à celui des hommes compétents disséminés à la surface du monde entier. Je ne parle pas ici des appels au public général, par lesquels cette nouvelle création a souvent fourni une voie trop facilement ouverte au charlatanisme : toute innovation a sa contre-partie et les inconvénients de celle-ci ne sont qu'éphémères. Mais elle a eu, je le répète, un résultat d'une haute gravité, en ce qui touche l'influence de l'Académie. Les rapports officiels, c'est-à-dire les jugements académiques, devenus désormais inutiles, ont disparu. A peine, à de rares intervalles, en voit-on apparaître quelques-uns, témoignages de bienveillance individuelle, plutôt que de direction générale de la science.

Les rapports annuels sur la marche des sciences, si célèbres du temps de Fourier et de Cuvier, ont également cessé depuis longtemps, par suite de l'immense développement pris par le mouvement scientifique général et de l'impossibilité pour une intelligence, si forte qu'elle soit, de l'embrasser solidement et de la juger à la fois dans son ensemble et dans ses détails.

Le système des travaux collectifs de l'Académie a vieilli plus rapidement encore. C'est une idée fort ancienne, et qui se présentait tout naturellement, que celle d'employer un corps scientifique à exécuter des travaux d'ensemble. La belle collection de l'Académie *del Cimento*, à Florence, nous fournit l'exemple le plus frappant de la réalisation de cette idée. Mais, en France, les recherches collectives et officiellement tracées n'ont presque jamais eu le même succès. On peut voir dans l'*Histoire de l'ancienne Académie des sciences*, par M. Maury, comment, presque à ses débuts, ce corps fut occupé par Louis XIV à tracer les aqueducs et les bassins de Versailles et à faire des expériences sur l'artillerie; comment Sauveur dut écrire des traités sur la bassette, le quinquenove, le hoca, le lansquenet, jeux de hasard à la mode à la cour. Même dans l'ordre des travaux volontaires, les recherches collectives n'ont pas toujours été heureuses. Ainsi l'ancienne Académie poursuivit pendant trente ans l'étude chimique des plantes, en les analysant par la distillation sèche; avant de s'apercevoir qu'elle ramenait ainsi tous les corps à des produits de destruction généraux, communs à la ciguë comme au blé, à l'aliment comme au poison, et qui ne jetaient aucune lumière sur la nature propre des substances primitives. Mémorable exemple de l'impuissance des recherches collectives appliquées à la découverte des vérités nouvelles! Plus tard, l'ancienne Académie s'était tournée avec plus de raison vers les travaux encyclopédiques, c'est-à-dire vers la description des faits connus et des vérités acquises. C'est ainsi qu'elle commença à publier, de 1761 à 1793, une description raisonnée des arts et métiers : art du charbonnier, de l'épinglier, du cirier, du cartier, du tonnelier, du carrier, du confiseur, du fumiste, etc. Elle publia également le recueil des MACHINES DE L'ACADÉMIE. Mais c'est surtout dans les travaux d'astronomie et de géodésie (Carte de France de Cassini, Méridienne, Détermination de degrés terrestres, Connaissance des temps) que l'ancienne Académie avait rendu les services les plus utiles à la société.

La nouvelle Académie fut d'abord désignée comme l'héritière de l'ancienne à cet égard, et chargée de la description des inventions nouvelles, des opérations relatives à la fixation des poids et mesures; elle devait choisir deux de ses membres pour voyager au profit des sciences et de l'industrie, etc.

Toutes ces attributions sont tombées presque aussitôt en désuétude; ou bien elles ont passé à d'autres corps, tels que le Bureau des longitudes, chargé désormais de la connaissance des temps et de ce qui concerne les poids et mesures. Sous ce rapport une différence profonde existe aujourd'hui entre la nouvelle Académie des inscriptions, qui poursuit par ses commissions les travaux d'érudition collectifs de l'ancienne Académie dont elle a hérité, et la nouvelle Académie des sciences, qui abandonne à l'initiative individuelle de ses membres et des savants étrangers le soin de poursuivre à leur gré l'ensemble des travaux dont elle était primitivement chargée.

Les missions scientifiques, remises à la conduite exclusive de l'Institut par les lois de fondation, ont également échappé à l'Académie des sciences. Si elle est encore consultée de temps à autre, et à juste titre, au sujet de l'utilité de ces missions et de la direction qu'il convient de leur donner, il n'en est pas moins vrai qu'elles dépendent aujourd'hui des divers ministres, qui les confient directement et sans contrôle à qui bon leur semble. Cette séparation entre les attributions scientifiques et les attributions administratives est d'ailleurs dans la nature des choses.

La correspondance de l'Académie avec les savants français et étrangers est encore un legs suranné du passé. Elle avait sa raison d'être à une époque telle que celle de Louis XIV, où les savants étaient peu nombreux, les relations rares et difficiles, où les publications scientifiques avaient lieu par lettres privées que l'on se communiquait réciproquement, en l'absence à peu près complète de journaux et de recueils périodiques. Aujourd'hui, toutes ces conditions sont changées : les découvertes arrivent plus rapidement par les journaux spéciaux que par toute correspondance privée à la connaissance des milliers de personnes capables de les comprendre ou de s'y intéresser. Les comptes rendus hebdomadaires de l'Académie des sciences sont l'un des plus frappants témoignagnes de cette prompte publication des travaux scientifiques, si favorable à leur diffusion et si propre à encourager les inventeurs, en les mettant aussitôt et sans entrave en relation avec le public compétent. Aussi le titre de correspondant de l'Académie n'est-il plus aujourd'hui qu'un titre honorifique.

On voit que les travaux propres de l'Académie ont diminué graduellement d'importance, par suite du cours naturel des choses et de la généralisation de la publicité. Cependant elle exerce encore une grande influence sur le mouvement de la science, par les récompenses qu'elle décerne et par ses élections. Ce sont les sujets qu'il convient d'aborder maintenant.

L'institution des prix académiques a joué un rôle essentiel au xviiie siècle. Les questions proposées, comme sujets de prix de mathématiques par exemple, ont porté successivement sur les points les plus intéressants de la mécanique céleste, et ont eu beaucoup d'utilité. Aujourd'hui cette forme a vieilli. A la vérité un certain nombre des prix décernés actuellement par l'Académie portent encore sur des questions définies et posées à l'avance : c'est une sorte de concours ouvert entre les personnes du métier. Mais, pour être vraiment utiles, ces questions doivent être relatives à des discussions actuelles, à des problèmes susceptibles d'une solution prochaine, et capables d'être résolus par l'effort continu du travail, plutôt que par le développement inattendu de l'esprit d'invention. Les questions proposées dans l'ordre des sciences naturelles proprement dites ont presque toujours satisfait à ces conditions. Aussi ont-elles rencontré en général des concurrents et des solutions. Mais il n'en a pas toujours été de même dans l'ordre des sciences mathématiques. On a vu trop souvent des questions soit d'un intérêt très particulier, soit presque insolubles, demeurer pendant dix ou quinze ans à l'ordre du jour, sans trouver de réponse, ni parfois même de concurrent.

Les prix sans sujet déterminé tendent à prévaloir aujourd'hui, partout où les règlements le permettent. Préférables en principe, car ils permettent d'encourager le mérite sous toutes ses formes, ils offrent cependant l'inconvénient de soulever des prétentions illimitées, et de donner lieu à des appréciations extrêmement délicates. A mon avis, ces prix sont surtout efficaces pour l'encouragement des talents naissants, et il conviendrait de les réserver aux savants qui commencent, à l'exclusion de ceux dont la position faite et la réputation assise échappent à tout jugement autre que celui de l'opinion générale. Il arrive un jour où l'homme ne relève plus que du but idéal qu'il a donné à sa vie, sans qu'aucune récompense scolastique puisse le grandir ou lui imprimer une impulsion nouvelle. A plus forte raison devrait-on éviter ces prix de complaisance, distribués à une certaine époque *clandestinement*, selon l'expression de Thénard, avec interdiction de se dire lauréat; ou bien encore ces prix décernés quelquefois, dit-on, aux éloges des journalistes, plutôt qu'aux travaux scientifiques véritables.

III

De toutes les récompenses qu'une Académie puisse accorder, la nomination d'un savant comme membre de cette Académie a toujours été réputée la plus importante : c'est le sujet qui intéresse le plus la considération de l'Académie et son influence véritable. En effet, pour qu'une Académie ait pleine autorité, il faut qu'elle compte dans son sein tous les hommes distingués; il faut surtout qu'elle les appelle dès que leur valeur propre est suffisamment établie et dans l'âge de leur activité. En procédant ainsi, tous les travaux importants de l'époque seront autant que possible accomplis par les membres de la Compagnie. Tel serait l'état le plus désirable et celui qui profiterait le plus à l'illustration des académies. Mais, il faut le dire, c'est là un état de choses dont il semble qu'on s'éloigne tous les jours davantage, par suite de l'affaiblissement de l'esprit général de corps et de la prépondérance croissante des coteries particulières.

Le mécanisme primitif des élections était fort compliqué : la section présentait les candidats à a classe, et la classe faisait une présentation à l'Institut, qui seul décidait la nomination. On croyait assurer par là le mérite des choix ; mais ces garanties étaient illusoires. L'expérience de chaque jour prouve que les corps permanents ratifient en général les décisions proposées par leurs commissions ; à plus forte raison celles que proposent leurs grandes divisions. Aussi le système des doubles présentations a-t-il été supprimé avec raison. Aujourd'hui, la section présente et l'Académie nomme, sauf la ratification du gouvernement, laquelle n'a fait défaut qu'une ou deux fois, à l'époque de la Restauration. La présentation par la section est donc en fait, et sauf de rares exceptions, équivalente à la nomination. C'est à ce système que doivent s'adresser les éloges ou les blâmes dont le recrutement de l'Académie peut être l'objet.

La première et la principale conséquence du système des sections a été de partager le corps de l'Académie des sciences en onze divisions permanentes ou petites académies, souveraines chacune dans son ordre, et se garantissant mutuellement, par une convention tacite, l'exercice à peu près sans contrôle de leur pouvoir. Ce pouvoir ne s'étend pas seulement aux élections, il comprend aussi la plupart des prix et la présentation aux chaires vacantes d'enseignement supérieur; c'est-à-dire qu'il s'exerce d'une manière continue sur toutes les attributions essentielles qui ont survécu à la suppression graduelle des travaux actifs de l'Académie.

L'autonomie de chaque section, dans la sphère de sa compétence spéciale, fut acceptée tout d'abord par l'Académie entière, d'autant plus aisément qu'elle rehaussait singulièrement l'importance individuelle des membres de l'Académie. En effet, les questions, au lieu d'être décidées par un corps de soixante-huit membres, le sont presque toujours en réalité par une petite Académie secondaire, aussi permanente que l'Académie principale, mais composée seulement de six personnes, voire même de cinq, lorsqu'il s'agit de pourvoir à une vacance. Le poids de chaque vote se trouve ainsi plus que décuplé, et l'influence personnelle de chaque membre est accrue dans la même proportion.

De là le tour étrange pris par les candidatures, tour si préjudiciable à la dignité des savants français et à la direction indépendante de leurs travaux. Au lieu d'être posées à un jour donné, et par un simple appel à l'opinion générale des hommes de science, les candidatures sont devenues la préoccupation incessante de la vie des savants en France. Ce n'est plus tant l'opinion générale qu'il s'agit de gagner, que les sympathies individuelles d'un très petit nombre d'hommes. On ne fait pas le siège de soixante-huit personnes ; mais il n'est pas très difficile d'en séduire cinq : trois même suffisent, puisque ce chiffre constitue la majorité et que, par une autre convention tacite, les sections dissimulent presque toujours leurs divisions intérieures, afin de donner à leurs présentations le caractère trompeur d'une unanimité officielle. C'est ainsi que l'on a vu souvent l'homme médiocre, qui ne donne d'ombrage à personne et qui s'enferme dans une étroite spécialité, prévaloir sur le savant indépendant et philosophe, qui sait embrasser les rapports des diverses parties de la science. Non seulement l'étendue de l'esprit et l'aptitude à concevoir des vues d'ensemble et des théories générales ont cessé d'être regardées comme des titres aux yeux des sections ; mais ces qualités ont été parfois tournées en objections contre les hommes qui briguaient le suffrage de l'Académie. La responsabilité collective du corps couvre d'ailleurs aux yeux du public bien des abus d'influence individuelle, que l'Académie entière n'aurait jamais commis si elle avait pris ses décisions directement.

Signalons ici l'un des effets les plus frappants de ce système des sections permanentes. Je veux parler de l'élimination, à peu près complète aujourd'hui, des hommes jeunes du sein de l'Académie. Les chiffres suivants sont décisifs à cet égard.

Au XVIIIe siècle, on rencontre une multitude d'académiciens nommés avant l'âge de trente ans : ainsi Buffon fut nommé à vingt-sept ans, Laplace à vingt-quatre ans, Clairaut même avant vingt ans; Bernard de Jussieu à vingt-six, Antoine de Jussieu à vingt-quatre, Lavoisier à vingt-cinq, Vicq d'Azyr à vingt-six ; le dernier des Cassini, dont la carrière presque centenaire s'est prolongée jusqu'en 1845, était entré dans l'Académie à vingt-deux ans. L'introduction d'hommes aussi jeunes donne à un corps une énergie, une vitalité singulière, et une initiative qui se pondère avec avantage par l'âge et la gravité des vénérables vétérans de la science.

Dans la nouvelle Académie, de tels choix sont devenus de plus en plus rares : depuis 1850, on n'a pas nommé un seul académicien qui eût moins de trente ans. En 1815, l'Académie comptait huit membres au-dessous de quarante ans ; en 1835, elle en comptait sept. Mais, en 1850, ce chiffre était tombé à quatre. Enfin, dans la présente année 1867, il n'y a point d'académicien qui soit âgé de moins de quarante-cinq ans.

Jadis on était jeune à vingt-cinq ans et homme mûr à trente-cinq. Aujourd'hui, on est réputé jeune à cinquante ans et même au delà. Mais ce changement dans les mots ne rend pas aux hommes l'énergie et l'esprit d'invention éteints par le progrès de l'âge. Le corps académique entier a donc singulièrement vieilli, et l'on peut affirmer que cet état de choses est la conséquence naturelle de la prépondérance des sections, dont l'influence personnelle d'Arago avait pendant longtemps tempéré les inconvénients. Dans ces derniers temps, l'opinion générale de l'Académie s'est effacée chaque jour davantage. Le lien collectif, de plus en relâché, a laissé chacun en butte aux étroites inspirations de l'intérêt personnel, masqué sous le nom convenu des *principes académiques*. Aussi les sections ont-elles plus d'une fois préféré des hommes médiocres et âgés à des savants plus jeunes et désignés par l'opinion publique. Défiance naturelle et fatale des hommes qui vieillissent pour les idées et les personnes des générations nouvelles qui vont les remplacer!

Les effets du système des sections ont donc été funestes à l'Académie et à la science, et ils menacent de le devenir chaque jour davantage. Le principe même de ce système est d'ailleurs contestable, car il repose sur une classification absolue et définitivement arrêtée des connaissances humaines. Or « l'esprit souffle où il veut »; cette classification, controversable dès son origine, est devenue de plus en plus arriérée, par le progrès naturel des inventions. Des sciences nouvelles, ou oubliées dans les cadres primitifs, se sont manifestées; d'autres ont pris un développement immense; tandis que certaines sciences comprises dans ces mêmes cadres se sont atrophiées. La division de 1795, équilibrée en sections d'égale importance, se trouve de plus en plus contraire à l'état présent des découvertes. Tel est le sort de toutes les classifications dans les choses humaines; souvent logiques et utiles au début, elles ne tardent pas à devenir des entraves. Aussi plusieurs académies, celles des inscriptions notamment, dont les spécialités sont cependant comparables à celles de l'Académie des sciences, ont-elles supprimé les sections instituées à l'origine.

En réalité, les spécialités sont représentées aujourd'hui par tout un ensemble de sociétés savantes particulières : Société de biologie, Société de géologie, Société chimique, Société botanique, etc., toutes créées spontanément parce qu'elles étaient rendues nécessaires par le nombre croissant des hommes instruits et compétents. La création de ces sociétés spéciales a restreint le rôle de l'Académie, en offrant une publicité plus facile et qui s'adresse plus directement aux gens du métier; en même temps qu'elle a enlevé au partage de l'Académie en sections sa principale raison d'être.

Cependant l'Académie des sciences conserve jusqu'ici son éclat apparent : si elle ne s'empresse plus guère d'appeler à elle les hommes de talent dans l'âge de leur activité et de leur initiative, elle finit d'ordinaire par les accepter, lorsque leur réputation est consacrée depuis longtemps par l'opinion publique. Si elle n'a plus l'initiative des découvertes, elle offre du moins une certaine digue contre le charlatanisme et elle ouvre libéralement sa large publicité aux travaux des savants français et étrangers. Elle subsiste avec la majesté d'une vieille institution, forte de la gloire de ses membres, et du souvenir des services que la science a rendus et rend tous les jours aux sociétés humaines.

BALARD

1ᵉʳ avril 1876.

La science française vient de faire une nouvelle perte et des plus douloureuses : M. Balard, membre de l'Institut (Académie des sciences), professeur de chimie au Collège de France, est mort hier soir, dans sa soixante-quatorzième année, à la suite d'une courte maladie, précédée par un affaiblissement graduel de plusieurs mois.

Né à Montpellier en 1802; d'abord pharmacien, puis professeur au collège, à l'école de pharmacie et à la faculté des sciences de cette ville, il fit en 1826 la découverte du brome; découverte capitale, non seulement parce qu'elle enrichissait la science d'un corps simple nouveau, mais par l'importance de ce corps simple qui constituait avec le chlore une famille spéciale, et qui fournissait ainsi le point de départ des idées actuelles sur la classification des éléments.

Balard n'avait pas fait cette découverte au hasard, et il sut tout d'abord en développer par ses expériences toutes les conséquences théoriques. Le brome d'ailleurs a pris dans la pratique un intérêt tout particulier, tant par son application à la photographie, qu'il a permis de rendre presque instantanée, que par les emplois thérapeutiques du bromure de potassium, corps employé en médecine dans les maladies du cœur et les maladies nerveuses.

Mais je ne veux pas retracer ici l'histoire de toutes les découvertes que la science doit à M. Balard, non plus que le récit des travaux par lesquels il réussit à extraire de l'eau de la mer le sulfate de soude et les sels de potasse, travaux devenus le point de départ d'une industrie intéressante. Il suffira de dire que, nommé en 1842 professeur de chimie à la faculté des sciences de Paris, en remplacement de Thénard, il devint, deux ans après, membre de l'Académie des sciences, puis, au commencement de 1851, professeur au Collège de France.

C'est à ce moment que je l'ai connu pour la première fois, empressé à encourager toutes les vocations naissantes, et non moins sympathique aux réputations déjà faites. Tout ceux qui l'ont connu n'oublieront jamais combien il était bon, serviable, dévoué à la science, toujours prêt à aider ceux qui la cultivaient, sans être jamais effleuré par le moindre soupçon d'envie ou de jalousie. C'était là, on peut le dire, son principal souci, et ce qui grave son souvenir en traits ineffaçables dans le cœur de ses amis et de ses élèves.

VICTOR REGNAULT

1878.

C'est en 1849 que je le connus et que je reçus de lui une impression et des conseils difficiles à oublier. La science était pleine de sa gloire, son nom répété dans tous les cours à l'égal des plus grands physiciens. Il semblait que le génie même de la précision se fût incarné dans sa personne. La célébrité des Gay-Lussac, des Dulong, des Faraday, acquise par tant de belles découvertes, avait d'abord semblé pâlir devant celle de Victor Regnault : gloire pure, acquise par la seule force du travail, sans intrigue, sans réclame, sans recherche de popularité politique ou littéraire.

L'homme que j'abordais avec respect était de petite taille, maigre, à tête fine et caractéristique, encadrée par de longs cheveux blonds, qui ont gardé leur couleur jusqu'en 1870; ses yeux, d'un bleu pâle, vous fixaient nettement, sans vous témoigner une sympathie spéciale, mais aussi sans vous écraser par le sentiment hautain de sa supériorité. Sa parole claire et un peu cassante ne vous entretenait guère que des questions de physique qui le préoccupaient : toujours prompte à fixer le point exact qu'il convenait de discuter; à critiquer, parfois avec une subtilité un peu âpre, quoique impersonnelle, les expériences de ses prédécesseurs. Il était dévoué à la recherche de la vérité pure; mais il l'envisageait comme consistant surtout dans la mesure des constantes numériques; il était hostile à toutes les théories, empressé d'en marquer les faiblesses et les contradictions : à cet égard il était intarissable, connaissant sans doute le point faible de son propre génie et disposé, par un instinct secret, à méconnaître les qualités qu'il ne possédait pas.

Ce n'était pas que l'esprit de Regnault fût renfermé complètement dans les études abstraites et arides de la physique expérimentale. Comme il arrive fréquemment chez les savants, il avait un goût très vif pour les arts, goût partagé dans sa famille, et qui a exercé de bonne heure une grande influence sur la vocation de son fils, le peintre Henri Regnault, enlevé si prématurément à la France. La grande habileté de main d'Henri Regnault était due à une éducation acquise sous l'influence paternelle. Le contraste entre l'esprit froid et méthodique du père et la fougue éclatante du fils a peut-être été produit par quelque réaction morale involontaire dans l'esprit du dernier.

V. Regnault accueillait les jeunes gens avec une bienveillance réelle, quoique un peu froide; mais sans chercher à les entraîner dans la carrière scientifique, dont il ne leur dissimulait ni les lenteurs ni les difficultés. Plus d'un physicien devenu célèbre s'est formé sous sa discipline: discipline utile et fortifiante à ceux qui l'acceptaient comme instrument d'éducation, sans abdiquer devant le maître leur personnalité propre. Ce qu'il enseignait, ce qu'il communiquait, ce n'étaient pas des idées nouvelles, des vues générales sur la science, c'étaient les méthodes et l'art de l'expérimentation. Parmi ceux de ses élèves qui ont acquis depuis de la réputation, on doit citer d'abord William Thomson, l'illustre physicien et mathématicien anglais, l'un des esprits les plus étendus et les plus puissants de notre époque. Tout récemment encore, dans une lettre de remerciements à notre Académie des sciences qui l'avait nommé associé étranger, il se plaisait à rappeler qu'il avait été élève de M. Regnault au Collège de France. M. Bertin, aujourd'hui directeur de la partie scientifique à l'École normale; M. Lissajoux, dont tout le monde a vu les élégantes démonstrations d'acoustique; M. Soret, de Genève, connu par des travaux si exacts sur l'optique, M. Bède, de Liège; M. Lubimof, de Moscou; M. Blaserna, en Italie; M. Pfaundler, à Inspruck; M. Isarn, de Rouen; M. Reiset, son collaborateur dans un grand travail sur la respiration animale; M. Descos, l'ingénieur si laborieux, si modeste, si dévoué à son pays pendant ce funeste siège de Paris, dont les fatigues l'ont épuisé et ont amené, l'année suivante, sa mort prématurée; bien d'autres que j'oublie, ont été aussi les élèves de Victor Regnault. Il a marqué sa forte et pénétrante empreinte sur les esprits de tous les physiciens de son temps, en France et à l'étranger.

Son œuvre a un côté philosophique, sans la connaissance duquel on ne comprendrait ni son rôle, ni l'influence qu'il a exercée. Jusque-là, chaque physicien, accoutumé par Laplace et Fourier à la rectitude artificielle des représentations mathématiques, s'efforçait de tirer de ses recherches quelque expression générale, qu'il proclamait aussitôt une loi universelle de la nature.

Regnault a concouru plus que personne à faire disparaître de la science de telles conceptions absolues, pour y substituer la notion de relations approximatives, vraies seulement entre certaines limites, au delà desquelles elles se transforment ou s'évanouissent. Cette nouvelle manière de comprendre les sciences physiques répondait aux progrès qui s'accomplissaient en même temps dans les sciences historiques et économiques. Elle ne s'est plus effacée dans l'esprit de ceux à qui il l'a enseignée.

Né en 1810 à Aix-la-Chapelle, où son père, officier dans l'armée française, tenait garnison, orphelin de père et de mère dès l'âge de huit ans, Victor Regnault eut une adolescence pénible et embarrassée par la pauvreté. A un certain moment, il était commis de magasin et portait lui-même les paquets chez les clients. Cependant, il surmonta ces difficultés par l'effort de son travail et entra l'un des premiers à l'École polytechnique, en 1830. Il en sortit comme élève des mines en 1832.

Les premiers de ses travaux qui aient marqué dans la science sont des travaux chimiques, d'abord d'ordre technique, sur les houilles et combustibles minéraux ; puis d'ordre théorique, sur les substitutions. La possibilité de remplacer l'hydrogène par le chlore à volumes égaux dans les combinaisons organiques avait été établie par M. Dumas vers 1835 ; et Laurent n'avait pas tardé à développer cette loi de réaction et à y introduire des idées nouvelles sur l'analogie des propriétés physiques et chimiques des corps substitués avec celles de leurs générateurs. Mais Laurent avait surtout travaillé sur un carbure d'hydrogène de composition compliquée, la naphtaline. Sous l'impulsion de M. Dumas, V. Regnault, reprenant quelques essais qu'il avait commencés dès 1835, entreprit d'appliquer les réactions de substitution aux deux carbures d'hydrogène les plus simples qui fussent alors connus, le gaz des marais et le gaz oléfiant. Son travail, demeuré classique, devint un des principaux titres à sa nomination comme professeur de chimie à l'École polytechnique et comme membre de l'Académie des sciences, dans la section de chimie, en 1840. Il atteignait ainsi à trente ans, et dès ses débuts, une situation qui est d'ordinaire le couronnement d'une longue vie scientifique.

Cependant, à ce moment, il avait déjà abandonné la chimie pour se livrer à sa véritable vocation, l'étude de la physique. C'est l'étude des chaleurs spécifiques des corps isomères, obtenus dans le cours de ses recherches de chimie, qui semble avoir été l'origine de ce changement de direction, à partir duquel la carrière de Regnault se développe avec unité et suivant une formule définitive. Sa nomination comme professeur de physique au Collège de France (1841) en fut tout d'abord le signe et comme la consécration originelle. Ce fut là qu'il vécut désormais; ce fut là qu'il organisa son laboratoire, qu'il installa ses instruments de travail : c'est là que nous l'avons tous connu et admiré, au milieu de ces appareils ingénieux et compliqués, qu'il disposait et mettait en œuvre avec une merveilleuse adresse. Appuyé sur une connaissance également profonde de la chimie et de la physique, il continuait ainsi les traditions et le double point de vue de la science française; c'était par le concours des deux sciences et par la recherche de leurs rapports que Gay-Lussac et Dulong avaient établi les lois qui ont conservé leurs noms : c'était avec le même concours de ressources que V. Regnault allait contrôler et critiquer les lois établies par ses prédécesseurs.

Ce fut d'abord la loi des chaleurs spécifiques des éléments qu'il soumit à une nouvelle étude. La question est d'une grande importance. Dulong et Petit, vingt ans auparavant, avaient reconnu que la même quantité de chaleur est nécessaire pour échauffer au même degré les divers corps simples, pris sous les poids suivant lesquels ils se remplacent les uns les autres dans les réactions chimiques. C'était une relation remarquable et inattendue entre les propriétés physiques des éléments et leurs propriétés chimiques. Il en résulte que les atomes des éléments ont la même capacité pour la chaleur, si l'on consent à employer ce mot d'atome, malgré l'incorrection de l'hypothèse fondamentale qu'il exprime. Quoi qu'il en soit, la relation énoncée par Dulong et Petit n'était vérifiée que d'une façon fort imparfaite par leurs observations, sans que l'on pût distinguer quelle part dans cette incertitude il convenait d'attribuer à l'impureté des corps mis en œuvre, aux erreurs des expériences, ou à l'inexactitude de la loi elle-même. Il était nécessaire de la reviser, avec les ressources acquises à la science en 1840.

C'est ce que fit Regnault avec un soin et une patience admirables. Il réussit ainsi à écarter beaucoup d'exceptions et à ramener les chaleurs spécifiques des éléments solides à des valeurs voisines les unes des autres. Il conclut avec prudence que la chaleur spécifique des corps dépendait de plusieurs données, entre lesquelles le poids atomique jouait un rôle prépondérant, mais qui n'était pas exclusif; dans ces conditions, il ne saurait exister une loi absolue.

Sages réserves que l'on a trop oubliées, jusqu'au jour où les théories nouvelles de la thermodynamique ont montré que c'était dans l'état gazeux seulement que la loi des chaleurs spécifiques pouvait être manifestée avec toute sa rigueur. Elle est alors exacte, parce qu'elle exprime l'identité des travaux accomplis par la chaleur sur les particules dernières des éléments gazeux. Ce sont, d'ailleurs, les expériences mêmes de Regnault sur l'oxygène, l'hydrogène et l'azote qui démontrent cet énoncé de la loi transformée. Mais il fut étranger à la découverte de la thermodynamique et ne l'accueillit d'abord qu'avec une défiance et je dirai presque une hostilité à peine déguisées.

La loi des chaleurs spécifiques représente seulement un point particulier dans le progrès général des connaissances physiques, tandis que la nouvelle science est devenue aujourd'hui le véritable fondement de la mécanique moléculaire, parce qu'elle fournit une mesure commune aux travaux accomplis par toutes les forces naturelles. Les recherches de Regnault ont fourni à cet égard les matériaux les plus précieux, sinon comme théories propres à Regnault, qui s'est toujours refusé à en construire aucune, du moins comme données exactes, obtenues sans vue préconçue et susceptibles de fournir à la discussion des hypothèses modernes tout un ensemble de documents incontestables.

Trois volumes des *Mémoires de l'Académie des sciences* renferment à peu près toute l'œuvre de Regnault sur la chaleur. A quelle occasion cette œuvre fut entreprise, avec quelles ressources et dans quel but pratique elle fut poursuivie, c'est ce qu'indique le titre même des deux premiers volumes : *Relation des expériences entreprises par ordre de M. le ministre des travaux publics, pour déterminer les principales lois et les données numériques qui entrent dans le calcul des machines à vapeur.*

Regnault étudia d'abord les lois de la dilatation et de la compressibilité des fluides élastiques, c'est-à-dire les lois de Mariotte et de Gay-Lussac : ces grandes lois simples et uniformes, qui tendent à faire admettre une constitution physique identique dans tous les gaz, ne sont pas rigoureuses. Une première étude des phénomènes conduit à les admettre; mais elles ne résistent point, du moins dans leur expression absolue, à un examen expérimental plus approfondi. En réalité, chaque gaz se dilate par la chaleur et diminue de volume par la pression, suivant des lois qui lui sont propres. Il s'écarte d'autant plus des lois de Mariotte et de Gay-Lussac qu'il est plus voisin du degré de froid et de pression nécessaire pour le transformer en liquide : relation remarquable, sur laquelle Regnault insistait beaucoup, et qui a permis, dans ces derniers temps, d'annoncer avec certitude que l'oxygène et les autres gaz réputés incoercibles allaient prendre l'état liquide, dans les conditions nouvelles d'expérimentation réalisées par M. Cailletet.

Cependant Regnault, toujours occupé de l'examen des lois des vapeurs, poursuivait un immense travail. Pour définir ces lois, il fallait définir les températures, et celles-ci reposaient elles-mêmes sur la connaissance des lois de la dilatation de l'air. Ces dernières une fois établies par ses expériences, il dut comparer à la dilatation de l'air la dilatation du mercure, matière première de nos thermomètres usuels; il étudia la compressibilité des liquides, l'hygrométrie, l'eudiométrie, toutes questions connexes avec son sujet principal; il exécuta un long et dangereux travail sur les forces élastiques de la vapeur d'eau, depuis les plus faibles tensions que l'on puisse observer jusqu'à une pression de vingt-huit atmosphères. Il mesura enfin les chaleurs spécifiques de l'eau liquide, solide et gazeuse, et la chaleur nécessaire pour réduire l'eau en vapeur sous diverses pressions. Ce sont les données fondamentales des calculs relatifs aux machines à vapeur.

L'objet technique proposé à son effort était rempli; mais Regnault ne s'arrêta pas là. Il entreprit de fournir aux physiciens les données fondamentales d'une étude générale des vapeurs et des gaz, et il accomplit, de 1847 à 1862, une vaste série d'expériences sur la compressibilité des principaux gaz, sur la force élastique d'une vingtaine de liquides, sur les chaleurs spécifiques et les chaleurs latentes d'un nombre non moins grand de gaz, de vapeurs et de liquides. Il accumulait sans relâche les matériaux les plus précieux, recueillis par les méthodes les plus délicates et les plus parfaites; matériaux réservés à l'érection d'un édifice que lui-même refusait de construire et que personne jusqu'ici n'a osé entreprendre d'élever dans toute son étendue.

Cependant, tandis que Regnault poursuivait ses expériences avec un zèle infatigable, la science avait changé de point de vue. Au delà et au-dessus de cette description purement empirique des lois physiques de la matière, qui paraissait l'objet définitif de la physique il y a quarante ans, des conceptions nouvelles ont apparu, un nouvel'horizon s'est ouvert, et la théorie a repris ses droits imprescriptibles. Mayer, Joule et quelques autres ont imaginé, — et leurs idées sont aujourd'hui acceptées de tous, — ils ont imaginé que la chaleur contenue dans les gaz n'est autre chose que leur force vive. Les gaz, disent-ils, sont constitués par des particules très petites, lancées dans toutes les directions, rebondissant, tournoyant et vibrant sans cesse. On déduit de là, par un calcul facile, les lois de Mariotte et de Gay-Lussac, demeurées si longtemps sans interprétation précise. Cette température, que Regnault ne savait comment définir, est proportionnelle à la force vive des gaz.

Lorsque les gaz prennent l'état liquide, puis l'état solide, certains travaux moléculaires s'accomplissent, et ces travaux ont pour mesure exacte les quantités de chaleur dégagées ou absorbées pendant les changements d'état. La chaleur est devenue ainsi une sorte de mesure universelle des travaux moléculaires.

La théorie même des machines à vapeur, point de départ des recherches de Regnault, a reçu par là une lumière inattendue. En effet, ces machines n'ont d'autre objet que d'accomplir certains travaux mécaniques sensibles; elles en sont l'instrument le plus puissant qu'ait été mis en œuvre jusqu'à ce jour. Or ces travaux mécaniques sensibles résultent de la transformation des travaux moléculaires insensibles, produits par la chaleur. Entre les deux ordres de travaux il y a équivalence, et cette équivalence est le fondement même de la théorie actuelle des machines à vapeur.

C'est là ce que l'empirisme pur ne pouvait pressentir, ce que Regnault n'avait pas vu, alors qu'il croyait établir les bases et les règles définitives de l'étude physique des machines à vapeur. La notion de l'équivalence thermique des travaux mécaniques lui avait complètement échappé, comme le montrent les premières pages de son grand ouvrage. Ce fut pour lui une première diminution de sa primauté, jusque-là incontestée dans la physique. En vain il chercha d'abord à se débattre; il ne tarda pas à être entraîné par le nouveau courant, et son dernier ouvrage, publié en 1870, est un long et important mémoire sur la détente des gaz et sur les relations réelles qui s'y manifestent entre la chaleur consommée et le travail produit. Il avait poursuivi dans cette voie, et nous posséderions aujourd'hui tout un ensemble de recherches de Regnault, non moins importantes, peut-être, que la portion relative aux vapeurs, si elles n'avaient disparu dans les catastrophes qui ont marqué la fin d'une existence si brillante et si heureuse à ses débuts.

Hérodote rapporte que Crésus, roi de Lydie, célèbre entre tous par sa richesse et par sa puissance, après de longues années de prospérité, fut vaincu, dépouillé de ses États et fait prisonnier par les Perses. Condamné à mourir par le feu, le bûcher déjà allumé, il s'écria par trois fois : « Solon ! Solon ! Solon ! » Au temps de sa grandeur, Crésus avait reçu la visite de l'Athénien Solon ; il lui avait montré ses trésors et demandé avec orgueil quel était l'homme le plus heureux qu'il eût vu. Crésus faisait cette question, ajoute l'historien, parce que Crésus se croyait le plus heureux des hommes. Mais Solon lui cita d'abord Tellus, d'Athènes, puis Cléobis et Biton, et finit par lui dire que la Divinité, jalouse du bonheur des hommes, se plaisait à le troubler. « Personne, avant sa mort, ne peut être appelé heureux ; car il arrive souvent que les dieux, après avoir fait entrevoir la félicité à quelques hommes, la détruisent ensuite de fond en comble. »

Jamais peut-être cette mélancolique philosophie de la destinée humaine ne trouva une application plus douloureuse que dans la vie de V. Regnault. Ceux qui l'ont connu il y a vingt ans se rappellent cette existence heureuse et sereine qu'il menait au sein d'une famille qui l'adorait. Entouré d'une femme délicate et charmante, de quatre beaux enfants, de vieilles parentes de sa femme, non moins empressées à l'aimer ; honoré et respecté de l'Europe entière, se livrant tout entier à ses travaux favoris, pour lesquels les ressources de l'État lui étaient prodiguées; satisfait enfin des résultats certains auxquels le conduisaient chaque jour des méthodes rigoureuses, Regnault était au comble du bonheur réservé à la nature humaine, bonheur que rien ne paraissait devoir troubler désormais.

En peu d'années, tout fut anéanti. Madame Regnault mourut en 1866; madame Clément, sa mère, ne tarda pas à la suivre au tombeau. Ainsi, Regnault se trouva privé de l'affection des siens, dans sa maison solitaire, délaissée par son fils Henri, qui voyageait en Italie et en Espagne, et déjà hantée par la folie de son autre fils Léon, atteint à vingt-cinq ans, au début d'une carrière que tout annonçait devoir être celle d'un homme distingué. Il se plongea de plus en plus dans ses travaux de laboratoire; consolation suprême que rien ne semblait devoir lui arracher.

Mais il devait être frappé jusqu'au bout. L'année 1870, si fatale à la France, le fut plus encore peut-être à Regnault. Directeur de la Manufacture de Sèvres, il avait cru pouvoir y rester avec ses appareils, ses livres et ses manuscrits, jusqu'au moment de l'arrivée des armées allemandes. Il ne croyait pas à la résistance de Paris, et il regardait comme un devoir de sauvegarder l'établissement qui lui était confié. Il en fut presque aussitôt chassé par les assiégeants. Après de vaines tentatives pour y rentrer, il dut se retirer en Suisse, chez quelques-uns de ces élèves dévoués qu'il n'a cessé d'avoir. Quand il revint, après l'armistice, son désastre était consommé. Son fils Henri, le seul qui eût échappé à la fatalité morale acharnée sur ses autres enfants, son fils Henri avait été tué à Buzenval, en défendant la patrie. La gloire de l'avenir et les espérances de la famille succombèrent avec lui.

Ce n'est pas tout : le laboratoire de Sèvres avait été saccagé ; les instruments de précision, fruits de toute une vie de travail, avaient été détruits. Quand Regnault père rentra à Sèvres, il y trouva ses appareils brisés à coups de marteau, ses thermomètres cassés méthodiquement en morceaux d'égale longueur, ses registres d'expériences brûlés et déchirés, avec la précaution d'une haine que l'on ne peut s'empêcher de soupçonner intentionnelle. Les résultats de six cents expériences sur les gaz, exécutées avec l'exactitude d'un maître dont l'habileté croissait avec l'âge, ont ainsi disparu sans retour.

On ne recommence pas la vie à soixante ans ; Regnault, dans son laboratoire, eût vécu peut-être, renfermant ses douleurs privées dans le fond de son cœur, et continuant à remplir courageusement son devoir de savant. Mais rien ne lui restait. Il quitta sa chaire du Collège de France, et se retira près de Bourg, dans le département de l'Ain, au sein d'une retraite où il comptait passer ses dernières années. Il n'en avait pas fini avec le malheur. Un jour, sa sœur était venue le visiter; elle mourut en quelques heures, sous ses yeux. Cette fois, Regnault n'y résista pas et sa santé, ébranlée par le contre-coup d'anciens accidents, fut frappée d'une manière irréparable. Quelques amis l'ont encore revu dans sa maison de Passy, entouré des ruines de sa famille, paralysé lui-même, mais gardant jusqu'au bout, même avec une intelligence affaiblie, cette humeur singulière, mélange de gaieté égoïste, d'ironie et de stoïcisme, qui l'avait toujours distingué. Aujourd'hui, la mort l'a délivré. Son œuvre nous reste, œuvre considérable, qui fournira pendant longtemps les renseignements les plus solides aux théories de la physique et de la mécanique moléculaire.

H. SAINTE-CLAIRE-DEVILLE

2 juillet 1881.

C'est avec une vive douleur que nous annonçons au monde scientifique la mort de M. Henry Sainte-Claire-Deville, membre de l'Académie des sciences, professeur de chimie à la faculté des sciences de Paris et à l'École normale supérieure, enlevé avant l'âge à ses amis et à la patrie française. Peu d'hommes ont marqué davantage entre leurs contemporains par la variété et l'importance de leurs travaux scientifiques, aussi bien que par l'étendue et la vivacité de leurs sympathies personnelles : la profonde émotion que j'éprouve en écrivant ces lignes, dernier témoignage d'une amitié de trente années, sera partagée par ses nombreux amis, par les élèves qu'il a formés depuis un tiers de siècle à l'École normale, par tous ceux qui prennent à cœur l'honneur de la science universelle.

Rappelons en peu de mots sa vie et ses travaux : l'existence d'un savant ne comporte pas en général de péripéties éclatantes, en dehors de ses découvertes.

Les Sainte-Claire-Deville, comme leur nom l'indique, étaient créoles, originaires de Saint-Thomas (Antilles) : la vivacité expansive et un peu agitée de Henry aurait suffi pour rappeler son origine. Entre les trois frères de cette famille qui vinrent s'établir en France, deux surtout ont marqué dans la science : Charles Sainte-Claire-Deville, le géologue, et Étienne-Henry Sainte-Claire-Deville, le chimiste. Tous deux sont morts, à l'entrée de la vieillesse, d'une mort prématurée, avant l'âge que semblaient promettre leur santé, leur énergie persistante et le calme environné d'honneurs et d'affections qui marque ordinairement la fin des existences scientifiques.

Henry était né en 1818; il fit ses études en France. Au sortir du collège, il hésita, dit-on, un moment entre la vocation musicale et la vocation scientifique, et se décida pour la chimie. Comme le font beaucoup de jeunes gens, il organisa un petit laboratoire, où il travaillait sous les conseils de M. Dumas, qui donnait alors à la chimie organique cette grande et brillante impulsion qui en a marqué les débuts. Dès 1839, Henry Deville commençait à publier des recherches originales : d'abord sur l'essence de térébenthine, dont les états isomériques multiples attiraient alors l'attention de beaucoup de chimistes, puis sur le toluène, carbure d'hydrogène qui a pris depuis un extrême intérêt, parce qu'il est l'un des générateurs des matières colorantes du goudron de houille.

En 1844, il fut envoyé comme professeur de chimie à la faculté des sciences de Besançon, nouvellement créée, et dont il devint le doyen, malgré sa jeunesse.

La première découverte qui le mit hors de pair fut celle de l'acide nitrique anhydre, en 1849. Gerhardt et l'école dont il était le chef avaient proclamé impossible l'existence des acides anhydres monobasiques, au nom des nouvelles théories. M. Deville, en découvrant l'acide nitrique anhydre, corps intéressant à bien des titres, força ces théories à se modifier, et devint ainsi le promoteur indirect de nouvelles inventions.

Cependant sa jeune réputation avait attiré l'attention sur lui, au point de le faire nommer en 1851 maître de conférences à l'École normale, à la place de M. Balard, appelé lui-même au Collège de France. Ce fut à ce moment que je le connus, et je ne me rappelle pas sans quelque émotion le jour où M. H. Deville, suppléant M. Dumas à la faculté des sciences (1853), me pria de l'aider à montrer à son auditoire sa brillante préparation de l'acide nitrique anhydre.

H. Deville, entraîné à la fois par la haute curiosité et par le désir d'une gloire légitime, cherchait sa voie de tous côtés. Après quelques essais heureux pour créer une nouvelle méthode d'analyse minérale, il s'attacha à l'étude de l'aluminium.

Ce nouveau métal, extrait de l'argile, avait été à peine entrevu par Woehler, qui l'avait observé le premier en 1827. M. Deville le prépara en grandes quantités, par des méthodes nouvelles et le fit à proprement parler connaître. Il en montra la légèreté, la ductilité, la ténacité, et surtout l'inaltérabilité au contact de l'air et de l'eau; il pensa qu'un pareil métal, doué à la fois de propriétés si différentes de celles des métaux usuels, en raison de sa légèreté, et en même temps si pareilles, en raison de sa stabilité, devait jouer un rôle inattendu dans l'économie domestique et dans l'industrie; il dépensa pendant bien des années tous les efforts de sa vive intelligence et de sa rare habileté à populariser le nouveau métal, qui semblait appelé à prendre une place importante dans le matériel des civilisations modernes.

Malgré tant d'efforts, secondés par les pouvoirs publics et accueillis avec bienveillance par l'opinion, l'aluminium ne semble pas avoir répondu encore aux premières espérances qu'il avait excitées. Quelques-uns de ses alliages présentent cependant des propriétés spéciales, qui en maintiendront l'emploi industriel.

En l'étudiant à fond, M. Deville fut conduit à développer le champ de ses expériences et de ses conceptions et à les porter dans une sphère plus élevée. Son action devient en même temps plus étendue, grâce aux aides qu'il sut former autour de lui.

Entouré dans son laboratoire de la rue d'Ulm de l'élite de la jeunesse française qui se destine à l'enseignement des sciences, jeunesse qu'il animait d'une ardeur sympathique, il fit école à son heure, et prit pour collaborateurs les principaux de ses élèves, MM. Debray, Troost, Fouqué, Hautefeuille; il y joignit même le concours de savants d'autre origine, tels que M. Caron, le savant officier d'artillerie, et M. Damour, le minéralogiste.

Il aborda ainsi l'étude de la reproduction artificielle des minéraux, principalement par la voie sèche; celle des hautes températures, celle des métaux rares, spécialement du platine et des corps congénères; enfin l'étude des densités des vapeurs des corps élémentaires, question à laquelle se rattachent les plus hauts problèmes de philosophie naturelle.

Le cadre de cet article ne me permet pas d'exposer, même d'une manière sommaire, ces longs et importants travaux, qui ont rempli les vingt dernières années de la vie de H. Sainte-Claire-Deville. Mais il convient de mettre en lumière la notion générale nouvelle, qui se dégagea pour lui de la vue de ces phénomènes si variés et si curieux, accomplis à de hautes températures : je veux parler de la *dissociation*, l'une des découvertes les plus originales de notre époque en chimie, découverte qui constitue le titre de gloire le plus durable du savant professeur de l'École normale.

Les réactions accomplies vers le rouge sont parfois, en apparence, contradictoires avec celles qui se produisent à la température plus basse : par exemple le plomb et la vapeur d'eau forment au rouge blanc, de l'oxyde de plomb, qui se volatilise; tandis qu'à une température plus basse l'hydrogène réduit l'oxyde de plomb; l'argent même semble décomposer la vapeur d'eau, en en dissolvant l'oxygène; la préparation du potassium au moyen de l'hydrate de potasse fondu et du fer, au rouge vif, est également contradictoire avec les réactions connues du potassium sur l'oxyde de fer, à moindre température. Bref, l'étude des réactions opérées par voie sèche offre de continuelles antinomies.

En réfléchissant sur ces antinomies, que ses études actuelles mettaient chaque jour devant ses yeux, H. Deville fut frappé tout d'un coup, vers 1857, par une idée nouvelle et féconde, à savoir que les corps qui réagissent à haute température avaient changé de nature, ou plutôt de constitution. Les corps composés sont d'abord résolus en leurs éléments par la chaleur, et les réactions nouvelles qu'ils produisent alors sont dues, non aux corps composés, mais à leurs éléments, coexistant à l'état libre et exerçant leurs actions séparément sur les autres corps mis en leur présence. Ainsi ce n'est pas la vapeur d'eau qui oxyde le plomb, c'est l'oxygène résultant de sa décomposition préalable; ce même oxygène se dissout dans l'argent fondu, qu'il fera rocher plus tard, au moment de sa solidification, tandis que l'hydrogène s'écoule au dehors, etc.

Cette nouvelle manière d'envisager les réactions de la voie sèche explique une multitude de phénomènes, de formations de minéraux, de volatilisations apparentes de corps fixes, phénomènes jusquelà inconcevables. Toutefois elle ne constitue que le premier pas dans la nouvelle découverte; celle-ci ne se dégagea dans toute son étendue que peu à peu, et non sans quelque confusion, par la suite des recherches incessantes de H. Deville: ce fut le fruit mérité de cette longue patience, que l'on a pu regarder à juste titre comme équivalant au génie.

En effet, non seulement les corps composés sont résolus en éléments à une haute température, éléments qui se recombinent pendant le refroidissement; mais la décomposition, aussi bien que la recombinaison, sont graduelles et variables dans leur proportion, avec la température, la pression et diverses autres circonstances. En un mot, pendant un intervalle de température plus ou moins étendu, un composé peut coexister avec ses éléments; le tout constituant un système en équilibre, entre les actions calorifiques, qui tendent à le résoudre en éléments, et les actions chimiques, qui tendent à le transformer entièrement en une combinaison définie. Telle est la notion fondamentale de la *dissociation*, notion simple et féconde, qui a changé les idées des chimistes et est devenue l'origine d'une multitude de découvertes.

H. Deville avait été nommé membre de l'Académie des sciences en 1861 ; il était devenu, en 1867, titulaire de la chaire de chimie de la Sorbonne, qu'il occupait depuis quatorze ans à titre de suppléant. Administrateur du chemin de fer de l'Est et de la Compagnie parisienne du gaz, il occupait dans le monde des affaires une situation non moindre que dans la science pure. Les satisfactions morales et les joies privées de la famille, au milieu de ses cinq fils et de ses nombreux amis, auraient mis le comble à son bonheur, sans quelques ennuis, nés des discussions relatives au mètre international, et auxquelles son imagination impressionnable attacha peut-être trop d'importance.

Quoi qu'il en soit, je me reprocherais de tracer un tableau incomplet de la vie de H. Sainte-Claire-Deville, si je ne le montrais maintenant, tel que ses contemporains l'ont connu, actif, affairé, sympathique, dans ces réunions du dimanche à l'École normale, où nous ne le verrons plus. Toujours prêt à s'intéresser à ses amis, jeunes et vieux, à leur donner un conseil scientifique et au besoin un coup d'épaule; usant des influences multiples que son caractère et sa position lui avaient acquises pour servir les uns et les autres ; prêt à s'associer à vos plaisirs et à vos peines avec une chaleur de cœur inusitée dans la froideur ordinaire de nos relations modernes, il était devenu le centre de tous les hommes de science. Qui ne se le rappelle assis vis-à-vis de ce large poêle autour duquel nous étions rangés, et racontant quelque gai récit qui nous faisait sourire, ou quelque histoire aimable pour l'un des assistants?

Depuis près d'un an, sa santé s'était affaiblie peu à peu; une affection du cœur dont il avait éprouvé déjà quelques atteintes avait reparu en s'aggravant. Il avait dû interrompre son cours de la Sorbonne au mois de janvier, et n'avait pas tardé à descendre vers le midi de la France, chercher à retarder le déclin de ses forces sous un climat plus doux. Mais il était frappé sans ressources, et il est revenu mourir au milieu de ses amis, en conservant jusque dans son agonie ces préoccupations affectueuses qui avaient tenu tant de place dans sa vie.

ADOLPHE WURTZ

14 mai 1884.

Voici l'une des pertes les plus douloureuses et les plus inattendues pour la science et pour le pays. Il y a douze jours à peine, Wurtz était debout, parlant et agissant, avec ce feu communicatif, cette autorité, cette activité un peu inquiète, que tous se plaisaient à regarder comme le témoignage d'une individualité puissante et d'une vitalité inépuisable. De longs jours semblaient encore promis à sa famille, à ses amis, à ses élèves. Qui eût dit que ce discours ému prononcé par lui sur la tombe de son maître, Dumas, devait être le dernier? Hier, en entrant à la séance ordinaire de l'Académie, nous avons appris avec stupeur que nous ne le reverrions plus : Wurtz venait de s'éteindre, frappé tout à coup par une maladie mystérieuse qui avait tari sourdement les sources de cette robuste existence. Entre les amis et les confrères qui l'aimaient et l'admiraient, nul peut-être n'a la faculté plus spéciale, et par là même le devoir plus étroit, d'apprécier l'œuvre de Wurtz que celui qui écrit ces lignes. Une émulation de trente ans, soutenue par l'amour commun d'une science que nous cultivions parallèlement, émulation qui n'a jamais nui à la courtoisie des relations personnelles, me permet, hélas! de juger toute la grandeur de la carrière parcourue par l'homme que nous venons de voir disparaître, toute l'étendue du vide que sa mort produit dans la science, toute l'amertume de la perte que la France éprouve en ce moment!

Né à Strasbourg, il y a soixante-sept ans, Wurtz a été l'un des plus brillants représentants de cette heureuse alliance entre le génie germanique et le génie français, alliance trois fois féconde que nous avions su réaliser pleinement en Alsace dans le XIX° siècle!

La cruelle séparation accomplie par la guerre de 1870 n'a guère profité jusqu'ici au développement intellectuel de l'Allemagne, et elle menace de faire perdre à jamais les fruits de cette association fraternelle des esprits, consacrée par deux siècles d'union, et qui fut si féconde pour la civilisation générale.

Wurtz réalisait l'alliance morale des deux races, non seulement par sa naissance, mais par son éducation, ses tendances doctrinales, et par ses découvertes mêmes. Élève à la fois de Liebig, qui dirigea ses débuts, et de Dumas, qui l'accueillit dans ce laboratoire où venait de se former Henry Sainte-Claire-Deville, il ne tarda pas à s'engager à son tour dans une voie originale.

Ainsi fut poursuivie et soutenue la tradition nationale de la chimie, si brillamment cultivée en France depuis un siècle. A la génération créatric de Lavoisier ont succédé Berthollet, puis Gay-Lussac et Thénard, puis Chevreul, qui conserve encore parmi nous, après un siècle d'existence, le souvenir de cette grande époque. Laurent et Gerhardt sont morts prématurément; Dumas vient de s'éteindre chargé d'années, Wurtz et Deville ont eu leur jour, qui est le nôtre, et leur grandeur; ils ont été, eux aussi, les chefs de la chimie française. Puisse cette filiation éclatante se poursuivre encore pendant plusieurs générations !

Nul de nos contemporains ne laissera, à cet égard, une trace plus profonde que Wurtz. Deux grandes découvertes, particulièrement, ont illustré son nom et montré l'activité créatrice de son esprit : la découverte des ammoniaques composées et la découverte des glycols.

Les ammoniaques composées ont donné la clef de la constitution de ces alcaloïdes organiques, poisons et remèdes, que les végétaux fabriquent sous nos yeux et que la médecine emploie continuellement. M. Wurtz nous a appris à l'aide de quelles méthodes et en vertu de quelles règles on peut espérer les reproduire.

Les glycols sont le fruit d'une généralisation non moins capitale. Leur formation synthétique et la connaissance de leurs propriétés sont venues se joindre aux découvertes que j'avais faites moi-même sur la glycérine, pour établir la théorie générale des alcools polyatomiques. C'est à cette occasion que s'est élevée entre nous une rivalité féconde, où chacun a développé les ressources variées d'un esprit aussi différent par son point de vue que par son évolution. Des travaux sans nombre sont sortis de ces théories et ont transformé depuis trente ans la chimie organique. M. Wurtz a eu une part de premier ordre dans cette transformation. M. Wurtz réclamait aussi parmi ses titres de gloire l'influence qu'il avait eue sur le développement des doctrines et des notations de la nouvelle théorie atomique.

Sa carrière officielle s'accomplit avec la facilité due à son mérite hors ligne, et avec la régularité qui accompagne ordinairement la carrière des savants. Docteur en médecine en 1843, il succéda dix ans après à son maître, M. Dumas, comme professeur de chimie médicale à la faculté de médecine de Paris; nommé membre de l'Académie de médecine en 1856, il devint doyen de la faculté en 1866. Il y fonda une puissante école de chimie, qui attira autour de lui de nombreux élèves français et étrangers et fit l'éducation de savants nombreux et d'un très grand mérite. Parmi ceux-ci, qui pourrait oublier M. Friedel, lié à son maître par le dévouement d'une affection sans limite?

En 1867, Wurtz devint membre de l'Académie des sciences; en 1875, professeur de chimie organique à la faculté des sciences de Paris. Professeur éloquent, sa parole ardente entraînait les esprits de la jeunesse. Enfin, en 1881, son illustration le fit désigner par le centre gauche au choix du Sénat comme sénateur inamovible.

Sa vie privée fut heureuse et tranquille. Les personnes, aujourd'hui peu nombreuses, qui l'ont vu arriver à Paris, se rappellent encore ce jeune homme vif et actif, plein d'enthousiasme pour la science et partout accueilli. Marié à une femme intelligente et dévouée, entouré, comme un patriarche d'autrefois, par l'essaim de ses nombreux enfants, de ses gendres, de ses neveux et nièces qu'il avait élevés, il est mort comblé de jours et d'honneurs, et sans longues souffrances. Moins âgé que Dumas, dont il parlait hier encore en termes si sympathiques, il a eu une vie aussi remplie, aussi glorieuse pour les siens et pour son pays. C'est là ce qui doit adoucir sa perte pour sa famille, si quelque chose peut atténuer une semblable douleur !

Naguère, nous comptions à Paris cette brillante pléiade des trois écoles de la chimie française : l'École normale, l'École de médecine, le Collège de France ; là se sont formés depuis vingt ans les initiateurs des générations nouvelles, qui se sont partagé la science et l'enseignement. Aujourd'hui, voici deux des maîtres de la chimie disparus, deux des fleurons de la couronne nationale !

La seule consolation de ceux qui survivent, en attendant leur tour, c'est de pouvoir proclamer hautement la gloire de leurs émules et les services qu'ils ont rendus à la patrie et à l'humanité.

L'ENSEIGNEMENT SUPÉRIEUR

ET SON OUTILLAGE [1]

I

C'est une histoire déjà bien vieille et souvent racontée : il y a trente ans, un ministre de l'instruction publique, M. Fortoul, et un préfet de la Seine, M. Haussmann, vinrent en grande solennité inau-

---

1. M. Berthelot avait fait précéder cet article de la lettre suivante, adressée à M. A. Hébrard, directeur politique du *Temps* :

Mon cher ami,

Vous savez combien est misérable l'état matériel de notre enseignement supérieur; je ne parle pas des hommes, dont le mérite n'est surpassé nulle part, mais de l'outillage.

Les peuples voisins ont marché, tandis que nous restions sta-

gurer la construction de la nouvelle Sorbonne. Ils en posèrent la première assise et annoncèrent qu'une ère nouvelle s'ouvrait pour le développement des sciences et des lettres. L'État et la ville de Paris associés allaient fournir les ressources nécessaires pour élever l'enseignement supérieur à un niveau plus élevé que celui des régimes précédents et supérieur à celui des autres peuples.

Ce furent de vaines promesses, un jour sans lendemain. La pierre posée par MM. Fortoul et Haussmann ne fut suivie d'aucune autre ; elle a même disparu,

tionnaires, avec des instruments vieillis et des laboratoires mesquins ou surannés. Depuis quelques années, je ne l'ignore pas, de notables efforts ont été faits dans ce sens ; mais un arriéré de trente ans ne se répare pas en un jour. Un concours énergique des pouvoirs publics est indispensable.

J'avais espéré pouvoir faire inscrire des crédits spéciaux pour cet objet dans le projet de loi relatif à la caisse des écoles, actuellement soumis au Sénat. Il paraît que la chose n'est pas possible. Mais M. Ferry, avec le zèle généreux qu'il porte dans toutes les questions relatives à l'instruction publique, nous a promis de comprendre les besoins de l'enseignement supérieur à côté de ceux des travaux publics — il s'agit de sommes incomparablement moindres — dans les prochaines propositions relatives au budget extraordinaire.

C'est pour lui venir en aide devant l'opinion que j'ai réuni quelques notes, destinées à montrer nos nécessités, qui sont celles de l'intérêt national. Je connais trop la sympathie que *le Temps* porte à ces questions pour ne pas compter sur votre appui.

Votre dévoué,

M. BERTHELOT.

15 mars 1883.

ainsi que les médailles officielles, scellées dans son intérieur, sans qu'on ait pu en retrouver aucune trace.

Les fondateurs de la nouvelle Sorbonne n'avaient pensé qu'à la cérémonie d'inauguration ; ils avaient négligé d'assurer les ressources nécessaires pour accomplir l'œuvre elle-même. M. Fortoul s'était borné à déclarer que, dans l'ère nouvelle, la prospérité de l'enseignement public serait telle et les examens si nombreux, que les produits universitaires suffiraient à la dépense projetée. Est-il besoin de dire qu'il n'en fut rien? L'instruction publique est la semence, mais la récolte se fait ailleurs : dans l'ordre moral, par l'élévation générale du niveau de la civilisation; dans l'ordre matériel, par la multiplication des découvertes industrielles et par l'accroissement de science et d'habileté des ingénieurs et des ouvriers.

Mais on s'obstinait alors, — et ce préjugé n'est pas encore dissipé dans les régions financières où se règle le budget, — on s'obstinait à rechercher vis-à-vis de chaque dépense réclamée par l'instruction publique une recette strictement corrélative. Or, l'unique recette des établissements d'enseignement supérieur consiste dans les inscriptions et les examens, à moins que l'on n'en vende les terrains pour en tirer parti au profit de l'État et des municipalités ;

ce que fit plus d'une fois, prétend-on, l'ancienne administration de la ville de Paris. A ce point de vue étroit, il est même des établissements, tels que le Collège de France et le Muséum d'histoire naturelle, qui ne rapportent rien ; ce sont des objets de luxe. dirait-on volontiers, et cette opinion subsiste peut-être aujourd'hui dans l'esprit de plus d'un membre du Parlement.

Pendant que les nations voisines développaient réellement, et non par de stériles inaugurations, l'outillage de leurs universités, laboratoires et bibliothèques; et tendaient ainsi à prendre la tête de la civilisation et du progrès matériel ; nous autres, nous demeurions stationnaires et nous avions la douleur de voir la France perdre peu à peu son rang : arrêtée dans son développement par l'étroitesse de vues de son gouvernement, si ce n'est par une sourde et secrète hostilité contre l'esprit d'indépendance, inséparable de la forte culture scientifique.

Ce n'étaient pas toujours des refus formels que l'on opposait à nos demandes. Sans en contester le principe, on répondait toujours : « Mais vous ne produisez rien ! vos études sont, il est vrai, l'honneur du pays ; mais en ce moment nous avons des dépenses plus urgentes ; dès qu'il y aura des excédents, on avisera. »

> Rusticus expectat dum defluat amnis; at ille,
> Labitur et labetur in omne volubilis ævum.

En attendant, les travaux publics absorbaient tout. Et nous avons vu jusqu'à la fin de l'Empire la voirie de la ville de Paris dépenser jusqu'aux centimes additionnels destinés par la loi à l'instruction publique. A peine M. Duruy, qui le premier — nous ne l'avons pas oublié — essaya de remonter le courant, put-il obtenir cette maigre obole de l'École des hautes études : jamais ressource ne fut mieux employée ; elle a produit cent pour un. Mais ce n'était pas avec trois cent mille francs que l'on pouvait à la fois suffire aux besoins de chaque jour et reconstituer le matériel de l'enseignement supérieur.

Sans doute, me dira-t-on ; mais les temps sont bien changés. La République a triplé le budget de l'instruction publique ; elle a donné à l'enseignement sous toutes ses formes une impulsion inconnue jusque-là. Elle est en train de consacrer 700 millions à la construction des maisons d'écoles. Les lycées et les collèges s'élèvent de toutes parts. Déjà trente à quarante millions ont été dépensés pour la reconstruction des facultés et une somme égale est engagée dans le même but. Je le sais ; je sais ce que l'on doit à la bonne volonté des pouvoirs publics, Parlement et conseils municipaux, aux efforts des ministres qui se sont succédé, et particulièrement à M. Ferry, qui a marqué une grande étape et donné à l'instruction publique une impulsion que l'on n'avait jamais connue jusque-là.

Je le sais d'autant mieux que mon humble rôle de conseiller m'a permis de voir ces progrès de plus près que personne. C'est en raison de ce rôle que je demande la permission de signaler à l'opinion l'état actuel des choses, les difficultés du présent, les obligations qui s'imposent, si nous voulons conserver notre rang parmi les nations civilisées et reprendre, dans notre organisation matérielle, un niveau que nous avons perdu depuis plus de trente ans et que nous sommes exposés à ne regagner jamais, — les peuples voisins se développant sans cesse autour de nous, — si nous ne faisons promptement un effort exceptionnel pour nous mettre définitivement sur le pied d'égalité. Certes, à partir de ce jour-là, les efforts ne seront pas finis — le combat pour la vie est incessant parmi les peuples, comme parmi les individus; — mais il suffira d'une dépense annuelle relativement modérée pour nous maintenir.

Je parle seulement ici du matériel. N'oublions pas qu'il ne faut pas une moindre attention pour former et rémunérer convenablement un personnel qui maintienne la France au premier rang parmi les

États : sinon, les hommes supérieurs chercheraient des carrières plus lucratives et feraient bientôt défaut ; la démocratie ne saurait sans déchoir méconnaître cette nécessité.

Mais je veux me borner aujourd'hui à la question de l'outillage scientifique.

II

L'instruction supérieure ne vaut pas seulement, même au budget, par le produit des examens, comme un ministre des finances le soutenait encore il y a dix ans à M. Batbie, alors qu'il cherchait et trouvait les ressources pour fonder cette utile institution des bibliothèques universitaires. En réalité, l'instruction rapporte à l'État dans tous les ordres et sous toutes les formes. Les ministres des finances de la République ont l'esprit trop élevé pour ne pas le comprendre tout d'abord.

Divers genres de considérations peuvent être présentés à cet égard. Le sujet est vaste : je demande la permission, non de le développer sous toutes ses faces, ce qui nous conduirait trop loin, mais d'indiquer quelques-unes des vues qui s'y rattachent : au point de vue de la culture générale ; au point de vue du développement même de l'instruction publique dans les autres degrés, secondaire et primaire; enfin, au point de vue de la production matérielle et industrielle du pays.

III

L'importance de l'enseignement supérieur pour la culture générale a toujours été proclamée par les peuples civilisés. Son développement est, pour ainsi dire, la mesure du niveau intellectuel, moral et artistique des nations. C'est la science qui a affranchi l'esprit humain des anciennes servitudes ; ce sont ses découvertes qui ont changé la condition matérielle des peuples et qui ont amené l'ouvrier et le paysan à un degré relatif de prospérité et de bien-être, incomparablement plus haut que celui de l'antiquité et du moyen âge. Mais il ne paraît pas nécessaire de s'étendre là-dessus ; car ces vérités, partout reconnues, constituent le mobile essentiel du grand développement donné aujourd'hui aux universités dans tous les pays qui nous entourent, dans l'Allemagne et l'Angleterre particulièrement, qui ont tenu jusqu'ici avec nous la tête de la civilisation. Aux États-Unis même, sous un régime démocratique par excellence, les fondations privées, faites sur une échelle inconnue parmi nous, comblent chaque jour les lacunes qui ont longtemps existé sous ce rapport.

Sans retracer le tableau de ces efforts qui éclatent partout, je me bornerai à reproduire ici les chiffres des dépenses relatives à l'université de Strasbourg, chiffres plus douloureux que tous autres, mais qui n'en seront que plus significatifs.

UNIVERSITÉ DE STRASBOURG

59 professeurs ordinaires.

19 professeurs extraordinaires, sans compter les *privat-docent*.

DÉPENSES MATÉRIELLES

Bâtiments académiques....................	9.375.000 fr.
Cliniques, instituts anatomique et physiologique......................................	3.375.000
Installation provisoire de l'institut pharmaceutique, etc................................	187.500
Frais de bureau de construction pour la préparation des objets, etc.....................	187.500
Bibliothèque.............................	130.000
	13.245.000 fr.

Donnons encore le chiffre des dépenses matérielles pour l'outillage scientifique inscrit au budget de 1880-1881, en Prusse :

	marks.
Kœnigsberg. — Clinique chirurgicale....	825.000
Berlin. — Cliniques......................	1.833.000
— Clinique obstétricale..........	1.540.000
— Nouveau laboratoire de chimie.	1.033.000
Halle. — Nouveau bâtiment pour l'Institut physiologique	180.000
Gœttingen. — On a déjà dépensé.......	450.000
Pour la bibliothèque, troisième annuité..........	200.000
Marbourg. — Chimie....................	220.000

Ce sont là les principales dépenses de construction pour cette année — plusieurs par annuités.

Je n'insisterai pas davantage sur ce premier point, relatif au rôle fondamental de l'enseignement supérieur dans la prépondérance des peuples civilisés les uns par rapport aux autres.

IV

Il est un second ordre d'idées qui touche d'une façon plus directe aux intérêts de l'instruction générale. En effet, les développements de l'instruction secondaire et ceux de l'instruction primaire sont liés de la façon la plus étroite avec ceux de l'instruction supérieure, sous le double rapport des maîtres et des doctrines.

Nous n'enseignons pas une science immobile et des dogmes invariables, un catéchisme fixé d'une façon définitive. Nous enseignons des sciences progressives et qui se développent continuellement : telle est la matière de l'enseignement dans les écoles de tous les degrés.

Or, c'est dans les facultés, au Collège de France, au Muséum, dans les observatoires, bibliothèques, collections, musées, instituts pratiques et laboratoires de tout genre que les sciences sont cultivées et effectuent leurs progrès. Fermez les laboratoires et les bibliothèques, arrêtez les recherches originales, et nous retournerons à la scolastique. Tant vaut l'instruction supérieure dans un pays, tant valent les autres degrés de l'enseignement ; la chose est si bien comprise, que les pays les plus démocratiques, tels que la Suisse, font de grosses dépenses pour leurs universités de Genève, de Zurich et autres.

Ce n'est pas tout.

Nos facultés ne sont pas seulement des instruments de haute culture ; mais ce sont aussi les instruments mêmes de l'éducation, les séminaires laïques des professeurs de l'enseignement secondaire. Autrefois l'École normale supérieure en était la principale pépinière ; quelques élèves libres venaient s'y joindre. Mais, à cette époque, qui date de dix ans à peine, les facultés étaient regardées comme devant donner des cours d'un caractère purement académique, attirant un public rare ou nombreux, suivant le talent du professeur ; mais sans qu'il en résultât une utilité directe pour l'enseignement secondaire ou primaire.

Depuis cinq à six ans, tout cela a été changé. Grâce à l'institution des boursiers de licence et d'agrégation et des maîtres de conférences, nos facultés sont devenues une nouvelle pépinière, et même la principale, au moins comme quantité, pour la formation des licenciés, agrégés, professeurs de l'instruction secondaire. L'enseignement des facultés répond aux développements nouveaux donnés à l'instruction secondaire et à l'instruction primaire, dont les sujets les plus distingués viennent aujourd'hui alimenter nos auditoires de facultés. Les ressources qui lui ont été attribuées, quoique déjà considérables, ne suffisent cependant pas encore pour fournir un personnel qui alimente complètement les besoins grandissants de l'enseignement secondaire. Il manque près de trois mille licenciés ès lettres et ès sciences aux lycées et aux collèges, sans parler de l'enseignement libre. Mais, pour former ces professeurs réclamés de toutes parts, il est indispensable de fournir aux facultés les ressources matérielles : outillage et bâtiments.

Le tableau suivant montre les principaux de nos besoins, ce qui a été dépensé, ce qui est en cours d'exécution et ce qui reste à faire :

De 1868 à mai 1881, sommes votées par les conseils municipaux..........................	31.146.252 fr.
Subventions des conseils généraux.........	450.000
Subventions de l'État......................	15.161.705
TOTAL...............	46.657.957 fr.

De mai 1881 à mars 1883, sommes votées par les conseils municipaux......................	15.444.823 fr.
Subvention de l'État.......................	15.316.157
TOTAL...............	30.762.980 fr.

Ces derniers chiffres, ainsi qu'une portion des premiers, se rapportent à des travaux en cours d'exécution. Tels sont :

La faculté des sciences de Marseille, 2 180 000 fr., dont les deux tiers doivent être fournis par le conseil municipal, un tiers par l'État ;

L'agrandissement du palais universitaire de Caen, 100 000 fr., fournis par l'État ;

La faculté des sciences de Clermont, 140 000 fr., moitié par la municipalité, moitié par l'État ;

Les facultés des sciences et de médecine de Lille, 500 000 fr.

Je cite pour mémoire les facultés de Lyon, qui ont coûté plusieurs millions à la municipalité ;

Les facultés de Bordeaux dont la dépense n'est guère moindre ;

La Sorbonne, évaluée à 22 millions, dont moitié

fournie par le conseil municipal de Paris, moitié par l'État;

L'École pratique de la faculté de médecine de Paris, 2 821 490 fr., même répartition.

Voici maintenant les dépenses à faire :

Collège de France (construction et outillage).	10.000.000 fr.
École des Chartes.	1.200.000
Mobilier du Muséum. — Laboratoires.	5.000.000
École des langues vivantes.	1.500.000
Facultés de Lyon.	1.200.000
	18.900.000 fr.
Augmentation minimum pour la Sorbonne.	5.000.000
	23.900.000 fr.
Amélioration des Facultés de médecine.	2.000.000 fr.
Faculté de Rennes.	1.000.000
Faculté de Poitiers.	1.500.000
Améliorations dans diverses facultés : Clermont, Besançon, Nancy, etc.	1.500.000
A Rouen, Nantes, en supposant le concours des villes. Amélioration de six écoles de plein exercice ou préparatoires.	5.000.000
Matériel (construction et outillage)	2.000.000
	13.000.000 fr.
Total : matériel (construction et outillage).	36.900.000 fr.[1]

Tel est le chiffre qui nous placera au point voulu,

---

[1]. Diverses dépenses, telles que l'agrandissement de l'École de droit de Paris, ont été omises dans cette évaluation, qui ne comprend pas, d'ailleurs, le concours des villes, corrélatif de celui de l'État, aux dépenses des facultés.

lorsque les constructions et dépenses projetées auront été exécutées. On voit qu'il n'a rien d'excessif.

Remarquons, pour être juste, que l'initiative des ministres, la bonne volonté des pouvoirs publics, enfin la générosité des conseils municipaux de Paris, de Lyon, de Lille, de Marseille, de Bordeaux et de la plupart de nos grandes villes, ont permis de commencer la reconstruction de nos établissements. Mais cette construction menace aujourd'hui d'être arrêtée, à cause du déficit créé par le développement excessif donné à la construction des voies ferrées. Et c'est là ce qui m'oblige à insister pour signaler les lacunes qui existent et qui menacent, si l'on n'avise, de subsister indéfiniment.

Les besoins de l'enseignement supérieur, je le répète, sont en somme limités et hors de proportion avec les milliards réclamés par les travaux publics. Mais il faut faire un effort considérable, quoique de courte durée, pour nous mettre au niveau, si nous ne voulons demeurer définitivement en arrière. Chaque jour perdu nous attarde davantage. Il s'agit pour la France d'un intérêt de premier ordre. La défense nationale a réclamé à juste titre son compte de liquidation. Plus de deux milliards ont été consacrés à la construction de nos forteresses et à la reconstitution de notre matériel de guerre. C'était là une dépense urgente et de nécessité absolue. Mais il n'y a guère moins d'urgence et il faut un effort analogue pour constituer l'instruction publique dans tous ses degrés.

La République l'a bien compris, en principe du moins. Et cet effort se poursuit aussi énergique et prompt que possible dans l'instruction primaire. Mais il n'est pas moins indispensable pour l'instruction supérieure que dans les deux autres degrés; ne fût-ce que parce qu'elle leur fournit leurs maîtres et leur direction. Tant que cet effort n'aura pas été fait, notre instruction supérieure demeurera boiteuse et languissante.

V

Jusqu'ici, j'ai invoqué surtout des considérations d'ordre moral. Je sais que ce sont celles auxquelles le Parlement et le pays attachent le plus haut intérêt. Cependant il paraît utile d'en appeler à un autre ordre d'idées, se rattachant aux intérêts matériels de nos industries et de nos manufactures nationales : cet ordre d'idées frappera sans doute particulièrement les financiers.

C'est en effet des laboratoires de l'enseignement supérieur que sortent aujourd'hui les grandes découvertes qui transforment l'industrie, et c'est là surtout que se fait l'éducation des savants ingénieurs qui la dirigent; là aussi se forment des manipulateurs, des analystes, qui dirigent la production des usines. Les professeurs mêmes des maîtres d'atelier, qui n'appartiennent pas à l'enseignement supérieur et qui dirigent des écoles spéciales, se sont formés dans nos établissements.

L'Allemagne a parfaitement compris ce point de vue. Ce n'est pas par une vaine ostentation que cette nation économe et avisée consacre chaque année des millions à la construction de vastes instituts, laboratoires : elle y voit des sources effectives de profit national, des sortes d'usines intellectuelles, où l'on poursuit à la fois les travaux de découvertes scientifiques et la formation des élèves, qui se consacreront bientôt à l'industrie privée.

La reconstitution de l'outillage scientifique de l'Allemagne sur une vaste échelle ne date guère de plus de vingt ans ; elle se poursuit chaque jour et les fruits matériels et palpables de ces sacrifices n'ont pas tardé à se manifester, à s'accentuer pour le profit de l'Allemagne, et même parfois pour le détriment de la France. Peut-être serait-il facile de montrer l'importance de cet ordre d'idées par l'examen détaillé de nos exportations, qui éprouvent un affaiblissement signalé par les chambres de commerce, et de nos importations de produits manufacturés, qui vont au contraire en croissant.

Sans discuter les causes, complexes d'ailleurs, de ce phénomène économique, je demande la permission de signaler celles de ces causes qui se rattachent au grand développement donnné à l'outillage scientifique de l'enseignement supérieur en Allemagne.

Je citerai en particulier les matières colorantes tirées du goudron de houille, les produits dérivés de l'aniline et de l'anthracène, etc. Leur découverte est le triomphe de la science pure. Elle résulte des grands travaux, purement scientifiques, accomplis depuis quarante ans dans les laboratoires de chimie, sur les carbures pyrogénés, sur les alcalis et sur les composés organiques en général. Les personnes qui ont suivi les progrès de la chimie organique depuis quarante ans savent que la France, par les travaux de ses savants, a concouru, au moins au même degré que les peuples voisins, à l'accomplissement de ces brillantes découvertes. Notre état intellectuel n'est inférieur à celui d'aucun peuple, au point de vue des sommités scientifiques. Mais la France n'en a pas tiré le même profit matériel que ses voisins, parce que nos laboratoires, trop petits et trop mal outillés, n'ont pu fournir aux fabriques et aux ateliers ces nombreux ingénieurs et chimistes qui font la force des usines allemandes.

Nous sommes des généraux sans soldats. Nous soutenons la lutte, comme pourrait le faire un peuple qui aurait conservé l'usage des routes ordinaires contre une nation pourvue de chemins de fer.

Dans cet état de choses, il n'est pas surprenant que l'Allemagne produise aujourd'hui pour 50 à 60 millions de francs de matières colorantes; tandis que la production annuelle de la France est tombée à 5 ou 6 millions. L'indifférence avec laquelle nos producteurs de garance ont regardé pendant longtemps les progrès de la chimie moderne et l'organisation des laboratoires de l'Allemagne est aujourd'hui frappée de la façon la plus cruelle par la ruine de l'une de nos industries les plus fructueuses! Je ne veux pas insister davantage sur ce point douloureux.

J'insiste seulement sur la question générale. Il n'est pas possible de méconnaître le rôle économique de la science pour quiconque a suivi les progrès de la métallurgie, les méthodes nouvelles de la fabrication de l'acier, qui ont transformé l'industrie des chemins de fer; les travaux de mécanique théorique et pratique, qui président à l'emploi des machines à vapeur; les progrès incessants apportés à l'art de la guerre par la chimie et par la mécanique; et ces merveilleuses applications de l'électricité que nous voyons chaque jour. Tous ces progrès ne sont pas les fruits d'un empirisme aveugle, appuyé sur la lente expérience des siècles ; ils résultent du développement subit et inattendu des connaissances scientifiques et de la théorie pure. Chaque peuple s'efforce aujourd'hui d'être au premier rang sous ce rapport.

Ce n'est pas seulement une question d'honneur et d'amour-propre national, — je suis loin d'y être insensible, — mais c'est là une question de lutte incessante, sur le terrain économique, entre les nations civilisées. A ce point de vue technique, l'outillage scientifique est d'une importance capitale ; la nation qui cesserait de former des ingénieurs et des artisans, initiés aux résultats de la culture scientifique la plus haute et la plus exacte, ne tarderait pas à être débordée et vaincue par les nations voisines. C'est notre force productrice qui menace d'être atteinte et bientôt tarie dans ses sources fondamentales.

Il faut nous décider sans retard à y pourvoir et agir avec la même énergie que nous avons mise à reconstituer notre outillage de défense nationale. Nous sommes arrivés sous ce rapport à un moment critique, et c'est ce qui m'a décidé à prendre la plume. En effet, les travaux publics ont été entrepris sur une échelle immense et peut-être avec une précipitation que je n'ai pas à discuter ici. Aujourd'hui, toutes nos ressources vont être absorbées pour longtemps, et, comme il y a vingt ans, on nous répond déjà : « Plus tard ; quand il y aura des excédents. Or, il faut empêcher à tout prix que le travail de reconstitution de notre matériel scientifique, entrepris depuis cinq ans à peine sur une large échelle, soit arrêté par des délais indéfinis qui risquent de devenir excessifs et ruineux pour le bien général de la France.

Certes, je ne prétends pas qu'il faille arrêter la co struction des chemins de fer, des ports et des canaux. Mais, entre tous les besoins, il convient d'établir une balance et une répartition légitime ; il convient surtout de ne pas oublier que tout industriel qui conserve un outillage de production insuffisant ou vieilli, et qui ne le maintient pas au même niveau que son compétiteur, ne tarde pas à être ruiné. Il en est de même des peuples, au point de vue intellectuel et moral, aussi bien qu'au point de vue matériel.

LA CAISSE DES ÉCOLES

ET L'ENSEIGNEMENT SUPÉRIEUR

LETTRE A M. A. HÉBRARD, DIRECTEUR DU TEMPS.

3 février 1885.

Mon cher ami,

J'apprends que la commission du budget, chargée d'examiner le nouveau projet présenté par le gouvernement pour la caisse des écoles, propose d'en supprimer l'enseignement supérieur.

Sommes-nous donc condamnés à une infériorité sans remède dans la haute culture de l'esprit? Sommes-nous destinés à manquer à jamais, sinon d'hommes, — ils ne font certes pas défaut, — au moins d'outils, dans le haut enseignement? Notre jeune démocratie est-elle jalouse de rester dans une infériorité intellectuelle définitive vis-à-vis des empires et des monarchies qui nous entourent? Veut-elle rompre sans retour avec la tradition intellectuelle, scientifique et artistique de la France?

La question est aujourd'hui posée et va être résolue pour de longues années. On s'obstine à ignorer, de parti pris, que l'enseignement primaire et l'enseignement secondaire tirent leur substance et leurs méthodes de l'enseignement supérieur. On s'obstine à ignorer que la production industrielle et agricole d'un pays dépend de la façon la plus directe des découvertes scientifiques qui se font dans les laboratoires de ses hautes écoles et de ses facultés. L'exemple de la puissance chaque jour croissante de l'Allemagne, dans l'ordre matériel aussi bien que dans l'ordre industriel, n'a-t-il pas ouvert nos yeux? L'enquête si laborieuse, à laquelle la Chambre vient de se livrer sur la crise que nous traversons, n'a-t-elle pas montré que les causes en tiennent à notre défaut d'éducation scientifique, autant qu'à des raisons économiques? J'aurais bien long à vous dire sur cette matière, navré que je suis par tant d'imprévoyance et d'aveuglement sur les conditions qui règlent la grandeur des peuples et le développement de la civilisation. Mais le temps presse, le danger est imminent; un nouvel effort va être tenté, et je dois me borner aujourd'hui à jeter ce cri d'alarme et à réclamer votre aide dans cette œuvre patriotique.

———

A la suite de cette lettre, la commission, sous l'impulsion des honorables députés, MM. J. Roche et A. Dubost, revint sur ses premières décisions; elle fit à la Chambre des propositions vraiment libérales, et lui demanda d'affecter 49 millions à la construction des laboratoires et des bâtiments de l'enseignement supérieur. Ces propositions furent acceptées par le Parlement et elles sont aujourd'hui en cours d'exécution.

LES CONFÉRENCES

DE LA FACULTÉ DES SCIENCES DE PARIS EN 1881[1]

9 mai 1881.

J'ai visité, à plusieurs reprises, les conférences et manipulations organisées près la faculté des sciences de Paris, dans le but de préparer les élèves aux licences ès sciences mathématiques, physiques et naturelles, ainsi qu'à l'agrégation. Voici quelques observations relatives à la marche des études pendant le premier semestre (1880-1881).

La nouvelle institution a traversé, comme il arrive toujours, divers tâtonnements, attribuables, en partie, à la nouveauté de l'enseignement, et, plus encore, à l'insuffisance des locaux. Ce que je dois

1. Extrait d'un rapport au ministre de l'instruction publique.

reconnaître et déclarer hautement, dès le début, c'est l'extrême bonne volonté des maîtres de conférences, qui ont eu à lutter sans relâche contre les difficultés résultant de l'absence ou de l'étroitesse des salles de conférences et des laboratoires; je signalerai également le zèle des professeurs qui consacrent à ces travaux nouveaux un grand nombre d'heures, en dehors de leurs cours réglementaires. MM. Desains, Hébert, Lacaze-Duthiers, Duchartre, Troost témoignent à cet égard d'un dévouement tout particulier; enfin, j'ai remarqué avec une vive satisfaction l'assiduité, le travail sérieux et continu des boursiers et des élèves ordinaires admis aux conférences. Cette institution produit à la faculté des sciences de Paris les fruits les plus utiles, au delà même des prévisions que l'on avait pu former. S'il y a quelques critiques à faire, comme il arrive inévitablement, elles portent sur l'excès de zèle des maîtres, sur la part peut-être insuffisante laissée à l'initiative des élèves et sur le détail excessif des exigences des examinateurs. J'y reviendrai, mais auparavant je dois signaler l'extrême insuffisance des locaux.

L'administration s'efforce, depuis le commencement de l'année, de parer à cette insuffisance par la construction de vastes baraquements, qui couvrent aujourd'hui une portion des terrains réservés à la construction de la future Sorbonne. Mais cet expédient, indispensable en ce moment, ne saurait être regardé comme une solution durable du problème de l'enseignement pratique de nos élèves. Comparé à la vaste organisation des laboratoires de l'Allemagne et des grands États civilisés, il nous mettrait dans une infériorité permanente et honteuse. Je ne saurais trop insister sur ce point.

Je vais rappeler d'abord la liste des maîtres de conférences, le nombre des élèves proprement dits, les précautions prises pour assurer l'assiduité des élèves et les résultats effectifs constatés, tant au début du premier semestre (décembre 1880) qu'à la fin du même semestre et au commencement du deuxième (avril 1881).

I. — LES MAITRES DE CONFÉRENCES

Les maîtres de conférences sont au nombre de onze, savoir :

1° Deux maîtres pour les sciences mathématiques : MM. Lemonnier et Gourzat; ils font chacun deux conférences par semaine, l'un sur le calcul intégral, l'autre sur la mécanique. La préparation à la licence ès sciences mathématiques, qui ne comporte pas d'exercices pratiques et de manipulations, se trouve ainsi assurée. Cependant, le jour où l'astronomie viendrait à prendre dans les examens une part effective, correspondant à celle qu'elle occupe dans les programmes d'examens, il serait nécessaire d'instituer une troisième série de conférences, avec exercices pratiques correspondants ; mais l'utilité de cet ordre d'études n'a pas encore paru assez manifeste dans l'examen de licence pour rendre indispensable un semblable complément. Actuellement, il y a donc deux maîtres et quatre conférences par semaine.

2° Six maîtres pour les sciences physiques, savoir :
MM. Mouton et Lippmann pour la physique ;
Joly, Salet et Riban pour la chimie ;
Jannettaz pour la minéralogie.

Le service est ainsi assuré dans des conditions excellentes, quant au mérite et à l'assiduité des maîtres ; l'empressement des élèves y a répondu, comme je le constaterai plus loin. Mais ce qui a fait défaut jusqu'ici, spécialement pour la chimie, ce sont les locaux. Les baraques actuellement en construction permettront de combler cette lacune, au moins provisoirement, dès la rentrée prochaine ; les fruits que l'on peut attendre de la bonne volonté des maîtres seront ainsi plus complètement obtenus.

J'observe aussi que les conférences de MM. Joly

et Salet ont été jusqu'ici plus spécialement théoriques. M. Mouton, continuellement soutenu et dirigé par le professeur, M. Desains, qui suit les travaux avec un zèle extrême, donne jusqu'à quatre conférences et exercices pratiques par semaine.

Actuellement, il y a donc pour la licence ès sciences physiques, six maîtres et quatorze conférences par semaine : ces chiffres n'ont rien d'exagéré, en raison de la grande affluence des élèves.

3° Trois maîtres pour les sciences naturelles : MM. Chatin, Joliet, Velain; ils sont chargés de faire, les uns, deux conférences, l'autre, trois conférences par semaine sur la zoologie et la géologie, conférences en partie théoriques, en partie pratiques. Un maître de conférences, réclamé par la botanique, n'a pu être institué. Cependant, des leçons et exercices, qui ne figurent pas sur le programme officiel, ont été donnés, sous la direction du professeur, M. Duchartre, par M. Flahaut, tout récemment chargé d'un cours à la faculté des sciences de Montpellier.

En somme, pour la licence ès sciences naturelles, il y a trois maîtres de conférence et sept conférences par semaine.

Ainsi, le service des trois licences ès sciences a comporté, pendant le premier semestre 1880-1881, douze professeurs et onze maîtres de conférences, faisant par semaine vingt-quatre leçons et vingt-cinq conférences. On ne parle pas des excursions botaniques et géologiques, qui ont lieu spécialement dans le second semestre.

Le caractère général de ces divers travaux est le suivant :

Les cours des professeurs sont publics et ouverts à tous ; ils sont accompagnés, dans le cas des sciences physiques et naturelles, par des expériences et démonstrations préparées à l'avance dans les laboratoires ;

Les conférences sont réservées aux élèves inscrits : elles consistent, d'une part, en leçons proprement dites et explications orales, accompagnées de démonstrations expérimentales faites par les maîtres de conférences ;

D'autre part, en manipulations et exercices pratiques, dirigés à la fois par les professeurs et par les maîtres de conférences ;

Enfin, en exercices oraux et écrits des élèves, faits sous la direction des maîtres de conférences, spécialement pour les mathématiques.

La préparation à l'agrégation ès sciences a été également organisée pendant le cours du premier semestre.

M. Lemonnier fait tous les jeudis une conférence pour les mathématiques.

MM. Duter et Joly donnent une conférence de chimie.

Cette préparation consiste spécialement en exercices oraux faits par les candidats, exercices complétés, quant à l'instruction générale, par les conférences de licence.

II. — DES BOURSIERS

L'institution des boursiers est l'une des plus fructueuses créations dues aux pouvoirs publics, au double point de vue de la culture des sciences et du recrutement de l'enseignement secondaire : elle fonctionne très bien, sous la surveillance attentive de la faculté. Je me suis assuré que des feuilles spéciales et nominatives étaient signées à l'entrée de chaque conférence par les boursiers. Leur petit nombre, et la connaissance effective de leurs personnes par les agents de la faculté, rendent cette surveillance effective. J'ai fait moi-même des appels, afin de vérifier la présence des boursiers aux conférences. Bref, cette institution est tout à fait sérieuse ; elle mérite les éloges de toute façon.

Cette année, il y a :

14 boursiers pour la licence ès sciences mathématiques :
13 — pour la lience ès sciences physiques ;
7 — pour la lience ès sciences naturelles.
En outre, 3 boursiers d'agrégation pour les mathématiques ;
1 — pour la physique.

Ces boursiers forment un noyau solide et laborieux pour les conférences ; mais ils ne représentent que le plus petit nombre des assistants, un grand nombre d'élèves studieux étant venus du dehors se grouper autour des nouveaux enseignements.

III. — DES ÉLÈVES PROPREMENT DITS

Voici le chiffre des élèves inscrits au 8 décembre 1880, c'est-à-dire au début des conférences du premier semestre ;

Et celui des élèves inscrits au 30 avril 1881, c'est-à-dire au début du second semestre.

J'entends par là le nombre des élèves inscrits pour chaque conférence (nombre comportant nécessairement des doubles emplois, puisqu'il y a plusieurs conférences pour chaque licence).

Enfin, je mettrai en regard de ce dernier chiffre le nombre moyen des auditeurs réels des conférences, constaté pendant le premier semestre, nombre nécessairement inférieur à celui des inscrits ; la comparaison des deux chiffres permet de juger de l'assiduité effective.

ÉLÈVES INSCRITS AU 8 DÉCEMBRE 1880

Licence ès sciences mathématiques..	Analyse............	43	dont 5 boursiers, 2º année.
	Mécanique.........	43	— 6 — 1ʳᵉ —
Licence ès sciences physiques........	Mouton-Desains....	88	
	Lippmann..........	47	dont 3 licenciés ès sciences mathématiques.
Chimie	Joly	56	
	Salet	28	3 boursiers 2ᵉ année.
Manipulation.......	Riban.............	67	3 — 1ʳᵉ
Minéralogie........	Jannettaz.........	90	
Licence ès sciences naturelles, Zoologie.	Milne-Edwards....	41	
	Chatin............	19	dont 2 boursiers, 2ᵉ année.
	Lacaze-Duthiers ...	30	— 4 — 1ʳᵉ —
Géologie...........	Hébert............	53	
Botanique..........	Duchartre.........	30	

ÉLÈVES INSCRITS AU 30 AVRIL 1881

Le nombre total des élèves inscrits pour les trois licences s'élève à 354, savoir :

Sciences mathématiques.   58
Sciences physiques..... 178
Sciences naturelles...... 118

Voici les chiffres des élèves inscrits pour chaque conférence et le nombre moyen des élèves réellement présents :

FACULTÉ DES SCIENCES DE PARIS.

Inscription générale.		Inscription spéciale.		Assiduité réelle.
Licence ès sciences mathématiques..	58	Analyse.;...... 35		33
		Mécanique...... 45		29
Licence ès sciences physiques ...... (13 boursiers).	178	Physique. { Mouton-Desains.	92	2 sér. de 40 chac.
		Lippmann	48	92
		Chimie... { Joly............	62	63
		Riban...........	73	56
		Salet (malade).		
		Minéralogie................	93	64
Licence ès sciences naturelles...... (7 boursiers).	118	Zoologie. { Chatin...........	24	20
		Joliet...........	43	18
		Géologie...................	58	64
		Botanique		30

Le nombre des assistants surpasse, dans certains cas, celui des inscrits pour la licence, parce qu'il comprend, par exception, quelques élèves non inscrits.

Ces résultats doivent être regardés comme très satisfaisants, le nombre des élèves qui suivent réellement les conférences étant voisin du nombre des élèves qui y sont spécialement inscrits. J'ai pu d'ailleurs m'assurer, *de visu*, que cette assiduité est réelle : les élèves sont sérieux et attentifs.

Leur travail sera plus fructueux encore, lorsque les baraquements en construction seront terminés et mis à la disposition des professeurs et maîtres de conférences.

. . . .

Tels sont les résultats généraux et particuliers de mon inspection des conférences de la faculté des sciences de Paris. Ils témoignent du zèle des professeurs et des maîtres de conférences; ils montrent surtout que les élèves ont répondu à l'appel qui leur avait été fait, avec un empressement prévu par tous ceux qui suivent le mouvement des esprits dans la jeunesse française.

Une nouvelle et vaste pépinière pour l'enseignement secondaire et pour l'enseignement supérieur a été ainsi formée. Des ressources précieuses ont été mises à la disposition de ceux qui veulent concourir aux progrès de la science.

En somme, les nouvelles institutions répondent aux espérances qu'elles avaient excitées et aux sacrifices que les pouvoirs publics ont faits pour les établir. Toutefois, pour que ce zèle se soutienne, pour que les efforts des professeurs et des élèves donnent tous leurs fruits, il importe que les laboratoires promis soient construits et pourvus dans le plus bref délai. Autrement nous serions exposés à voir ce zèle se ralentir et l'insuffisance des moyens provoquer le découragement. Mais on connaît assez le dévouement des pouvoirs publics à l'instruction publique et à la science pour être certain que nos laboratoires ne tarderont pas à être mis au même niveau que ceux des universités étrangères ; niveau que le zèle de nos professeurs, de nos maîtres de conférences et de nos élèves a déjà su atteindre et parfois surpasser dans l'ordre des études théoriques, malgré l'état parfois misérable de notre organisation matérielle.

LES CONFÉRENCES DE LA FACULTÉ

DES SCIENCES DE PARIS EN 1882

Mai 1882.

L'institution des conférences a fonctionné régulièrement et avec un grand succès en 1882, grâce au zèle des professeurs et à l'empressement toujours croissant des élèves. C'est une véritable École normale supérieure libre, qui fait à l'École normale proprement dite une concurrence très vive, également profitable aux deux institutions. Elle tend à relever le niveau des études et elle empêche la maison de la rue d'Ulm de s'endormir dans la jouissance d'un privilège dont elle s'est d'ailleurs montrée digne jusqu'à présent. Mais les développements incessants donnés à l'instruction publique, dans tous ses degrés, obligent à élargir les cadres et excitent entre les étudiants, comme entre les professeurs, une émulation féconde pour la science et pour l'enseignement.

Peut-être même y aurait-il lieu d'étendre cette fructueuse rivalité au delà des limites universitaires. La création des bourses du Muséum a été un premier pas dans cette voie, et il serait utile de tracer dès à présent quelques lignes d'ensemble, afin de permettre à cette création de fournir ses fruits complets, en la généralisant, en l'étendant à tous les établissement d'enseignement supérieur, et en donnant aux professeurs chargés de diriger les nouveaux boursiers le moyen de participer d'une manière efficace, non seulement à leur instruction, mais encore aux examens qu'ils subissent : je veux parler des examens de licence, lesquels forment le contrôle nécessaire du travail des élèves et des maîtres. Ceci pourrait être accordé, sans sortir des règlements, à ceux des professeurs qui sont pourvus du titre de docteur et qui en feraient la demande. On soulagerait ainsi les professeurs de la faculté des sciences, et on trouverait en même temps par là le procédé le plus certain pour prévenir ces directions trop étroites et trop systématiques qui ont été parfois, à tort ou à raison, reprochées à l'enseignement de la Sorbonne.

J'ai également visité les baraquements construits l'année dernière pour fournir aux maîtres de conférences les amphithéâtres et les laboratoires indispensables : expédient fort insuffisant sans doute et qui ne saurait être que momentané, mais dont la nécessité s'impose, tant que les grandes constructions, votées en principe par les Chambres, n'auront pas été exécutées. Leur érection demandera d'ailleurs bien des années. Elle devra être complétée par la reconstruction du Collège de France et elle ne pourra profiter qu'à des générations d'élèves encore éloignées de nous par leur âge. En attendant, il faut pourvoir aux nécessités présentes, au jour le jour; c'est à ce point de vue que je me suis placé dans mes visites.

I. — MAITRES DE CONFÉRENCES

Les maîtres de conférences sont, comme l'an dernier, au nombre de onze, les mêmes pour la plupart.

Peut-être n'est-il pas déplacé de regretter cette permanence absolue des maîtres de conférences. En principe, la place de maître de conférences devrait être transitoire, comme représentant une étape nécessaire entre la situation d'élève et celle de professeur dans l'enseignement supérieur. Un jeune homme de mérite, dès qu'il aurait fait ses premières preuves par les travaux originaux qui conduisent au grade de docteur, pourrait devenir maître de conférences ; et, s'il donnait les garanties de travail et de capacité, il serait alors élevé au titre de professeur de Faculté. C'est précisément ce qui s'est passé jusqu'ici pour les maîtres de conférences de mathématiques, et peut-être est-il regrettable que la même règle ne se soit pas établie pour les autres ordres.

La jeunesse du maître de conférences répond mieux d'ailleurs à celle des élèves ; elle trouve son contrepoids dans la maturité des professeurs titulaires, et elle est éminemment propre à communiquer aux jeunes gens l'ardeur et l'élan, le feu sacré, comme on disait autrefois. Au contraire, l'homme qui vieillit dans une situation secondaire, quel qu'ait été son mérite à l'origine, perd de plus en plus ces premières qualités d'initiative et de sympathie.

Toutes les conférences d'ailleurs sont faites avec un très grand zèle, peut-être même avec trop de zèle, s'il est permis de le dire. Sous ce rapport, on pourrait se plaindre de la direction un peu exclusive donnée aujourd'hui aux examens de la licence ès sciences naturelles à la Faculté des sciences de Paris. Les professeurs, entraînés par une ardeur excellente en principe, ne se sont-ils pas exposés à dépasser le le but? Ils réclament des aspirants à la licence, — non seulement les connaissances générales, indispensables pour leur permettre soit d'enseigner dans les lycées, soit de pousser eux-mêmes la science plus avant, — mais les connaissances techniques, dont le détail indéfini relève plutôt des savants spéciaux. Il en résulte que la préparation de cette licence exige jusqu'à trois années, deux au moins, indépendamment des années consacrées à la licence ès sciences physiques. Un si long stage ne fournit cependant aucune garantie exceptionnelle d'intelligence, ou d'aptitude à l'enseignement des sciences naturelles, ou de capacité pour les recherches scientifiques. Mais un tel état de choses écarte et rebute beaucoup de jeunes gens qui auraient formé d'excellents professeurs de lycée; il écarte également les licenciés ès sciences physiques, qui auraient pû être tentés de donner à leurs études une direction mixte, mais qui ne sauraient y consacrer les quatre ou cinq années rendues obligatoires par le système actuellement suivi dans les examens de la licence ès sciences naturelles. Nul ne reconnaît plus que moi la haute importance des sciences naturelles dans l'enseignement à tous les degrés, et je crois en avoir donné des preuves par l'insistance que j'ai mise récemment à faire rendre à cet ordre de connaissances la part qui leur est due dans les programmes de l'enseignement secondaire. Mais il est toujours à craindre que les professeurs de chaque science particulière, pénétrés de l'importance de leur spécialité, n'en exagèrent le rôle dans les examens.

Si ces prétentions devenaient communes à tous les examinateurs, il en résulterait pour les élèves des difficultés excessives et l'obligation d'acquérir une multitude de connaissances détaillées, quoique peu utiles au fond pour la culture de l'esprit. Un tel état de choses va contre le but même que les examinateurs se sont proposé ; car il diminue le nombre des aspirants et contrarie les vocations.

Deux remèdes différents pourraient être apportés à un semblable excès. L'un d'eux consisterait à remanier les programmes, en les simplifiant, et à engager par des circulaires les professeurs à plus de modération. Mais il est à craindre qu'on ne se heurte ici à des habitudes prises, peut-être même à des préjugés absolus de spécialistes. L'autre remède consisterait dans le système des équivalences facultatives, système que j'ai déjà eu occasion de développer dans les commissions du Conseil supérieur de l'instruction publique. D'après ce système, l'examen consisterait en deux ordres d'épreuves : les unes générales et soigneusement restreintes; les autres portant sur une spécialité au choix du candidat, et où il pourrait faire la preuve de connaissances approfondies, sans que celles-ci dussent avoir un caractère encyclopédique. L'admission aux examens de licence des professeurs de l'enseignement supérieur du Muséum et du Collège de France, pourvus du titre de docteur ès sciences, serait aussi une bonne mesure sous ce rapport.

Quoi qu'il en soit, le service des maîtres de conférences se résume ainsi :

Onze maîtres en titre, seize professeurs en réalité, y concourent. Ils donnent vingt-huit conférences par semaine, tant pour les licences que pour les agrégations. Il y a, en outre, un certain nombre de manipulations et travaux pratiques pour la physique, la chimie et l'histoire naturelle.

Je rappellerai que les professeurs titulaires de la Faculté des sciences ont donné, de leur côté, vingt-quatre leçons par semaine; ces dernières publiques et ouvertes à tous, tandis que les conférences n'admettent que les élèves inscrits.

. . . .

II. — BATIMENTS ET LOCAUX

C'est là la grande lacune et la grande infériorité de notre organisation actuelle, et il est à craindre qu'il ne faille bien des années encore avant que la reconstruction de la nouvelle Sorbonne nous permette de mettre l'enseignement au niveau réclamé par l'état actuel des sciences, lequel est atteint d'ores et déjà en Allemagne et dans d'autres États de l'Europe. En attendant, on travaille dans les vieilles maisons de la rue Saint-Jacques, accommodées d'une façon telle quelle, et dans les nouveaux baraquements construits l'an dernier sur les terrains destinés à la construction définitive : baraquements qui devront disparaître d'ici quelques années. Dans leur état présent, ils constituent après tout une grande amélioration et ils ont permis de porter un remède, au moins provisoire, à nos misères. J'ai visité avec soin ces baraquements; ils offrent l'avantage d'être bien éclairés, bien aérés, et de ne pas être étouffés dans ces constructions massives, où les architectes ont trop souvent entassé les pierres de taille comme s'il s'agissait d'élever des forteresses. Gardons-nous surtout de ravir aux laboratoires et aux salles de collections l'air et la lumière. Évitons, par exemple, ces vastes portiques, destinés en apparence à la circulation des élèves, qui ne devraient jamais avoir le loisir d'y séjourner et d'y perdre leur temps; portiques derrière lesquels on rejetait autrefois, au grand détriment de ces mêmes élèves, les objets et les instruments de l'enseignement lui-même, c'est-à-dire le but définitif et réel de leur circulation et de leur présence dans les établissements. Espérons que ces désastreuses pratiques, plus funestes que partout ailleurs dans une ville comme Paris, où l'espace est si étroitement mesuré, seront évitées dans la nouvelle Sorbonne.

Les baraquements destinés aux sciences sont compris entre la rue Saint-Jacques, la rue des Écoles et la rue de la Sorbonne. Ils comprennent quatre parties principales, savoir :

1° *Salles de mathématiques.* Une grande salle d'études, a ec tables, chaises, bibliothèque de livres courants, pouvant contenir quarante-six élèves; salle d'attente du professeur et petite salle d'entrée.

2° *Salle de géologie.* Salle d'études et de collection très bien organisée. Soixante-cinq élèves distribués en trois séries viennent y travailler à tour de rôle. M. Velain, qui dirige ces exercices de conférences, a pris le soin de faire autographier, ou plutôt, d'autographier lui-même, avec le concours d'un garçon de laboratoire, ses conférences: excellent usage, pourvu qu'il ne dégénère pas en rédactions systématiques qui absorberaient tout le temps de M. Velain, l'un de nos savants les plus distingués. Il a son cabinet de travail personnel à côté, ce qui est très profitable pour les élèves.

L'amphithéâtre lui est commun avec les mathématiciens, et avec M. Chatin.

3° *Salle de botanique*, avec tables, chaises, etc.; elle n'entrera en activité qu'à partir du 16 mars. Elle est bien éclairée et bien disposée pour les travaux microscopiques. Le cabinet du professeur est à côté.

4° *Salle de chimie*. Amphithéâtre pour une centaine d'élèves, avec très petit laboratoire annexe et cabinet. M. Joly y donne des conférences de licence et d'agrégation, avec un soin exemplaire.

En dehors et à côté, se trouve un laboratoire de travaux pratiques, construit pour les élèves qui travaillent sous la direction de M. Riban. J'y ai vu de nombreux élèves, parmi lesquels quelques jeunes gens d'un véritable avenir scientifique.

M. Troost, professeur, s'est installé récemment dans une salle basse, donnant rue Saint-Jacques.

M. Debray, professeur, n'a qu'un misérable et vieux cabinet pour la préparation de son cours. Mais on promet de lui construire un laboratoire sur les terrains vacants (toujours un baraquement), et la même promesse est faite à M. Friedel, professeur de minéralogie.

Ces savants professeurs, connus dans l'Europe entière, auront alors, sinon des laboratoires dignes d'eux, du moins des asiles pour poursuivre leurs recherches, préparer leurs cours et former des élèves, en attendant le jour lointain des constructions définitives, destinées à eux ou à leurs successeurs.

LES CONFÉRENCES DE LA FACULTE

DES SCIENCES DE PARIS EN 1883

Mai 1883.

Les conférences de la Faculté des sciences ont été données cette année, comme la précédente, avec un zèle, qui ne se ralentit pas de la part des professeurs, et avec une assiduité croissante de jour en jour de la part des élèves. Le nombre de ces derniers, déjà considérable, s'est encore accru, jusqu'à doubler même dans certaines conférences, telles que celles de physique et de chimie. Les boursiers forment un noyau régulier et obligatoire, autour duquel viennent se grouper des élèves libres beaucoup plus nombreux, empressés à profiter des leçons des maîtres et des instruments de travail pratique mis à leur disposition.

Le nombre des élèves est même devenu si grand, que les conférences tendent à changer de caractère et à se transformer en leçons proprement dites. Comment pourrait-il en être autrement, lorsqu'un maître est chargé de diriger quarante, cinquante et soixante élèves, sinon davantage : ce qui est le cas de la plupart de nos maîtres, dans l'état actuel de ce mode d'enseignement? C'est là une circonstance fâcheuse, il faut le dire en passant ; car elle restreint l'efficacité des conférences, surtout utiles lorsqu'elles s'appliquent à un petit nombre de jeunes gens, sur chacun desquels le maître peut exercer une influence personnelle.

Mais cet inconvénient, né de l'excès du bien en quelque sorte, ne saurait trouver un terme que si les pouvoirs publics, frappés de l'utilité des conférences pour le recrutement de l'enseignement secondaire, aussi bien que pour le développement de la science, se décident à fournir les ressources indispensables. Il faudrait, dès à présent, dédoubler un certain nombre de conférences et augmenter à la fois le personnel dirigeant, l'étendue des salles de travaux pratiques, ainsi que les subventions nécessaires à leur entretien.

Au point de vue des bâtiments, je ne reviendrai pas sur les renseignements donnés dans mon rapport de l'année dernière. L'état matériel, en effet, n'a guère changé depuis cette époque. Nous attendons toujours la reconstruction de l'antique Sorbonne. Les Chambres et le Conseil municipal ont accordé les millions nécessaires; un concours a fourni des plans savants et brillants, surtout au point de vue artistique. Il nous a désigné l'architecte destiné à accomplir cette grande œuvre : M. Nenot, dont le talent hors ligne saura se prêter sans doute aux conditions multiples et parfois presque contradictoires que réclame la nouvelle installation. Les plans nouveaux sont donc à l'étude, et, si les surfaces convenables sont mises à la disposition de la Faculté, nous pourrons espérer sortir enfin, nous ou nos successeurs, de la trop grande infériorité matérielle où nous avait maintenus jusqu'à ce jour l'infériorité de notre outillage scientifique.

En attendant, nous continuerons pendant bien des années à vivre dans ces baraquements, qui ont été un premier soulagement à nos misères, et qui ont permis l'installation des travaux pratiques des conférences. Les baraquements que j'ai visités l'an dernier comprenaient : une salle de mathématiques, une salle de géologie, une salle de botanique, une salle de chimie, et un laboratoire de travaux pratiques. L'ameublement de ces diverses salles et laboratoire s'est complété. Le laboratoire de M. Riban en particulier, avec ses nombreux élèves, a été étendu et doublé, et les nouvelles pièces dont il s'est enrichi renferment le mobilier varié et bien ordonné nécessaire aux élèves. La sage direction du professeur, M. Troost, et du directeur, M. Riban, se fait sentir à première vue dans cette organisation.

Le laboratoire de M. Debray est dressé, clos et couvert ; mais il attend encore ses ameublements et ses aménagements intérieurs.

Le laboratoire de M. Friedel, bâti sur une surface convenable, est moins avancé. Je ne puis que signaler cet état d'imperfection des nouvelles constructions, ne pouvant les apprécier avant leur complet achèvement.

LES BOURSIERS

DE L'ENSEIGNEMENT SUPÉRIEUR

Novembre 1885.

L'institution des boursiers de l'enseignement supérieur auprès des Facultés des lettres, des sciences et de médecine, a été l'une des créations les plus démocratiques et les plus fructueuses pour l'enseignement public qui aient été faites dans ces huit dernières années. Elle a profité largement à l'instruction secondaire, auquel elle a concouru à fournir les maîtres qui lui manquaient, — plus de trois mille licenciés à l'origine, — aussi bien qu'à l'enseignement des Facultés. Cependant, comme toute institution nouvelle, elle présente quelques imperfections ; elle n'a pas encore trouvé exactement les conditions de son équilibre entre les deux ordres d'enseignement, supérieur et secondaire, et elle a donné lieu à diverses critiques. Peut-être n'est-il pas inutile de rechercher jusqu'à quel point ces critiques sont fondées, afin d'en tirer parti pour perfectionner l'institution elle-même. Rappelons d'abord l'objet de cette fondation et les services qu'elle rend chaque jour à l'État et aux divers ordres d'enseignement, services que l'on est parfois enclin à oublier.

Les bourses d'enseignement supérieur ont pour destination de fournir aux jeunes gens capables les moyens de compléter leurs études et d'acquérir les grades de licencié et d'agrégé, ou équivalents, sans imposer à leur famille ou à eux-mêmes des sacrifices excessifs. C'est en effet un sacrifice considérable que de poursuivre pendant plusieurs années, sans salaire ni profit d'aucun genre, des études scientifiques ou littéraires. Cependant l'État a intérêt à ce que ces études soient cultivées, tant pour le bénéfice commun de la société que pour le recrutement spécial de ses services.

Au point de vue général des études, l'institution des boursiers fournit aux Facultés des lettres et des sciences des élèves, désignés par un concours public et préalable. Ces élèves choisis, astreints à l'assiduité et soumis à une certaine discipline, forment autour des professeurs et des maîtres de conférence une élite, un noyau exceptionnel qui entraîne les autres, c'est-à-dire les élèves des Facultés de droit et les élèves volontaires, dont M. Lavisse parlait naguère en termes excellents; ils les excitent au travail, en même temps qu'ils soutiennent les maîtres par le témoignage incessant des effets utiles de leur enseignement. Aussi nos Facultés, jusque-là languissantes parfois, ont-elles reçu de l'établissement des bourses de licence une impulsion considérable. Diminuer aujourd'hui le nombre des boursiers, ce serait amoindrir les Facultés et leur porter un grave préjudice. Tel est le rôle des boursiers dans notre enseignement supérieur. Il n'est pas moindre dans l'enseignement secondaire.

En effet, les études des boursiers ont une sanction : ils doivent se présenter aux examens et ils prennent l'engagement de concourir aux services publics de l'enseignement secondaire. C'est là un droit légitime que l'État exerce, en retour des avantages qu'il assure à ces jeunes gens. Mais peut-être l'exercice de ce droit a-t-il été l'origine secrète de quelques-unes des attaques dirigées contre la nouvelle institution et des tentatives faites pour la restreindre. Il existe déjà une grande école, l'École normale supérieure, entretenue par l'État, pour le recrutement des professeurs de l'enseignement secondaire. L'instruction qui y est donnée est excellente, les élèves sont laborieux et capables, digne de tout l'intérêt des pouvoirs publics. Cependant, depuis les développements donnés à l'instruction publique par la République, l'École normale est devenue insuffisante, non certes par l'affaiblissement des études, qui y sont aussi élevées que jamais mais par le nombre de ses élèves. De là la nécessité de former des élèves en dehors de l'École normale. La chose a été d'autant plus facile que cette École ne possède aucun monopole comparable à celui de l'École polytechnique. Elle a seulement le privilège d'un système régulier de conférences et d'exercices intérieurs. Mais les grades mêmes qui mènent au professorat, tels que celui d'agrégé, sont donnés par un concours public, ouvert à tous.

L'institution des boursiers a eu en partie pour objet de pourvoir à l'insuffisance numérique des élèves de l'École normale; mais, en même temps, elle leur a créé une concurrence. Elle a permis, en effet, à un certain nombre de jeunes gens une préparation libre aux examens, constituant un système très libéral et qui rappelle à certains égards les Écoles centrales de la première République. Il y a même ce développement nouveau, que les boursiers sont institués en province, aussi bien qu'à Paris, et concourent ainsi à la prospérité de nos Facultés départementales. Cette concurrence, cette préparation libre, sont éminemment utiles et fructueuses pour le bien de l'enseignement.

Mais abordons la question la plus délicate que soulève cette concurrence. Le nombre des boursiers n'est-il pas trop considérable, et l'État peut-il les employer tous? Observons d'abord que l'État, en leur assurant certains privilèges pour leur éducation, leur constitue un avantage durable et dont ils profiteraient, même si aucune situation officielle ne leur était donnée. A cet égard, ces jeunes gens, rompus à l'habitude du travail et susceptibles de se rendre utiles de mille manières en tirant parti de leurs connaissances acquises, ne concourent pas plus à grossir le nombre des déclassés que ne peuvent le faire ceux des élèves de l'École normale qui abandonnent les services de l'État pour entrer dans d'autres carrières. Les uns et les autres peuvent servir la France par des voies différentes.

L'argument des déclassés est celui que l'on employait naguère sous l'Empire pour s'opposer au développement des études, dans l'ordre primaire aussi bien que dans l'ordre supérieur. C'est celui que l'on met encore en avant dans plus d'un pays despotique pour combattre les progrès de l'instruction publique. Cessons de l'employer : il n'est pas de bon aloi dans une nation démocratique.

On a dit aussi : « Mais pourquoi l'État oblige-t-il les boursiers à se lier envers lui par l'engagement décennal, sans savoir s'il pourra plus tard les employer tous? Ne vaudrait-il pas mieux qu'il leur donnât gratuitement ses services, sans s'assujettir de son côté à aucune promesse? » La réponse est facile. Je ne sais si des jeunes gens, exempts de toute obligation, suivraient leurs études avec la même énergie. Mais, en tout cas, l'engagement décennal est corrélatif de l'exemption du service militaire, dans notre législation présente. Supprimez l'un, l'autre tombe, et les boursiers disparaissent : les ennemis de l'institution, s'il y en a, atteindraient ainsi leur but par une voie détournée. Il serait étrange d'ailleurs que les bénéficiaires d'un double privilège, bourse et exemption du service militaire, prétendissent s'en prévaloir pour se déclarer mécontents. L'État échange un service public contre un autre ; mais il est certain que par là même les administrateurs de l'instruction publique se trouvent tenus d'employer ces jeunes gens, soit comme professeurs, soit comme répétiteurs.

Les boursiers trouvent un premier ordre d'emplois

publics dans les concours d'agrégation : l'État fixe d'ailleurs chaque année le nombre des agrégés dont il a besoin pour ses lycées. Il ne saurait y avoir pléthore à cet égard. Quant aux boursiers qui obtiennent le grade de licencié, la plupart doivent trouver un emploi dans les collèges communaux. Il y a quelques années, rappelons-le, il y manquait trois mille licenciés, nécessaires pour remplir les emplois de professeurs. Or, à peine quelques centaines de boursiers ont-ils été pourvus, qu'un phénomène singulier s'est produit : on cessa de leur donner un emploi dans les collèges. Les maîtres de ceux-ci, pourvus jusque-là d'une délégation provisoire, en raison de l'insuffisance de leurs grades, avaient reçu subitement l'investiture d'un titre définitif.

Heureusement, le recrutement des professeurs licenciés, arrêté ainsi momentanément, a repris depuis, et rien ne prouve qu'il ne suffise pas à absorber tous nos boursiers, quand ce service aura pris une règle définitive. S'il en reste quelques-uns, il est facile d'ailleurs de leur donner un emploi fructueux pour l'enseignement secondaire. Pourquoi ne pas utiliser les plus capables comme professeurs surnuméraires et dédoubler avec leur concours les classes trop nombreuses de nos grands lycées. Sans créer pour cet objet des charges trop onéreuses au budget, telles que celles de professeurs définitifs, pourquoi encore ne pas établir dans nos principaux lycées de vrais et sérieux maîtres répétiteurs des classes supérieures, rhétorique, philosophie, mathématiques : maîtres chargés non plus de surveiller seulement les élèves, mais de les aider efficacement dans leurs exercices; chargés, en un mot, de jouer vis-à-vis d'eux le rôle de frères aînés, qui les dirigent dans leurs études et leur apportent le concours de cette instruction supérieure, puisée pendant leur séjour dans les Facultés?

Au bout opposé de l'échelle des études, on a déjà introduit des instituteurs primaires, et des femmes pourvues de diplômes, non sans un extrême profit pour l'éducation intellectuelle et morale des petits enfants qui fréquentent les classes inférieures des lycées. Pourquoi ne pas faire une chose équivalente pour les classes supérieures? Ce devoir n'aurait rien d'humiliant ni de pénible pour les boursiers parvenus au grade de licenciés. Ils ne sauraient d'ailleurs s'y refuser : c'est le prix du double service qui leur a été rendu.

On dit que des essais ont déjà été faits dans cette voie : ce serait la solution tant cherchée du problème des maîtres d'études.

Si l'on veut bien continuer à chercher dans cette direction, avec la ferme volonté d'arriver à un résultat, les nombreux lycées de France offriront tous les débouchés nécessaires, avec grand profit pour leurs élèves, et l'on résoudra en même temps les quelques difficultés que peut offrir le nombre des boursiers d'enseignement supérieur.

En tout cas, ne demandons jamais aux pouvoirs publics de restreindre ou de mutiler les institutions dues à leur libéralité, faute de savoir les perfectionner et en tirer le parti le plus utile pour la culture nationale.

LES ECOLES PRIMAIRES

DE MORCENX (LANDES)

septembre 1872.

Parmi les établissements visités par les membres de l'*Association française pour l'avancement des sciences*, dans sa session tenue à Bordeaux, aucun peut-être n'est plus intéressant que celui des écoles primaires de Morcenx, fondées et soutenues par la compagnie des chemins de fer du Midi. Ces écoles datent de douze ans. Établies dans un pays presque désert et au milieu des Landes, elles s'adressaient à des populations clairsemées, ignorantes et misérables, demeurées à peu près étrangères à toute culture, et que l'immensité des distances à parcourir semblait devoir priver de toute éducation régulière.

Non seulement ces difficultés ont été vaincues, à force de bonne volonté, et, il faut le dire, de sacrifices matériels, à tel point que les trois lignes ferrées qui concourent à Morcenx amènent, chaque jour, aux écoles plus de deux cents enfants des deux sexes, recueillis dans toutes les directions, et transportés, à titre gratuit, depuis des distances qui s'élèvent jusqu'à cinquante kilomètres ; mais ce qu'il y a de plus remarquable sans contredit, c'est l'organisation intérieure de ces écoles, organisation due en grande partie à M. Surell, ancien ingénieur en chef de la compagnie. Elle en a fait un type véritable d'écoles primaires, à la fois pratique, facile à installer partout à peu de frais, et qui réalise en même temps tous les perfectionnements les plus récents et les plus réputés des écoles primaires modernes de la Suisse, des États-Unis et de la Suède. Voici ce que nous avons vu et ce dont nous avons constaté l'utilité effective, soit *de visu*, soit par des interrogations.

En arrivant sur la pelouse devant l'école, des appareils gymnastiques : trapèzes, cordes à nœuds, anneaux, etc., simples et appropriés à l'âge des enfants, qui nous ont démontré aussitôt l'utilité de ces appareils par leurs exercices. La gymnastique était, dans l'antiquité, une des grandes occupations des hommes de tout âge. Disparue au moyen âge, au moins dans les classes populaires, sa pratique est redevenue classique en Angleterre, en Suisse, en Allemagne : rien n'est plus efficace comme hygiène de l'individu et de la race; rien n'est plus nécessaire comme enseignement militaire. Le beau gymnase de M. Bertini, à Bordeaux, nous avait montré les appareils les plus perfectionnés, appliqués à l'éducation des adultes. Le modeste gymnase des écoles de Morcenx offre le type de ce qui peut et doit être fait sans retard, dans toutes les écoles primaires de France : l'amélioration physique de la race est un intérêt social de premier ordre.

A côté du gymnase et comme suite et complément de l'éducation physique, l'école militaire, les enfants les plus âgés manœuvrant au pas, par peloton, etc., avec des fusils schématiques; j'entends par là des bâtons à apparence de fusil, très convenables pour ce genre d'exercice, qui s'est accompli sous nos yeux avec l'entrain que la jeunesse met dans ses amusements. C'est encore là un exercice non moins utile au moral qu'au physique, et qu'il faut introduire dans les écoles primaires.

L'éducation du corps, l'éducation de l'esprit doivent marcher de concert. Nous entrâmes aussitôt dans le modeste bâtiment consacré à l'esprit. C'est un ancien atelier de dépôt du matériel, construit en planches et transformé en école. Il n'en faut pas davantage. Je ne décrirai pas les grandes salles, destinées soit aux garçons, soit aux filles de divers âges, soit à l'asile des petits enfants. Ce sont là des dispositions communes à toute école primaire. Je ne décrirai pas non plus les instruments d'étude relatifs à la lecture, à l'écriture, au calcul, au dessin, aux travaux d'aiguille, à la géographie et à l'histoire élémentaire, etc. Ces instruments sont connus de toute personne qui a inspecté ou simplement visité les écoles primaires de Paris et des villes, et je me plais à croire que leur introduction dans toute école primaire, même du plus humble hameau, est accomplie ou va l'être.

Mais ce qui distingue les écoles primaires de Morcenx de nos écoles primaires réputées les plus perfectionnées, de celles de Paris, par exemple, ce sont les collections d'objets destinés à l'enseignement réel des éléments des sciences, soit en général, soit dans leurs applications spéciales aux produits du pays.

Sur une table figurent les matières premières : résine, essence, huiles de résine, colophane, etc., produites par les pins des Landes. Puis les minerais de fer et les combustibles. Auprès sont les modèles réduits du matériel des chemins de fer. Un peu plus loin, les matières premières de l'industrie, au moins les plus importantes : coton, toile, papier, tissus, métaux, substances colorantes. Le maître montre ces matières et indique à la fois leur usage et sur la carte leur lieu de provenance. Plus loin encore, les appareils les plus élémentaires de la physique : une machine électrique et une petite pile, que l'on explique en montrant aux élèves les fils télégraphiques de la voie placés toujours sous leurs yeux. De même quelques appareils de chimie, un alambic, tel que ceux dans lesquels on distille l'essence de térébenthine. Ces appareils servent de point de départ aux notions les plus indispensables sur la composition de l'eau et de l'air, sur la nature du feu, sur les eaux potables, sur les sources minérales si abondantes dans le voisinage, par exemple aux Pyrénées, et déjà à Dax, dont les thermes fournissent un modèle accompli des ressources de l'hydrothérapie.

Ces notions, ces appareils, tous simples, peu coûteux, sont complétés par des études d'histoire naturelle et par un petit jardin botanique.

Voilà ce que l'on voit à Morcenx, et nous avons vérifié par des interrogations que ce n'est pas là un vain étalage; mais que les enfants apprennent et retiennent ces choses, dans la juste mesure qui convient à leur âge.

L'UNIVERSITÉ DE GENÈVE

I

C'est un devoir pour nous autres Français, jadis accusés d'infatuation et d'ignorance à l'égard des autres peuples, c'est un devoir de nous enquérir sans relâche de ce qui se passe autour de nous, afin de comparer, de réformer et de perfectionner sans cesse nos propres institutions. A cè titre, peut-être est-il utile de mettre sous les yeux des lecteurs de ce livre quelques notes recueillies sur l'université de Genève, grâce à l'obligeance du recteur actuel, M. Soret, l'un des physiciens les plus distingués de notre époque.

Genève, placée entre la France et l'Italie, aux débouchés de la Suisse allemande, tire de sa position un caractère mixte et un intérêt particulier : cet intérêt s'accroît, si l'on réfléchit aux raisons historiques qui ont fait de Genève un des foyers de la Réforme au XVI° siècle, et qui y ont développé au XIX° cet esprit semi-anglais, remarqué par tous les observateurs. Genève et ses soixante mille habitants feraient en France une ville de second ordre, telle que Caen ou Montpellier. En Suisse, avec son autonomie et ses traditions libérales et républicaines, c'est l'un des nœuds, l'un des points d'assemblage de la civilisation européenne.

Partagée entre l'influence française et l'influence allemande, comme la Suisse tout entière, Genève concourt pour sa part à maintenir certains liens intellectuels entre deux grandes nations, sœurs ennemies, si tristement séparées aujourd'hui par la folie des gouvernements césariens de la France, et par l'âpre et imprévoyante ambition des chefs féodaux de l'empire germanique.

Genève est d'ailleurs engagée dans une évolution intérieure, qui n'est pas sans rappeler la nôtre, sous le double point de vue politique et religieux ; elle a été, cette année même (1880), le théâtre d'une tentative pour séparer complètement l'Église de l'État, et les problèmes qui nous préoccupent sous le rapport de l'instruction publique y ont été abordés à plusieurs reprises dans ces derniers temps.

La loi du 19 octobre 1872 a résolu à Genève plus d'une question encore pendante chez nous : conçue dans un esprit éminemment laïque et rationnel, elle a rencontré les facilités que comporte une organisation démocratique ancienne et affermie, ainsi qu'un milieu d'action étroitement limité : nous avons là plus d'un enseignement à recueillir, plus d'une tentative originale à méditer, plus d'une leçon dont il convient de faire notre profit.

Mais je ne veux m'occuper ni des écoles primaires, ni des écoles secondaires de Genève, malgré l'intérêt que présente leur comparaison avec celles de la France ; je reviendrai peut-être sur l'école secondaire et supérieure des jeunes filles, type capital à connaître pour les écoles de même ordre que nous nous proposons d'instituer.

Aujourd'hui, je me bornerai à l'université de Genève, en insistant surtout sur la faculté des sciences, que j'ai examinée avec plus de détail et de compétence. Les Genevois parlent avec une complaisance patriotique de ces institutions, pour lesquelles ils se sont imposé de grands sacrifices et dont ils sont fiers à juste titre. Voici les remarques les plus essentielles qu'il m'a été donné de faire, dans une visite rapide, sur les cadres, les hommes, l'installation matérielle; j'insisterai sur les innovations et combinaisons curieuses qui distinguent le système de cette université de celui des universités allemandes et des facultés françaises : il est intéressant de connaître, afin d'en profiter, les essais nouveaux et les expériences tentées pour sortir des moules traditionnels.

II

On sait que les quatre facultés proverbiales du moyen âge se sont résolues en cinq facultés dans les universités modernes, par suite du dédoublement de la faculté des arts en faculté des lettres et faculté des sciences; les facultés de théologie, de droit et de médecine ayant conservé leur unité propre. L'université de Genève, constituée sous ce nom en 1873, à la place de l'ancienne Académie, ne s'écarte pas de la règle commune : tout au plus a-t-elle retenu cette trace des vieux systèmes, que l'on retrouve en toutes choses, dans le diplôme de maître ès arts, conféré aux jeunes gens qui ont obtenu le double titre de bachelier ès lettres et bachelier ès sciences.

Chacune des facultés est présidée par un doyen ; l'ensemble, par un recteur, nommé pour deux ans par les professeurs et non rééligible. Ainsi, M. Soret a succédé, cette année, à M. Marc-Monnier, dont le nom n'est pas ignoré des amateurs de littérature. C'est là une rotation qu'il conviendrait peut-être d'adopter en France pour les directeurs de nos grands établissements scientifiques ; le système des présidences indéfinies, qui prévaut chez nous, n'est pas sans inconvénient.

Rappelons que le titre de recteur a conservé dans l'université de Genève son sens traditionnel : il ne doit pas être assimilé à notre recteur d'académie, fonctionnaire d'ordre administratif, et dont les pouvoirs plus étendus embrassent à la fois l'instruction supérieure, l'instruction secondaire et l'instruction primaire. Dans cet ordre, comme dans bien d'autres choses, les noms primitifs se sont conservés, malgré des changements profonds dans leur signification. Le rouage administratif, que nous désignons sous le nom de recteur, n'est pas d'ailleurs nécessaire dans un milieu aussi restreint que celui du canton de Genève : ses attributions y seraient les mêmes que celle du ministre de l'instruction publique. Elles sont remplies par le conseiller d'État, président le département de l'instruction publique,

M. Carteret, homme remarquable, auquel on doit un grand nombre des réformes effectuées dans ce département, et dont le rôle et l'influence politique sont trop connus pour qu'il convienne d'y insister.

Vers l'époque où l'université de Genève se constituait, des circonstances inattendues vinrent lui fournir les ressources considérables, nécessaires à son installation matérielle : grâce à ces ressources, on a pu construire des bâtiments et des laboratoires magnifiques, sur une échelle que les finances de la ville de Genève auraient pu dificilement atteindre.

Les donations et fondations privées ne sont pas rares dans les États démocratiques; les États-Unis en offrent de nombreux exemples. En Suisse même, l'initiative d'un professeur de physique amoureux du bien public, M. Hagenbach, a déterminé à Bâle la création du *Bernouillianum*, institut de physique et de chimie, établi par les ressources d'une association particulière. Mais les millions qui ont servi à élever les laboratoires et les amphithéâtres de Genève ont une source moins rationnelle.

C'est ici l'un des exemples les plus curieux du rôle que les accidents jouent dans l'histoire humaine. Le duc de Brunswick, vieux prince féodal, dont nous avons pu entrevoir à Paris les ridicules, s'étant résolu à déshériter ses compatriotes, a légué son immense fortune (près de vingt millions) à la République de Genève. Le voyageur surpris peut contempler sur le quai du Mont-Blanc un monument bizarre, construit à grands frais d'après les plans posthumes du noble duc, et dont l'exécution a dû paraître une lourde charge esthétique aux hommes de goût qui abondent à Genève. Ils ont pu, du moins, disposer du reste des millions pour des monuments d'utilité publique, conçus dans un meilleur style, et élevés sur de vastes emplacements demeurés libres au pied des anciens remparts.

Au-dessous de la rue de la Treille, là où j'avais connu autrefois des fondrières et des masures, s'élèvent maintenant un vaste théâtre, réduction de l'Opéra de Garnier, un élégant Conservatoire de musique et divers édifices d'utilité publique, dont le principal est l'université, située entre deux jardins. Un peu au delà, on aperçoit le laboratoire de chimie, avec sa haute cheminée de briques. De longues lignes de maisons neuves en calcaire gris, d'un style sobre et sévère, ont été construites et se multiplient chaque jour dans ce quartier jadis perdu. La faculté de médecine, avec ses instituts anatomique et physiologique, est encore plus loin, au bord de l'Arve. Enfin l'observatoire d'astronomie, à l'autre extrémité de la ville, domine une colline au-dessus de Saint-Pierre.

Tout cet ensemble date d'hier; il n'y a que deux ans que l'université s'y est installée.

Dirigeons-nous vers ces bâtiments, et résumons-en l'économie générale.

III

Un escalier monumental conduit au principal corps de bâtiments, situé entre deux larges ailes. Celles-ci renferment le Muséum d'histoire naturelle, la Bibliothèque de la Ville et divers annexes. Dans le corps principal, on trouve les amphithéâtres spéciaux de mathématiques, de physique, de théologie, de droit ; ainsi que l'*Aula*, grand salle de leçons publiques, analogues à nos conférences de la Sorbonne ; enfin, les laboratoires.

Ceux-ci ont un développement inégal, correspondant à l'importance des sujets et des professeurs. Ainsi M. Vogt, professeur de zoologie, occupe huit salles, près de la moitié d'un étage ; le laboratoire d'embryogénie de M. Fol se distribue entre cinq salles, etc. Ces salles, construites d'une façon simple et uniforme, dans de belles dimensions, se prêtent fort bien aux appropriations spéciales : Aquarium, élevage de petits animaux pour les expériences; chambrettes photographiques; tables disposées pour les microscopes, etc., etc. Un moteur à eau permet d'actionner une lampe électrique, destinée aux projections. La physique n'est pas moins bien traitée : chaque professeur y dispose de collections et d'instruments, complétés par les ressources privées de la Société de construction des instruments de physique de Plain-Palais. J'ai remarqué dans les amphithéâtres un arrangement qu'il serait fort utile d'introduire chez nous : devant les bancs destinés aux étudiants se trouvent des tables, sur lesquelles on peut prendre des notes.

Le second étage est réservé aux cours de la faculté des lettres et à ceux du gymnase, dont la connexion avec l'université se trouve ainsi établie jusque dans les dispositions matérielles.

Le laboratoire de chimie est, je l'ai déjà dit, séparé du reste de l'université, et installé dans un vaste édifice, construit à part, suivant les artifices les plus récents des laboratoires allemands. Une machine à vapeur de vingt-cinq chevaux en est l'organe fondamental; elle y distribue la chaleur, sous forme d'eau chaude et de vapeur d'eau, et la ventilation, destinée à aspirer les gaz délétères et les produits de combustion. Elle actionne en outre une machine Gramme, qui fournit la lumière électrique.

Quarante-six élèves, répartis autour de tables munies d'armoires, au milieu de grandes salles, trouvent chacun à sa disposition, l'eau, le gaz, les étuves, les pompes à vide et les réactifs. A côté de chaque table, entre deux fenêtres, est une petite chapelle, ou appareil d'aspiration; au bout, une cuvette de lavage. Chaque élève est responsable de son matériel.

Ce système, imité de l'Allemagne, envisage le laboratoire comme une sorte de vaste usine, où l'on se propose de produire des chimistes exercés à l'analyse. Je doute cependant qu'il soit aussi favorable à l'instruction complète des élèves que nos vieux laboratoires français, avec leurs paillasses et leurs hottes, destinées aux grandes préparations de la chimie minérale. Certes, la forme en est aujourd'hui arriérée, la surface misérablement restreinte, les aménagements insuffisants. Mais, par contre, la pratique un peu brutale de la chimie minérale ne doit plus guère être enseignée avec détail dans ces laboratoires nouveaux, propres et clos comme un appartement, et où la place nécessaire aux grandes préparations fait défaut. Ce n'est pas là leur seul inconvénient. Le professeur, absorbé par les soucis de l'administration d'une si grosse machine, doit avoir moins de loisirs pour faire avancer la science par ses travaux personnels et ceux de ses élèves les plus intimes. Enfin, je crains que la dépense n'y soit considérable. Aujourd'hui, l'État genevois fournit au laboratoire le gaz, l'eau, le combustible; il paye le mécanicien et les aides, et donne en outre 10 000 francs par an pour achats d'appareils et de produits. Le total des dépenses n'a pu m'être fixé, à cause de la date récente de l'installation. C'est une expérience qu'il nous convient de suivre, afin de nous en approprier, s'il se peut, les avantages en évitant les inconvénients, dans les laboratoires agrandis que nous reconstruisons chaque jour.

Quelques mots enfin sur les bâtiments de la faculté de médecine. J'y ai visité les instituts de physiologie et d'anatomie, disposés parallèlement au bâtiment principal.

La physiologie est enseignée par M. Schiff, savant expérimentateur, dont nous connaissons bien à Paris la tête intelligente. Je l'ai retrouvé au milieu de ses appareils et de ses opérations, plus actif et plus vivant que jamais. Il a une fort belle installation, avec des salles spéciales pour chaque groupe d'appareils, et des cages saines, bien ventilées, bien lavées et bien disposées, pour les animaux.

Les salles de dissection et le musée pathologique m'ont été montrés par M. Laskowski, professeur d'anatomie, homme distingué, sorti de l'École de Paris, et qui a réalisé des progrès remarquables dans la préparation des pièces anatomiques par l'emploi de la glycérine phéniquée. L'odeur fade, écœurante et malsaine des salles de dissection a disparu. Les pièces anatomiques gardent, même après plusieurs années, leurs formes, leur aspect, leurs dimensions, leurs rapports, leur souplesse, à un degré extraordinaire. Il y a là un progrès intéressant, et que je ne doute pas de voir se répandre bientôt dans toutes les écoles de médecine.

Mais je ne puis m'étendre ici, comme je le voudrais, sur le détail des dispositions dont l'université de Genève nous présente les types les plus modernes. Voilà un matériel neuf, et très bien adapté. Les élèves et les ressources financières annuelles ne sauraient faire défaut; ils permettront aux hommes de mérite qui composent l'université d'en tirer tout le parti convenable pour le profit de la science et l'enseignement des jeunes générations.

IV

Nous avons parlé jusqu'ici des bâtiments et des laboratoires : il convient maintenant de signaler les cadres généraux de l'enseignement, en passant en revue les cinq facultés qui forment le corps universitaire.

La faculté de théologie (*Ab Jove principium*), faculté protestante bien entendu, semble peu florissante. Pour cinq professeurs donnant huit cours, elle comptait seulement, dans le semestre 1879-1880, quinze élèves, dont treize étrangers, deux Suisses et aucun Genevois. Il doit y avoir là quelque circonstance locale, analogue à celles qui font le vide autour de nos facultés françaises de théologie catholique; car le protestantisme à Genève est vivace et ardent : j'ai lu une affiche du consistoire, apposée dans les rues, qui célébrait le vote récent par lequel la séparation entre l'Église et l'État a été repoussée, dans des termes exaltés et dignes des vieux calvinistes du xvi° siècle.

La faculté des sciences fournit l'enseignement par treize professeurs, savoir : trois mathématiciens, cinq naturalistes, cinq physiciens et chimistes, ils donnent dix-huit cours et quatre séries d'exercices pratiques. En outre, il y a trois cours libres. Cent six élèves, dont trente-neuf Genevois, vingt-six Suisses et quarante et un étrangers ont suivi cette faculté en 1879-1880; mais elle ne comptait que quarante étudiants proprement dits.

Elle est en pleine activité et munie de laboratoires, collections et instruments de travail, dans les conditions les plus modernes. Elle trouve d'ailleurs une grande aide dans le musée d'histoire naturelle, institution municipale, et dans une fondation privée, demi-scientifique, demi-industrielle, la Société de construction des instruments de physique de Plain-Palais, société dirigée par plusieurs des professeurs de la faculté; ses ateliers ont été le théâtre des célèbres expériences de M. Raoul Pictet sur la liquéfaction de l'oxygène.

La liste des professeurs de la faculté des sciences présente des noms bien connus en Europe : la physique y est enseignée par MM. Wartmann, Soret et R. Pictet. Nous avons vu à Paris ce dernier savant, homme singulier, plein de jeunesse, d'ardeur et d'initiative, inventeur partagé entre la théorie pure, qu'il entend à sa façon, et les applications industrielles ; c'est un mélange de Français et d'Américain, qui n'a pas encore dit son dernier mot.

M. Soret, ancien élève de M. Regnault, est un esprit plus tempéré : il poursuit depuis plusieurs années, sur les liquides, des recherches spectroscopiques qui lui ont permis de pénétrer fort avant dans l'étude de ce groupe de métaux rares, voisins de l'alumine, et multipliés chaque jour comme les planètes télescopiques. Ces recherches semblent susceptibles d'ailleurs d'applications plus générales : elles montrent qu'aucun liquide n'est absolument incolore, c'est-à-dire susceptible de transmettre uniformément toute espèce de lumière. Les données numériques qui caractérisent l'absorption inégale des diverses lumières conduiront peut-être prochainement à une méthode d'analyse chimique universelle.

Deux professeurs enseignent la chimie : M. D. Monnier, travailleur modeste et assidu, et M. Græbe, savant renommé par la découverte de l'alizarine artificielle ; séparé des Allemands, ses compatriotes, pour des raisons que je ne connais pas, les Genevois l'ont appelé parmi eux ; c'est l'une des illustrations de leur université.

Je citerai encore M. Ch. Vogt, le naturaliste sympathique et original, dont nous avons serré la main plus d'une fois à Paris et dans nos congrès scientifiques : ses laboratoires et son enseignement occupent dans la faculté des sciences une place proportionnée à sa grande notoriété.

Relevons l'un des traits qui distinguent l'université de Genève (aussi bien que les universités allemandes) du système de nos facultés françaises. Tandis qu'en France les traitements sont uniformes à Paris, et variables par classes peu écartées en province, les traitements des professeurs genevois sont compris entre les limites les plus étendues : depuis 1 200 francs, je crois, jusqu'à 12 000 francs. On y tient compte à la fois du mérite et de la situation de fortune personnelle : c'est un compromis entre le système général de l'enseignement supérieur en Europe et son mode ancien à Genève.

En effet, autrefois, dans l'Académie de Genève, le professorat était regardé comme un honneur, très recherché des fils de famille et des hommes les plus

riches, et dès lors à peine rémunéré. Il était tenu
par une sorte d'aristocratie intellectuelle, qui s'est
perpétuée pendant trois ou quatre générations : les
de la Rive, les de Candolle, les de Saussure, les de
Marignac, les Marcet, les Pictet se transmettaient les
chaires et la tradition scientifique. Cet état de choses
exceptionnel, et qui donnait naguère à la science
genevoise un cachet tout spécial, tend à disparaître,
en même temps que l'influence politique de l'aristocratie à la fois financière et intellectuelle qui a dominé si longtemps la cité. Comme il est arrivé souvent dans l'histoire du monde, le zèle des familles
riches pour les choses de l'esprit est tombé en même
temps que leurs privilèges. Si leurs représentants
ne sont pas étrangers et même hostiles à l'intelligence et au progrès, et tels que la plupart des mem-
bres des aristocraties de race et d'argent, si fortement imprégnées d'esprit clérical et rétrograde en
France ; cependant on doit constater, non sans quelque
regret, que les descendants des vieilles familles genevoises comptent aujourd'hui parmi eux bien des amateurs, occupés surtout de leurs amusements privés
et de leurs plaisirs discrets. La plupart sont devenus
indifférents à cette science, dont ils ont perdu le monopole. Il ne faut cependant pas aller trop loin dans
ces reproches : il est incontestable que les facultés

enregistrent dans leur sein plus d'un représentant des anciens noms; mais il n'en est pas moins vrai qu'elles se sont ouvertes à tous, et qu'elles ont pris une forme générale et administrative, semblable à celle des pays voisins.

Poursuivons la revue des facultés de l'université de Genève.

La faculté des lettres possède onze professeurs, donnant vingt-huit cours, plus six cours libres, d'après les programmes que j'ai entre les mains. Elle a été fréquentée en 1880 par deux cent huit élèves, parmi lesquels vingt-huit étudiants proprement dits ; les cent quatre-vingts autres auditeurs appartenant à la catégorie dite des assistants. Nous rencontrons ici une distinction qui mérite d'être notée.

Les Facultés en général ont une double destination : elles distribuent l'instruction supérieure et elles en constatent l'acquisition par des examens et des diplômes. A cette double destination répondent deux classes plus ou moins distinctes d'élèves : les étudiants proprement dits, qui se proposent de soutenir les examens, et les auditeurs bénévoles. La présence de ces derniers expose souvent à abaisser le niveau de l'enseignement, et à lui communiquer une certaine frivolité, surtout dans les cours littéraires. Cependant, en France, nous avons cru devoir conserver le principe de la publicité et de la gratuité absolue des cours de l'enseignement supérieur. En Allemagne, il en est autrement : les personnes inscrites et payantes peuvent seules assister aux cours. Les fondateurs de l'université de Genève ont adopté un système mixte ; ils ont eu l'idée de délivrer des livrets d'études : non seulement aux étudiants, assujettis à justifier de leur aptitude préalable par des certificats d'études, par des diplômes ou par un examen spécial, et obligés ensuite de faire constater leur présence par des inscriptions ; mais aussi aux auditeurs bénévoles, désignés sous le nom d'assistants. Je doute que les simples auditeurs acceptassent ainsi en France de voir leur nom et leur adresse inscrits sur des listes imprimées et publiques. En effet, assistants et étudiants, les uns et les autres, doivent être pourvus d'un livret, payer des inscriptions et faire signer le livret par les professeurs et *privat-docent* dont ils suivent les cours, ainsi que par les autorités universitaires. Les étudiants seuls sont tenus en principe à des examens de passage.

Mais ce système, dans la pratique, paraît être revenu à un état de choses fort analogue au système français. En effet, les examens de passage sont déjà, paraît-il, tombés en désuétude ; le tarif des inscriptions est si faible (2 fr. 50 par heure de cours semestriel, à l'exception des cours de médecine pour lesquels l'inscription est double), qu'il ne constitue ni une rémunération sérieuse pour les professeurs qui reçoivent, ni un frein suffisant pour les étudiants qui payent. Enfin, les assistants suisses et genevois âgés de plus de vingt-trois ans sont acceptés gratuitement dans les facultés des lettres et des sciences.

Ajoutons que les femmes sont admises à suivre les cours des facultés : le nombre des assistantes de la faculté des lettres s'élève à soixante environ, pour la plupart Genevoises ou Suisses. Près la faculté des sciences, neuf dames russes : on sait qu'elles ont un goût spécial pour ce genre d'études.

Les grades délivrés par les facultés des lettres et des sciences sont à peu près les mêmes qu'en France ; à cela près que nos trois licences ès sciences sont remplacées par trois doctorats équivalents, de moindre valeur que nos doctorats ès sciences, mais plus en harmonie avec le niveau du doctorat en médecine.

A côté des facultés des lettres et des sciences, et comme une sorte d'annexe, fonctionne la section dite de philosophie, comptant trente-cinq élèves, dont treize étudiants, lesquels choisissent dans ces facultés les cours qu'ils veulent suivre et font deux années d'études, suivies chacune d'un examen. C'est un cadre spécial à Genève, préparatoire aux facultés de droit et de théologie, mais dont je n'ai pas bien compris le fonctionnement.

Un autre caractère propre à la faculté des lettres de Genève, c'est son partage en deux sections, l'une dite des lettres, l'autre dite des sciences sociales, comprenant l'histoire, la philologie, l'économie politique, la législation comparée, l'étude des systèmes sociaux et l'histoire des religions. Cette institution fort originale trouve sa sanction dans un ordre particulier de grades et d'examens. En effet, à côté de la licence ès lettres, analogue à la nôtre, figure la licence ès sciences sociales, dont l'examen comprend les objets enseignés dans la section correspondante. Il serait intéressant de savoir combien d'étudiants acquièrent ce diplôme et quelle en est la destination. En tou cas, il répond jusqu'à un certain point à la convenance, signalée chez nous plus d'une fois, mais sans résultat jusqu'à présent, de diviser le titre trop général de la licence ès lettres. Je ne sais si le nom de la licence ès sciences sociales serait accepté en France, et si les programmes en sont bien limités ; mais l'idée même est ingénieuse, et il faudra bien un jour ou l'autre adopter quelque partage analogue dans nos examens.

La faculté de droit a huit professeurs, qui donnent treize cours officiels, plus deux cours libres et des exercices de plaidoirie. Quelques-uns de ses professeurs font aussi des cours dans la section des sciences sociales; c'est-à-dire qu'il y a un certain enchevêtrement entre les deux ordres d'enseignement : on sait qu'une portion des cours de la section de science sociale sont donnés en France dans les facultés de droit. Cinquante-quatre élèves, dont trente et un étudiants proprement dits (treize Genevois, huit Suisses, dix étrangers), suivent la faculté de droit.

La faculté de médecine est de création plus récente que les autres facultés. Elle compte quatorze professeurs, donnant dix-sept cours, plus treize cours libres. Il conviendrait d'y joindre les cours et exercices pratiques de physique, de chimie et d'histoire naturelle de la faculté des sciences, qui ne sont pas plus reproduits en double dans la faculté de médecine de Genève qu'ils ne le sont en général dans les universités allemandes. Ce doublement des cours de sciences pures, nécessaire peut-être à Paris, est un des plus graves défauts de nos facultés françaises de médecine récemment instituées; il y aurait eu tout avantage à fortifier les unes par les autres et à rendre solidaires nos facultés des sciences et nos facultés de médecine, en leur donnant des élèves communs par un système de règlements convenables, au lieu de disperser les ressources et de recourir à un personnel affaibli par sa multiplication même. Les hommes qui ont fondé l'université de Genève n'ont pas commis cette faute.

La faculté de médecine est la plus fréquentée de toutes par les étudiants proprement dits. En effet, sur cent sept élèves qui la suivent, on compte quatre-vingt-cinq étudiants, dont quatorze Genevois, quarante-six Suisses, vingt-cinq étrangers (Russes, Italiens, Allemands). Elle délivre deux diplômes : celui de bachelier ès sciences médicales, comprenant les sciences dites accessoires, et celui de docteur, acquis par cinq examens analogues aux nôtres. Ce titre confère, m'a-t-on dit, le plein exercice, comme chez nous ; tandis que les diplômes des universités allemandes et des universités suisses de même type, conférés à la suite d'épreuves de moindre valeur, ne dispensent pas de l'examen d'État.

La composition des jurys d'examen de la faculté de médecine comprend non seulement des professeurs de la faculté, mais aussi des docteurs ayant le droit de pratique dans le canton de Genève et désignés par le département de l'instruction publique : c'est là une innovation souvent réclamée en France, mais fort contestable à divers égards.

V

Tel est le système général des cinq facultés de l'université de Genève. Mais ce système est complété par celui du Gymnase, qui mérite au plus haut degré notre attention.

Le Gymnase est une des institutions les plus originales de Genève : c'est un établissement intermédiaire entre le collège et l'université, qui prépare les adolescents aux examens, aux écoles spéciales, et qui paraît jouer aussi dans une certaine mesure le rôle d'école normale ; les élèves y sont admis à la suite d'examens spéciaux, et ils en sortent avec des certificats d'étude. Bref, il remplace nos classes de rhétorique, philosophie, mathématiques. Entrons dans quelques détails, à cause de l'importance de cet organe spécial d'instruction.

« Il comprend cinq sections :

« Une section classique, — de deux ans pour les élèves sortis de la section classique du collège, et conduisant au grade de bachelier ès lettres ;

« Une section technique, préparatoire pour le Polytechnicum (institution de Zurich, analogue à notre École centrale de Paris), — de trois années pour les élèves sortis de la section classique, et de deux années pour les élèves sortis de la section industrielle [1] ;

« Une section commerciale, — de trois années pour les élèves sortis de la section classique du collège, et de deux années pour les élèves sortis de la section industrielle ;

« Une section de pédagogie classique, — de trois années pour les élèves sortis de la section classique du collège ;

« Une section de pédagogie non classique, — de deux années pour les élèves sortis de l'une ou de l'autre des deux sections du collège. »

Le Gymnase n'a pas d'internes.

On voit que Genève a opéré, entre l'enseignement

1. Cette section répond à peu près à notre enseignement dit spécial.

des enfants donné au collège, et celui des adolescents, réservé au gymnase, cette séparation réclamée chez nous par tant de bons esprits. L'énorme machine des grands lycées français, avec leurs milliers d'élèves, de tout âge et de toute destination, leurs classes surchargées, leurs internats encombrés, leurs professeurs et leurs proviseurs surmenés, aurait besoin d'être dissoute et résolue en un certain nombre d'institutions distinctes, appropriées aux destinations spéciales. Déjà, les petits lycées de campagne, réservés aux jeunes enfants, ont marqué un premier pas dans cette division. S'il était possible maintenant de mettre à part les classes d'adolescents, dans des établissements spéciaux, sous le nom de gymnases, ou sous tout autre, comme on le fait à Genève, on rendrait sans doute les réformes et les améliorations de tout genre plus aisées ; on rétablirait dans les établissements mieux spécialisés cette unité de direction intellectuelle et morale que l'extrême complexité du système actuel permet difficilement de maintenir. On pourrait en outre aborder l'un des grands *desiderata* de notre système d'enseignement : la transition entre le régime de l'enseignement secondaire et celui de l'enseignement supérieur.

En somme, et sans compter le gymnase, l'université de Genève a été fréquentée, en 1879-1880, par deux cent douze étudiants proprement dits et trois cent treize auditeurs, dits assistants. Ces chiffres ne sont pas trop éloignés de ceux des groupes de facultés de nos Académies départementales, qui ambitionnent aujourd'hui le titre d'universités.

Fondée avec le concours de ressources exceptionnelles, au sein d'un milieu très libre et très intelligent, dirigée par des professeurs réputés devant l'Europe entière, pourvue de bibliothèques, de musées, d'instituts expérimentaux et de laboratoires conformes aux conditions les plus modernes, l'université de Genève entre dans la carrière avec les présomptions de succès les plus légitimes. Dans une sorte de statistique géographique des hommes de science, publiée il y a quelques années, M. A. de Candolle observait, avec un orgueil patriotique bien légitime, que la ville de Genève a produit plus d'hommes distingués, pour un chiffre de population donné, qu'aucun centre européen. Sa situation entre trois grands pays, dont elle a recueilli les proscrits aux diverses époques de son histoire, explique peut-être cette fécondité exceptionnelle. Mais, si nous devons désirer qu'une telle source soit tarie dans l'avenir, cependant tous nos vœux et toute notre sympathie sont pour le succès de la jeune université. Espérons qu'elle maintiendra l'honneur scientifique et littéraire de Genève au niveau conquis par les professeurs qui faisaient la gloire de son ancienne Académie !

LES RELATIONS SCIENTIFIQUES

ENTRE LA FRANCE ET L'ALLEMAGNE

A M. A. HÉBRARD

21 février 1872.

Vous avez désiré savoir à l'occasion mon sentiment sur les choses de ce temps, dans la pensée d'en tirer quelque profit pour notre malheureuse patrie : aujourd'hui, chacun a le devoir, parmi les gens qui réfléchissent, de dire son opinion ; le concours de toutes les bonnes volontés est nécessaire.

C'est des relations morales entre la France et l'Allemagne que je veux vous entretenir. Nul sujet n'est plus brûlant ; nul n'est plus pénible. Il faut cependant l'aborder ; car les Allemands, nos vainqueurs, semblent comprendre aujourd'hui, je parle des philosophes et des esprits sérieux, que l'humanité ne peut vivre de haine, et que tout progrès est impossible désormais, sans le concours volontaire et amical des grandes nations qui représentent la civilisation moderne : l'Allemagne, la France et, j'ajouterai, l'Angleterre, dont ils ne parlent pas : ce sont là les trois grands facteurs du progrès universel.

Peut-être avons-nous le droit, autant que personne, d'élever la voix aujourd'hui, nous qui, vous le savez, avons réprouvé cette funeste guerre dès son début et en principe, sans nous préoccuper de l'opportunité qui a déçu tant de gens en juillet 1870. Nous savions, je le répète, que la civilisation moderne repose sur trois peuples, qui devraient rester unis à tout jamais et à tout prix : la France, l'Allemagne et l'Angleterre ; chacune avec son génie propre et sa part dans le développement historique de la race humaine.

Dès le XVII° siècle, chaque peuple marque son rôle. Pour ne parler que des sciences mathématiques et physiques, l'initiative de leurs progrès dans les temps modernes est due principalement à quelques hommes : un Italien d'abord, Galilée, héritier de ces grandes traditions du XVI° siècle, que les jésuites et l'Inquisition ont fini par éteindre presque complètement en Italie. Avec le Polonais Copernic (car il ne faut être ingrat envers aucun peuple dans ce concours universel), Galilée est le fondateur de l'astronomie et de la mécanique modernes. Mais le développement scientifique se concentre bientôt en France, en Angleterre et en Allemagne.

En France, Descartes découvre les méthodes de la géométrie analytique, plus durables encore que ses théories philosophiques et cosmogoniques. En Allemagne, Kepler invente les lois du mouvement planétaire, et Leibnitz, esprit français plus qu'allemand peut-être, par son éducation et par la clarté de ses conceptions, institue les règles du calcul différentiel, sous une forme et avec une philosophie qui sont encore les nôtres. Allemand ou Français, Leibnitz est l'exemple le plus éclatant sans doute de la hauteur à laquelle peut atteindre un homme dans lequel concourent ces deux génies ethniques, que tant de gens voudraient aujourd'hui nous faire croire inconciliables.

Cependant, à la même époque, l'Angleterre a produit Newton, plus grand peut-être que Descartes, Leibnitz et Kepler, dans la science de la nature : car Newton a trouvé à la fois les nouvelles méthodes de calcul (sous une forme de langage moins parfaite que Leibnitz, à la vérité) et les lois de l'astronomie ; nous n'avons guère fait depuis que développer ses idées et ses doctrines dans l'étude des mouvements des astres.

Ce même concours des trois grands peuples modernes se retrouve lors de la fondation de la science chimique, qui joue un si grand rôle aujourd'hui, soit dans les théories relatives aux atomes et à la constitution de la matière, à la formation des astres, à celle des couches successives du globe terrestre, et à l'origine de la vie elle-même; soit dans les applications de l'industrie humaine, qui concernent les métaux, les matières colorantes, les remèdes, l'agriculture et tant d'autres fabrications.

Vers la fin du XVIIIᵉ siècle et au commencement du XIXᵉ, la chimie a été fondée sur une base durable, après avoir flotté près de deux mille ans à travers des notions mystiques, obscures et incohérentes. C'est un Français, disons-le hardiment, c'est Lavoisier qui a fixé ces notions indécises par le principe définitif de la stabilité de la matière, invariable dans la nature et le poids de ses corps simples. Lavoisier n'a découvert peut-être aucun fait particulier, comme l'ont rappelé dernièrement quelques auteurs allemands dans une intention de dénigrement. Mais « ce qu'il y a de plus scientifique, dit Aristote, ce sont les principes et les causes; car c'est par leur moyen que nous connaissons les autres choses » [1].

Or Lavoisier a découvert le principe fondamental de la chimie : la science date de lui.

Est-ce donc à dire qu'il ait tout aperçu, tout deviné, tracé à tout jamais le plan de la science chimique? Non, sans doute, pas plus que Newton n'a fondé à lui seul l'astronomie. Ici encore se retrouve le concours inévitable des trois grandes nations. Tandis que Lavoisier publiait ses immortelles recherches, les Anglais Priestley et Cavendish découvraient les principaux gaz, ainsi que la nature de l'eau ; inventions dont Lavoisier s'emparait immédiatement pour affermir sa théorie. Le Suédois Scheele apporta aussi son précieux contingent à l'œuvre commune. Quelques années après, un Anglais de génie, H. Davy, complétait l'édifice par la découverte des métaux alcalins, obtenus à l'aide d'une méthode nouvelle, d'une fécondité indéfinie ; je veux dire par l'application aux décompositions chimiques de la pile récemment découverte par un grand Italien, Volta.

L'Allemagne a marqué également sa place dans la fondation de la science nouvelle. C'est dans les lois de nombre que son œuvre a été surtout caractérisée : Richter, Wenzel et le grand Berzelius (un Suédois)

---

1. *Métaphysique,* livre Ier.

ont établi les équivalents chimiques, c'est-à-dire une loi aussi générale et aussi absolue en chimie que la loi de Newton en astronomie. Chose remarquable, la part des Allemands dans cette découverte a été surtout expérimentale et pratique, contrairement à l'opinion qu'on se fait en général du génie allemand. Au contraire, la théorie atomique proprement dite, d'un caractère plus abstrait et plus litigieux, est due à un Anglais, Dalton; tandis que sa démonstration par l'étude physique des gaz a été donnée par un Français, Gay-Lussac. C'est que le génie des races européennes n'est pas si différent qu'on a bien voulu le dire. Donnez-leur une culture commune et aussi haute, et vous verrez partout surgir des inventions également originales.

Le concours de l'Allemagne, de la France et de l'Angleterre se retrouve donc à chaque grande époque dans l'histoire de la science moderne. Je pourrais poursuivre cette démonstration jusque dans les temps présents, et montrer comment aucun des trois peuples n'a jusqu'ici dégénéré de son passé; comment les substitutions, la théorie des éthers, celle des alcools polyatomiques, la dissociation, la notion des ferments organisés, les méthodes de synthèse des principes organiques ont été surtout établies par des découvertes françaises; tandis que la théorie des radicaux et celle des éléments polyatomiques sont plutôt des découvertes allemandes; la théorie électrochimique et la méthode des doubles décompositions ont été inventées en Angleterre. Enfin, la grande doctrine de l'équivalence des forces naturelles, plus spécialement désignée sous le nom de théorie mécanique de la chaleur, a été aperçue d'abord par un Allemand (Mayer) et par un Anglais (Joule). Développée depuis par des mathématiciens allemands (Clausius et Helmholtz), elle a été établie en chimie principalement par les expériences des savants français, aidés des savants anglais et danois. Mais je ne veux pas m'étendre sur cette histoire de la science présente : nous en sommes trop près et nous y sommes trop engagés personnellement, nous et nos amis, pour que nos appréciations ne soient pas réputées, à tort sans doute, suspectes de partialité.

En retraçant cette histoire abrégée des progrès de la science que je connais le mieux, je ne prétends, certes, ni méconnaître le rôle de l'Italie, qui fut si grand dans le passé : plaise à Dieu qu'il reprenne son importance dans l'avenir! ni le rôle des États-Unis, ou celui de la Russie, dans ce même avenir. Mais, en fait, je le répète, l'initiative des idées et des découvertes réside depuis plus de deux cents ans au sein des trois peuples : Anglais, Français, Allemand.

Leur union et leur sympathie réciproque est indispensable, sous peine d'un abaissement général dans la civilisation.

Combien sommes-nous loin, hélas! de cette union et de cette sympathie ! De là le profond sentiment de tristesse avec lequel nous avons vu se former ces grandes organisations guerrières de la France et de la Prusse, entre lesquelles un choc terrible était inévitable. Nous aurions préféré, nous autres rêveurs, le désarmement universel, qui aurait réduit le système militaire de chaque peuple aux proportions indispensables pour la protection de l'ordre intérieur. L'Europe n'y marche guère : un conflit terrible a eu lieu; de nouveaux conflits plus terribles encore et plus étendus se préparent. L'extermination universelle, est-ce donc là l'idéal de la race humaine?

Je ne sais si nos voix seront entendues; et j'en doute fort; mais je n'en regarde pas moins comme un devoir pour les gens sensés de dire aujourd'hui toute leur pensée. C'est, d'ailleurs, aux Allemands qu'il faut s'adresser; ils sont les plus forts ; ils prétendent être les plus sages. C'est à eux de prévenir, par leur modération, les scènes de carnage que l'on entrevoit dans l'avenir.

Aussi bien les plus raisonnables parmi les Allemands semblent-ils faire un retour sur le passé, et être disposés, sinon à faire quelque concession à la France, du moins à comprendre la nécessité de son concours dans l'ordre moral européen.

Déjà M. Dubois-Reymond, recteur de l'Université de Berlin, après avoir fait entendre en août 1870 les cris d'un patriotisme exalté jusqu'à la férocité, a exprimé depuis quelques regrets du bombardement de Paris. Sachons-lui en gré : tant d'autres savants allemands l'ont réclamé avec obstination.

Voici que M. Bluntschli, professeur à Heildelberg, professe, au nom du droit des gens[1], que les Prussiens se sont écartés plus d'une fois pendant cette guerre des règles adoptées par les peuples civilisés ; qu'ils ont commis des cruautés excessives envers des Français qui défendaient leur pays, brûlé des villages parfois inoffensifs ; je ne sais s'il a parlé du système des otages, contraire à toute saine notion de la morale, etc., etc.

Nous n'avons jamais dit autre chose. Que le sang versé dans les combats retombe sur la tête des chefs et des rois qui ont entrepris ces guerres ! Les soldats et les généraux en sont innocents. Les rois eux-mêmes peuvent invoquer, à défaut de la Providence chrétienne, l'antique fatalité, qui voue l'espèce hu-

[1]. Voir sa leçon, reproduite dans la *Revue des cours publics*, publiée chez Germer Baillière, p. 632, 1871.

maine à la guerre sanglante. Mais nous n'acceptons pas cette excuse pour les violences arbitraires que nous venons de rappeler, et dont l'Europe n'avait pas connu depuis bien des années l'emploi systématique. Les gens cultivés et les philosophes parmi nous, depuis Voltaire, n'ont jamais cessé de maudire de tels crimes. En voyant ces pratiques exaltées par les adresses des universités et des docteurs, il semblait vraiment que l'Allemagne eût perdu la grande notion de la morale universelle, et qu'elle voulût substituer à l'amour de l'humanité, prêché par nos philosophes du xviiie siècle, l'amour de la *germanité*. C'était de *vies allemandes*, de *souffrances allemandes* qu'il s'agissait toujours dans leurs proclamations et dans leurs adresses; comme si la vie de tous les hommes n'avait pas une égale valeur et ne devait pas être également respectée, en dehors de la lutte des soldats armés!

Saluons donc avec espérance ces voix venues d'Allemagne qui font appel à la réconciliation. Le recteur de l'université de Munich, M. Dœllinger, à son tour, vient de s'adresser à la France, et la convier à reprendre sa part dans l'œuvre commune des intelligences.

La société chimique de Berlin a refusé de s'associer aux violences de MM. Kolbe et Volhard, contre

Lavoisier et les savants français; elle a semblé, par son silence, reconnaître la justice de la protestation élevée par les chimistes russes contre ces excès, et elle a déclaré par la bouche de son président, M. Baeyer, « qu'elle n'avait cessé d'honorer les savants français et les services qu'ils avaient rendus à la science, sans aucun sentiment de jalousie nationale ».

Nous l'en remercions, et nous nous associons de grand cœur à ses désirs. Mais il faut qu'il sache en retour, lui et les Allemands de bonne volonté, à quel prix le concours réciproque des deux peuples peut être désormais acheté par l'Allemagne. Certes, je n'avais personnellement, avant cette guerre néfaste, que sympathie et admiration pour l'Allemagne savante. J'y comptais des amis tels que M. Liebig, M. Helmholtz, M. Bunsen et bien d'autres encore; ils sont demeurés étrangers, à ma connaissance, à l'exaltation fanatique dans laquelle tant de professeurs allemands se sont oubliés. Mais les circonstances présentes réclament un témoignage plus clair que le silence.

Les Allemands, entraînés par l'État conquérant qui les a conduits à la victoire, ont renié leurs anciennes vertus de modération et d'humanité. Ils ont péché contre l'amour, contre le Saint Esprit, le plus grave et le plus irrémissible des péchés, au dire des vieux théologiens catholiques. En un mot, ils ont pris par la force un peuple malgré lui ; ils ont annexé l'Alsace et la Lorraine, contrairement au droit moderne des peuples, qui tendait à se fonder de plus en plus sur le libre consentement des hommes. C'est là leur grand crime, celui qu'ils expieront tôt ou tard, s'ils ne s'en repentent volontairement : car on n'évite pas la Némésis. Peu d'entre eux, et ce sont les démocrates, je dois le dire à leur honneur, peu d'Allemands ont compris, peu d'Allemands semblent comprendre encore aujourd'hui ce qui rend la haine fatale et le passé irrémissible.

« Le fer et le feu » ne procurent point de garantie solide ; ils détruisent les empires, aussi vite qu'ils les élèvent ; ce sont là des vérités banales, pour nous surtout qui venons d'en faire la triste expérience. Cependant ce n'est pas le trésor du Rhin, ravi à main armée, quel qu'en soit l'énormité ; ce n'est pas l'amertume de la défaite ; ce n'est ni le sang versé, ni les villages brûlés, ni les maisons pillées et dévastées qui nous font redouter l'avenir ; tout cela s'oublie d'une génération à l'autre dans la mémoire des hommes, et surtout dans la mémoire des Français, les moins rancuniers des humains. Sans doute, nous avons repris, les uns et les autres, les paisibles travaux de l'esprit; nous poursuivons, chaque peuple pour son propre compte, les œuvres commencées avant la guerre.

Mais ce qui ne s'oublie pas, c'est le principe moral violé, la force mise à la place du droit moderne, c'est-à-dire, je le répète, la force mise à la place du libre consentement des hommes. Ce sera là, si les Allemands ne comprennent pas que le vainqueur doit faire les avances et rendre ce qu'il a pris à tort, ce sera là, malgré tous nos efforts pour éteindre la haine et calmer les esprits animés, ce sera là un jour la ruine commune de la France et de l'Allemagne, et peut-être la destruction de la civilisation occidentale.

LES SIGNES DU TEMPS

ET L'ÉTAT DE LA SCIENCE ALLEMANDE

D'APRÈS M. KOLBE, PROFESSEUR DE CHIMIE

à l'Université de Leipzig.

23 novembre 1876.

On se rappelle encore les violentes attaques dirigées contre la culture française par certains savants allemands, il y a quelques années. L'esprit français, disaient-ils, était devenu incapable de toute application suivie et de tout travail approfondi : sa frivolité irrémédiable, sa légèreté spirituelle, prompte à effleurer et à abandonner aussitôt les problèmes, lui interdisaient désormais de produire une œuvre sérieuse. Ces défauts étaient d'ailleurs propres à la race française, on les retrouvait jusque dans ses grands hommes les plus réputés ; et les attaques de nos critiques remontaient alors jusqu'aux noms les plus illustres, tels que ceux de Lavoisier et des savants philosophes qui ont joué un si grand rôle au xviiie siècle dans la fondation des sciences naturelles.

Telles étaient les accusations dirigées contre nous : on en retrouverait encore l'écho, sans aller bien loin. Mais nous préférons mettre sous les yeux de nos lecteurs un article publié récemment dans le *Journal de chimie pratique* (octobre 1876), par le professeur Kolbe, de Leipzig, l'un des savants les plus autorisés de l'Allemagne, et qui s'était distingué, il y a peu de temps, par l'énergie de ses déclarations contre la science française. Aujourd'hui, la colère passée, il semble revenu à des appréciations plus équitables. Voici ce qu'il écrit :

SIGNES DU TEMPS, PAR H. KOLBE

« Ce n'est pas la première fois que je fais ressortir et que je déplore les tendances actuelles de la chimie allemande.

» Aux recherches expérimentales exactes et à l'étude approfondie des phénomènes réels, elle substitue de plus en plus les vagues spéculations de la philosophie de la nature et un schématisme vide de sens ; tout cela au grand détriment de la netteté et de la précision dans les idées et de la clarté dans l'expression.

» Je ne puis m'empêcher de prédire à mes compatriotes un avenir peu enviable pour notre science chimique. Je le dis avec douleur, mais avec conviction, si l'on ne parvient pas à arrêter la chimie allemande sur la pente fatale où elle glisse depuis quelques années, si l'on ne peut la faire remonter vers un courant meilleur, nous verrons se reproduire vers la fin du siècle ce que nous avons observé au commencement.

» Pour les études sérieuses en chimie, nos jeunes gens devront reprendre la route de Paris, comme autrefois Rose, Runge, Mitscherlich, Liebig et autres, parce qu'en Allemagne on n'enseignera plus la chimie, mais la philosophie de la nature.

» Que celui qui trouve ce pronostic trop pessimiste veuille bien parcourir les journaux scientifiques allemands et français. Il verra que les derniers contiennent beaucoup de mémoires et de recherches intéressantes, et que la liste des chimistes français connus s'est accrue de beaucoup de noms nouveaux. C'est là une preuve certaine qu'après une période de marasme, et malgré les moyens matériels insuffisants et mesquins dont on dispose chez nos voisins, l'étude de la chimie est en voie ascendante chez eux.

» Mais il y a plus, et la chose mérite d'être relevée : les chimistes français, jeunes ou vieux, à peu d'exceptions près, sont restés fidèles aux saines traditions des sciences exactes.

» L'indépendance de leur esprit et la justesse de leur coup d'œil ne sont pas faussées comme chez nous ; ils se tiennent loin des spéculations philosophiques modernes sur la position relative des atomes, et sur la manière dont ils sont reliés entre eux, ainsi que sur l'atomicité des éléments, questions sur lesquelles la majeure partie des chimistes allemands usent inutilement leur temps et leurs forces.

» C'est ainsi que nous avons vu, il y a soixante ans, les savants français accueillir avec peu d'enthousiasme les idées de la philosophie de la nature et de la métaphysique allemande. Si la France réussit un jour à s'affranchir du joug de la hiérarchie romaine, ennemie jurée des sciences naturelles, si elle brise les liens dont l'enlace le jésuitisme, qui, sous un gouvernement faible, a su devenir menaçant pour l'État et la science ; si, de notre côté, nous continuons à cultiver la philosophie de la nature, au lieu de faire des recherches exactes en chimie, nous serons bientôt distancés par nos voisins.

» Ce n'est certes pas poussé par des sympathies françaises, ni par esprit de dénigrement de la science allemande que je me vois contraint de dire que nos mémoires scientifiques en chimie portent actuellement la même étiquette que certains produits de notre industrie nationale : *Bon marché et mauvais;* car certainement les produits de notre métaphysique chimique moderne sont *bon marché et montrent la corde.*

» Une des principales causes de la décadence de la chimie allemande est, comme je l'ai déjà révélé ailleurs, un défaut d'instruction générale chez le plus grand nombre des jeunes chimistes. Il y a plus : non seulement on ne sait guère rien au delà de la chimie, mais là encore on n'a étudié plus spécialement qu'une des branches de la chimie, la chimie organique, et un nombre assez considérable de nos *Docents* en chimie ont une somme de connaissances insuffisantes. »

Nous ne savons pas si tous les jugements de M. Kolbe sont fondés. Et peut-être manquerions-nous de justice à l'égard de nos voisins, comme de modestie à notre propre égard, en nous associant absolument à ses appréciations.

Le lecteur saura faire, sous ce rapport, la part de chacun ; nous nous bornons à lui signaler la publication du savant professeur de Leipsig. Il en tirera sans doute la conséquence que l'esprit scientifique français n'est pas tombé si bas qu'on l'a prétendu quelquefois ; il verra que les efforts tentés dans notre pays pour soutenir l'enseignement supérieur, depuis la fondation de l'École des hautes études par M. Duruy, n'ont pas été perdus ; et il sera porté à bien augurer des plans de réforme d'ensemble que M. Waddington propose en ce moment à nos Assemblées.

F. HÉROLD

I

LES ORIGINES
1882.

Je l'ai connu aux Ternes, il y a vingt-huit ans, dans la maison de sa mère. Là vivaient trois nobles femmes : la veuve d'Hérold, le grand musicien, mort en 1833, dans le plein épanouissement du génie ; sa grand'mère, nonagénaire spirituelle, qui avait été présentée dans son enfance à la cour de Louis XV et qui nous apportait comme un dernier reflet de l'ancien régime ; enfin madame Rollet, la mère de madame Hérold. Ces trois femmes étaient unies étroitement dans un même sentiment : pour le passé, par le culte du grand homme qu'elles avaient perdu; pour l'avenir, par l'éducation de ses enfants.

La fille de la maison venait d'épouser un de mes amis d'enfance, le plus ancien de tous aujourd'hui, J. Clamageran, maintenant conseiller d'État. C'était lui qui m'avait introduit dans ce milieu tout intime, où les sympathies pour les personnes étaient rendues plus fortes et plus hautes par le culte de la liberté, de l'art et de l'idéal.

La plupart de ceux qui étaient reçus dans ce cénacle de famille avaient dès lors ou se sont fait un nom. C'étaient Barbereau, le compositeur, mort récemment dans une extrême vieillesse; Scudo, le critique d'art; Demesmay, le sculpteur; Lesage; Nuitter, aujourd'hui archiviste de l'Opéra; Émile Ollivier et sa première femme Blandine, les favoris du logis, si charmants dans la fleur de leur jeunesse; Ernest Picard, avec son esprit incisif et bienveillant; Saligny, depuis sénateur, d'autres que j'oublie; enfin, les enfants de la maison : Clamageran, sérieux, sensé, dévoué à la chose publique, qu'il entendait un peu à la façon américaine; Ferdinand Hérold, vif, gai, au courant de tout, toujours prêt à donner sans compter son temps et son argent pour la cause libérale.

Tels nous nous retrouvions les dimanches, auprès de ce foyer hospitalier, pour nous fortifier contre les misères et les abaissements du temps présent : les uns prêts à entrer dans la politique active et à revendiquer les franchises publiques ; les autres plus particulièrement attachés au culte de la science et de la pensée ; tous réunis par notre amour commun de la liberté. O jours de jeunesse attristée et persévérant malgré tout dans l'espérance ! O compagnons séparés par la mort ou par les discordes de la vie, plus cruelles encore ! votre image flotte sans cesse devant mes yeux ; mais ceux qui ne vous ont pas connus ne sauraient retrouver les pensers communs qui nous agitaient alors et le charme de ces amitiés, rendues plus concentrées par la compression universelle qui a marqué les débuts de l'Empire.

Dans la maison des Ternes, la musique était surtout en honneur, bien entendu ; mais on y causait aussi d'art et de philosophie, d'histoire et de politique, en se promenant dans les longues allées du jardin, dévasté et ruiné depuis, lors du siège de Paris. Madame Hérold animait tout par sa bonne grâce, sa bonté naïve et sa chaleur de cœur, prompte à s'exciter pour les causes généreuses. Après le long deuil de sa vie, accablée dès ses débuts par la mort de son mari, elle revivait enfin sur ses derniers jours, en s'entourant des jeunes amis de son fils et de son gendre. Tous deux venaient de se marier, et chacun de nous amena à son tour sa jeune femme dans cette maison bénie. On trouvait là comme un écho de l'ardeur et du dévouement politiques des libéraux de la Restauration, ainsi que de la largeur d'esprit des femmes intelligentes du xviiie siècle. Les hommes de ma génération ont connu les derniers représentants de cette période, dont la tradition est maintenant éteinte.

Il en est ainsi dans l'histoire : les sentiments intimes et les passions qui ont animé chaque époque et qui en expliquent la vie cessent d'être compris au bout de deux ou trois générations. Les récits écrits ne transmettent guère que les faits; mais la tradition orale, de sympathie et d'éducation, est nécessaire pour bien comprendre les sentiments, c'est-à-dire les vrais mobiles de l'activité qui a produit ces faits, les vraies causes de la grandeur des hommes et des peuples, aussi bien que de leurs faiblesses et de leurs défaillances. Une fois la tradition des sentiments perdue, il se crée dans le monde de nouveaux courants d'opinion, meilleurs ou pires, — ce n'est pas la question, — mais autres.

Ceux d'entre nous qui ont été en rapport avec les

hommes de 1830 et de la Restauration, ceux qui ont pu entrevoir dans leur enfance les survivants extrêmes du grand empire et de la Révolution, avec leur élan, leur énergie parfois brutale, leur enthousiasme ardent jusqu'à l'aveuglement, leur hautaine indépendance, ceux-là n'ont pas sur les choses humaines les mêmes idées, les mêmes jugements, les mêmes directions que la génération suivante, élevée dans un esprit plus positif, plus pratique, plus égoïste peut-être, au milieu de l'affaissement moral du second empire et du culte effréné des intérêts matériels, surexcités sans relâche depuis l'époque déjà lointaine de Louis-Philippe. La tradition de la Révolution fut alors rompue, de même que l'orgie et la bassesse de Louis XV avaient fait oublier les hautes visées du règne de Louis XIV.

Un abîme se creuse ainsi par intervalles entre les époques qui se succèdent et sépare les jeunes gens de leurs pères et de leurs aînés. Mais, en 1854, le monde libéral et le monde même de la Révolution, dont celui-là procédait, n'étaient pas encore tombés dans le gouffre de l'oubli. Leurs sentiments survivaient à la chute des institutions, dans un certain nombre de milieux clairsemés par la France et tels que celui que je viens de décrire.

Le feu sacré de la liberté fut entretenu, même aux

plus mauvais jours, dans ces milieux intimes, où il était si doux de se retrouver pendant les époques de défiance et de proscription. Plus tard, quand la terreur aveugle des intérêts commença à se calmer, quand l'Empire, engagé dans les entreprises extérieures de la guerre d'Italie, eut besoin à son tour du soutien des opinions libérales, une certaine détente se fit et l'on vit se former des centres de pensée plus étendus, tels que ce salon de madame d'Agoult où se sont rencontrés la plupart des hommes qui ont marqué depuis en politique. Mais, avant 1860 et au moment où la loi de sûreté générale renouvelait les violences de l'origine, des réunions si libres n'eussent pas été tolérées. La petite réunion des Ternes était mieux sauvegardée, parce qu'elle n'élevait pas de si hautes prétentions, au sein de ce cercle de jeunes gens et de jeunes femmes, amis des enfants de la maison et serrés autour de la chère maîtresse du logis.

C'est là que Ferdinand Hérold reçut la forte et durable impression des sentiments de sa mère. Par le milieu où il fut élevé s'expliquent ce caractère dévoué et résolu que l'on a connu depuis, cette bonté, cette simplicité de cœur qui le rendaient si cher à ses amis. C'était une nature sans fiel, sans haine personnelle, uniquement attachée aux principes, ou plutôt à leurs applications, c'est-à-dire à la recherche pratique du bien général; car il était peut-être plus clair que profond et il n'aimait guère les abstractions. Par là s'explique aussi son goût pour la politique active, où il ne tarda guère à chercher sa place.

II

SOUS L'EMPIRE

La vie publique d'Hérold nous fournit comme un tableau des péripéties et des traverses des hommes d'État de notre temps, ayant préludé par une longue et ferme protestation contre l'usurpation impériale; puis, après les folies de la fin et la catastrophe, saisissant le pouvoir au milieu de la tempête, plutôt pour essayer de relever la France d'une chute presque désespérée, que par une vue d'ambition personnelle; rejetés de nouveau dans l'opposition, par la réaction triomphante, après la défaite finale de la patrie; mais venant à bout, à force de patience et de sagesse politique, de dominer leurs adversaires et de prendre enfin, sous une forme tout à fait régulière, ce pouvoir si longtemps désiré et dont la possession dure si peu.

Toutefois la carrière de Hérold se distingue de celle de la plupart de ses contemporains par la direction générale de sa vie et par la nature de ses services. On retrouve dans les préliminaires qu'il crut devoir donner à sa carrière officielle l'influence morale exercée sur lui par son éducation et son milieu de famille.

Hérold, en effet, a pensé qu'un homme politique devait se désigner à ses concitoyens, non par de vaines déclamations, mais par les services réels, rendus aux misérables et aux opprimés, par les sacrifices faits à la chose commune. C'étaient là autrefois les commencements obligés; l'opinion publique étant réputée *a priori* devoir préférer l'homme qui a rendu les services les plus éclatants.

Je ne veux pas prétendre que cette méthode ne soit pas la plus digne; mais il n'en est pas moins certain qu'en fait, ce n'est pas la plus profitable. On arrive plus vite et plus facilement par le charlatanisme des manifestes et des promesses sans limites, par l'explosion éclatante des intransigeances. C'était l'une des faiblesses de la démocratie athénienne, et c'est encore la nôtre. Mais Hérold était trop honnête et nourri dans de trop sérieuses traditions pour suivre une pareille voie, moins frayée d'ailleurs il y a vingt-cinq ans qu'aujourd'hui. Peut-être les lenteurs de sa carrière, les difficultés et parfois les échecs qui en ont marqué le cours ont-ils été la conséquence de cette intelligence incomplète des procédés efficaces.

Retraçons en peu de mots la suite et les incidents de cette première période, consacrée aux services obscurs de l'opposition légale.

Reçu docteur en droit en 1851, après des études dirigées par un maître, M. Valette, dont il ne parlait jamais sans un vif souvenir d'affection, Hérold prit en 1854 une charge d'avocat à la cour de cassation et au conseil d'État, charge qu'il conserva pendant seize ans. En même temps qu'il exerçait fidèlement ses devoirs professionnels, il ne ménageait ni son talent de juriste, ni ses ressources personnelles, dans les procès politiques qui se succédèrent jusqu'à la fin de l'empire. C'étaient surtout les appels électoraux et les procès des Sociétés ouvrières que Hérold excellait à soutenir. Cette aide accordée aux amis de la liberté de tous degrés lui valut ces sympathies populaires, retrouvées plus tard à Charonne, lorsqu'il y devint conseiller municipal, et qui se sont manifestées d'une façon si touchante, au dernier jour, le long de son convoi funèbre.

La revendication des principes de liberté politique contre l'Empire ne commença guère que vers 1857. Les temps étaient sombres et presque sans espoir. L'attentat d'Orsini avait amené un redoublement de compression et des proscriptions nouvelles (loi de sûreté générale, 1858). Vacherot était condamné en police correctionnelle pour son livre purement théorique de *La Démocratie*, et son défenseur, Émile Ollivier, frappé d'une interdiction de trois mois. Pendant cette première phase, tous les amis de la liberté politique et philosophique étaient tenus pour ennemis et confondus dans la solidarité d'un même soupçon par la réaction cléricale et autocratique qui dirigeait le gouvernement. C'est dire combien l'entreprise de Hérold était courageuse et désintéressée.

Trop jeune encore pour paraître aux premiers rangs, il fit partie d'abord des comités électoraux qui préparèrent l'élection des Cinq, premiers représentants de la liberté dans le Corps législatif. Il excellait dans l'organisation de ces comités. Quand il s'agissait de les former, il y apportait les ressources morales des sympathies groupées autour de lui et le concours matériel de sa fortune privée. Sa grande et étonnante mémoire des faits et des hommes lui permettait d'ailleurs d'y rendre des services tout particuliers. Au moment même de l'action, il marquait avec netteté, soit par des consultations, soit par des publications (*Manuel électoral*, 1863), la limite dans laquelle on pouvait se mouvoir ; limite stricte, en dehors de laquelle les tribunaux, dévoués alors au pouvoir établi, ne permettaient à personne de s'avancer. Plus tard, il défendait devant les tribunaux d'appel ceux qui avaient pris part à la lutte.

C'est au milieu de ces préoccupations qu'il ne tarda pas à être éprouvé par des deuils privés, qui produisirent pour quelque temps la séparation de notre petite société des Ternes. Il adorait les siens et il fut cruellement frappé. La perte d'un premier enfant fut suivie à dix jours d'intervalle par une perte plus funeste encore, celle de sa mère, qui n'avait pu résister au chagrin et aux fatigues amenés par la maladie et la mort de son petit-fils. Hérold en éprouva une douleur extrême et il en parut longtemps accablé ; à tel point que ses amis en conçurent pour lui-même quelques craintes. Un chagrin analogue d'Ernest Picard, qui perdit aussi son premier-né, la mort de madame Ollivier, survenue presque en même temps, tout contribua à nous disperser. Cependant, après deux ans, les besoins d'une affection commune et l'accord général de nos pensées nous réunirent de nouveau, plus nombreux même que par le passé, autour de madame Clamageran, qui avait remplacé sa mère, avec non moins de bonne grâce et de tendresse délicate.

Pendant ce temps, l'horizon s'était entr'ouvert et l'affranchissement de l'Italie avait eu lieu : satisfaction donnée à des sympathies, dont l'ingratitude même des obligés ne saurait nous faire renier la générosité ; elle avait modéré l'amertume des dix premières années de l'Empire et adouci les esprits.

On put entrevoir dès lors la séparation qui allait se faire dans l'opposition. Tandis que les uns demeuraient irréconciliables et ne cessaient de poursuivre la restauration de l'ordre légal et de la République, abattus par la force en 1851 ; d'autres pensaient qu'il valait mieux profiter de l'état présent pour constituer, sans violence et sans révolution, une nouvelle forme de gouvernement : l'Empire libéral. Le duc de Morny encourageait cette scission, et il ne tarda pas à exercer une influence personnelle et croissante sur Émile Ollivier, qu'il jugeait, non sans raison, appelé à devenir le représentant de cette évolution. Ces divisions trouvaient leur écho jusque dans notre petit groupe des Ternes.

Cependant Émile Ollivier se laissait chaque jour entraîner plus loin et il prenait (1864-1867) le rôle d'intermédiaire entre le gouvernement et l'opposition ; il rêvait, je le répète, un empire libéral, qui aurait eu peut-être son jour et sa grandeur, sans la trahison du plébiscite et la folie de la guerre étrangère. Les contradictions internes entre cette conception et l'origine violente du régime auraient sans doute fini par en amener la ruine ; mais ces causes eussent été lentes à se développer dans une France enrichie et engourdie par la prospérité matérielle. Quoi qu'il en soit, la plupart de nos amis refusèrent de s'associer à cette entreprise ; Picard, Hérold, Clamageran repoussèrent tout contact avec un régime dont la tache d'origine leur semblait ineffaçable, et ils persistèrent dans l'unité de leur conduite et dans la logique de leurs sympathies républicaines.

Ainsi se divisèrent les hommes de liberté, et cette division funeste, quoique inévitable, nous a privés au jour de la catastrophe de quelques-unes de nos énergies les plus précieuses. Je ne prétends pas ici devancer le jugement de l'histoire, ni prononcer des paroles de blâme ; mais aucun de ceux qui ont connu intimement Émile Ollivier ne me désavouera dans l'expression du regret profond que nous a causé à tous cette grande puissance morale, cette grande force oratoire, vibrante et sympathique, désormais perdue pour la France.

Jusque-là, l'opposition avait été rassemblée par les liens d'une haine commune; elle se partagea donc, et l'on vit commencer la vraie campagne des républicains purs contre l'Empire, campagne soutenue par les comités et les journaux et renfermée dans la mesure étroite de la légalité. Les jurisconsultes y jouèrent un rôle capital, et Hérold au premier rang parmi eux.

Les débuts de cette campagne furent marqués par le procès des Treize (1864), procès dans lequel Hérold fut représenté par le ministère public comme le principal organisateur du mouvement et condamné à 500 francs d'amende, en compagnie de Garnier-Pagès, de Carnot et de leurs amis. Il avait donné dans cette affaire la mesure de ce caractère sincère et résolu, qui l'a toujours conduit à accepter la pleine responsabilité des ses actes. Sa popularité au dehors, sa considération parmi ses pairs mêmes en furent accrues, et il fut presque aussitôt élu membre du conseil de son ordre. En 1868, il concourut avec Pelletan à fonder le journal *la Tribune*. Ainsi se poursuivait sa carrière, consacrée par des services incessants, qu'il était toujours prêt à rendre avec un zèle égal, de quelque lumière u de quelque obscurité qu'ils fussent entourés.

Pendant ce temps, la notoriété d'Hérold avait grandi avec l'âge, et le moment était venu pour lui d'entrer dans l'arène politique proprement dite, en passant par une nouvelle étape : la fonction de député. Tant de services rendus à la cause de la liberté justifiaient cette ambition, qui n'était autre, d'ailleurs, que celle de rendre de plus grands services. Elle exigeait même un sacrifice nouveau, celui d'une carrière assurée, honorée, lucrative. Hérold n'hésita pas.

Deux voies, alors comme aujourd'hui, s'ouvraient pour parvenir. On pouvait se présenter à Paris, ou dans une grande ville, en se couvrant de l'éclat d'une réputation faite, autour de laquelle l'opinion se rallie; ou bien en brusquant les sympathies par l'ardente manifestation de ces opinions simples et excessives qui séduisent les masses. On pouvait encore se faire nommer dans un département, après y avoir lentement conquis cette influence qu'assurent les services rendus et les relations personnelles. Hérold devait tenter tour à tour les deux voies, sans jamais sortir des bornes légitimes.

Appelé dans le département de l'Ardèche, par les sympathies de ses amis politiques, il s'y présenta aux élections de 1869; mais il obtint seulement 12 400 voix au second tour de scrutin, contre

19000 données au marquis de la Tourrette, candidat officiel.

Ce fut ainsi qu'Hérold fut conduit à se faire dans l'Ardèche une situation locale : il y acquit une modeste propriété et groupa autour de lui l'opposition protestante et libérale. Il poursuivait lentement cette campagne électorale, appuyée sur les dévouements publics et privés, lorsque éclatèrent le coup de foudre de la guerre de 1870 et les désastres de l'invasion.

III

SOUS LA RÉPUBLIQUE

Les jours étaient venus : l'Empire était tombé sans gloire dans la guerre qu'il avait provoquée, et la France menaçait de s'abîmer avec lui, lorsque quelques hommes courageux saisirent le gouvernail abandonné. Aucun d'entre eux n'avait d'illusion sur l'étendue de la catastrophe ni sur l'impossibilité d'un retour définitif de la fortune ; mais, dans les cas extrêmes, le désespoir est parfois le meilleur conseiller. Il était nécessaire de relever la patrie et de tâcher de sauver au moins l'honneur par une résistance héroïque, il fallait montrer que la honte et la lâcheté des chefs de la nation n'avaient pas flétri tous les cœurs. Ce sont les dévouements et les énergies suscités dans ce moment suprême qui ont fourni à la France le ressort moral de sa régénération. La République a puisé dans les profondeurs du sentiment national surexcité cette force souveraine qui a fini par vaincre tous les artifices des politiciens réactionnaires.

Hérold fut au premier rang parmi les derniers défenseurs de la patrie. Dès le 4 septembre, il était, à l'Hôtel de Ville, l'un des secrétaires du gouvernement de la Défense nationale, et, presque aussitôt, il fut nommé secrétaire général du ministère de la justice, c'est-à-dire, en réalité, ministre en l'absence du titulaire, M. Crémieux ; après le siège, il eut un moment le titre de ministre de l'intérieur.

Son caractère et ses antécédents ne le tournaient pas vers les affaires militaires, qui ne jouèrent d'ailleurs dans Paris assiégé qu'un rôle négatif et parfois désastreux. Mais il s'occupa dès lors de cette réforme judiciaire, qui n'a pas cessé de faire obstacle à la République, et il eut au moins la satisfaction de faire établir la liberté de l'imprimerie et abroger l'article 75 de la Constitution de l'an VIII, article depuis longtemps attaqué, sur la responsabilité des fonctionnaires. Ces réformes sont restées.

Cependant les services mêmes qu'il avait rendus, tandis qu'il était enfermé dans Paris, devinrent fatals à ses ambitions. Lors des élections générales à l'Assemblée nationale, il ne put soutenir en personne sa candidature, proposée de nouveau dans le département de l'Ardèche, et il échoua avec 30 000 voix contre une liste de fusion. En ces heures de défaillance le pays, épuisé par la guerre et démoralisé par la défaite, ne recherchait plus que les partisans de la paix à tout prix.

Hérold ne fut pas plus heureux à Paris, lors des élections complémentaires du 2 juillet. La situation même de conseiller d'État, que lui avait donnée M. Thiers dans la commission provisoire (avril 1871), tomba à son tour au jour des élections définitives, faites par l'Assemblée nationale en juillet 1872. La réaction grandissante, fortifiée par la double terreur de l'étranger et de la Commune, se tournait contre ceux qui avaient défendu la patrie aux jours de nos malheurs; elle les poursuivait avec un acharnement d'ingratitude, que l'on retrouve trop souvent dans l'histoire et que Hérold devait encore rencontrer, à sa dernière heure, jusque parmi ceux pour qui il avait lutté toute sa vie.

Ainsi repoussé des premiers rôles, alors que l'intérêt même de l'État aurait dû, au contraire, le faire rechercher, Hérold revint à son point de départ et il se retrouva dans l'opposition. Là, comme toujours, il s'associa à l'œuvre commune, plutôt qu'il n'y apporta une initiative inattendue ou des inventions personnelles.

Il fut l'un des plus méritants dans cette longue et tenace lutte légale contre la réaction monarchique et cléricale; lutte qui a fondé définitivement la République, parce que les républicains ont réussi à convaincre la France que le nouvel établissement était à la fois la dernière étape de la Révolution et l'espérance suprême de la patrie, en dehors de laquelle on ne pouvait plus rencontrer que les aventures et les convulsions, l'anarchie intérieure et l'intervention de l'étranger.

Au mois de décembre 1872, Hérold était élu conseiller municipal par l'arrondissement de Charonne. Il joua dans le conseil un rôle de quelque importance, par la fermeté et la modération de son allure républicaine, qu'il maintenait à la fois contre les réactionnaires et les intransigeants. Il répondait si bien à l'esprit moyen de cette assemblée, qu'il fut élu cinq fois vice-président. Il soutint avec les citoyens sensés la candidature de Rémusat contre Barodet; et, lorsque le succès de ce dernier eut amené la chute de M. Thiers, Hérold fut le premier signataire de la protestation contre les tentatives de restauration monarchique (novembre 1873).

Parmi ses actes comme conseiller municipal, je signalerai sa proposition d'attribuer une subvention annuelle de 300 000 francs aux établissements d'enseignement supérieur du département de la Seine (novembre 1875) : proposition généreuse, qui aurait associé la ville de Paris aux plus hautes directions philosophiques et scientifiques de l'esprit humain. C'est là, d'ailleurs, un ordre de dépenses et d'encouragement auquel la plupart des grandes capitales de l'Europe tiennent à honneur de participer. La ville de Paris y était restée trop étrangère sous l'administration matérialiste d'Haussmann, tout entière concentrée dans des préoccupations de voirie publique. Le Paris républicain a eu l'honneur de remettre l'instruction primaire à sa place et d'y consacrer un budget digne de cette grande cité : ni par la dépense, ni par les résultats, Paris aujourd'hui ne le cède sous ce rapport à personne. Mais il eût été digne d'en faire autant pour l'enseignement supérieur, qui est la véritable source de toute initiative sérieuse, de tout progrès matériel et moral dans l'humanité. Hérold comprenait mieux que personne, en raison de son éducation et de l'élévation naturelle de son esprit, qu'il dût en être ainsi, et ses collègues adoptèrent sa proposition. Mais elle rencontra l'obstacle toujours présent des sourdes oppositions réactionnaires. Il fallait, pour que la proposition devînt définitive, l'approbation du ministre de l'intérieur : or l'un des derniers actes de M. Buffet, au moment de quitter le ministère, fut d'annuler le crédit. Ainsi tomba une idée large et généreuse, et il est regrettable qu'elle n'ait pas été reprise depuis : à la condition, toutefois, qu'elle ne soit pas soustraite au contrôle des hommes compétents et détournée de sa large destination par l'arbitraire du favoritisme et les prétentions jalouses des vanités individuelles.

Mais revenons à la carrière politique d'Hérold. Sa situation grandissait de jour en jour. La République était sortie du provisoire, par la proclamation de la Constitution de 1875. Les élections sénatoriales de la Seine en 1876 se firent en vertu de la nouvelle Constitution ; Hérold y fut porté, sous le double patronage de MM. Thiers et Gambetta. Il fut élu un des premiers et il vint siéger dans la gauche républicaine, à laquelle il devait rester associé jusqu'au dernier jour. Là, il ne devait pas tarder à retrouver, encore une fois, son rôle d'organisateur de la résistance légale, rôle dans lequel il excellait par la modération de son esprit et la netteté avec laquelle il traçait les limites de l'action qu'il s'agissait de poursuivre.

Le 16 mai avait interrompu le développement

régulier et pacifique des idées républicaines, et le Président de la République avait entraîné le Sénat à voter la dissolution de la Chambre des députés (juin 1877) : faute grave qui a été l'origine d'un certain affaiblissement dans l'autorité morale de ce grand corps. Hérold fut, avec MM. Calmon et Peyrat, l'un des trois présidents du comité des gauches du Sénat, comité chargé de soutenir la lutte. Ce fut peut-être là le point culminant de la carrière d'Hérold, celui où il exerça le plus d'influence. Avec quel zèle et quelle activité, sans ménager ni sa fortune ni sa santé, il agit dans cette circonstance et sut soutenir dans la France entière la résistance aux pressions administratives, surexcitées par la passion politique et le désir de réussir à tout prix : c'est ce que savent les témoins de sa vie. Cependant il n'abusa jamais du pouvoir presque discrétionnaire que son parti lui avait confié. Je me rappelle un incident singulier et caractéristique de ces temps troublés, où le sentiment du juste et de l'injuste faiblissait dans certaines âmes sous les ardeurs des passions politiques. Un jour, l'un des défenseurs de la République dans les départements du Midi, employé dans la magistrature coloniale, vint faire à Hérold une étrange proposition. « Le département de ***, où j'ai mes amis, est terrorisé en ce moment par des bandes légitimistes qui parcourent les villages ; si vous voulez mettre à ma disposition quelques milliers de francs, je me charge d'organiser une contre-bande, qui opérera en sens contraire au nom de la République. » Je n'ai pas besoin de dire quel accueil Hérold fit à cette proposition, qui atteste l'état d'excitation et d'anarchie où le 16 mai avait jeté la France.

J'avais pu voir, quelques années auparavant, pendant un petit voyage que nous fîmes ensemble, en 1873, dans la vallée du Rhône, avec quelle sagesse Hérold savait à la fois grouper les sympathies et maintenir dans les limites de l'action légale l'énergie des convictions républicaines, si chaudes dans ces régions. J'entends encore ses entretiens avec les gens d'Aubenas, dévoués à la cause ; et j'ai présente notre rencontre à Rochemaure, au pied du volcan éteint de Chenavari, devant les aiguilles basaltiques qui portent les ruines du château féodal : nous fûmes abordés par un boucher, républicain ardent, dont le langage exubérant et la défiance naïve rappelaient la violence des passions démocratiques de Marseille.

Tant de zèle et de dévouement ne resta pas stérile. Nul peut-être n'eut plus de part qu'Hérold à l'élection de la majorité républicaine qui sortit des urnes d'octobre 1877. Ce ne fut pas, comme on sait, le terme de la lutte ; mais, tant que se poursuivit l'effort de la réaction monarchique, tant qu'elle refusa de reconnaître sa défaite et qu'elle persista dans ses rêves de coup d'État, Hérold demeura sur la brèche, prêt à tout et disposé à pousser la résistance jusqu'aux extrémités. Heureusement cette douleur nous fut épargnée ; la réaction recula, au moment d'allumer dans la France un incendie plus général et plus terrible que celui de 1830.

Il semblait que Hérold dût être appelé aussitôt dans le nouveau ministère, ou parmi ses auxiliaires les plus prochains. Mais le maréchal Mac-Mahon, alors même qu'il renonçait honnêtement aux résolutions fatales, n'avait pas abdiqué toutes ses répugnances contre les amis de la République. En janvier 1879 seulement, au moment de se retirer, il contresigna à regret la nomination de Hérold comme préfet de la Seine.

IV

LA PRÉFECTURE DE LA SEINE

C'est dans ses fonctions de préfet que Hérold a donné toute sa mesure, en manifestant sous un nouveau jour ses capacités d'homme d'État : la mesure eût été plus large encore si son activité n'avait pas été subordonnée à la pleine possession d'une santé déjà ruinée par tant d'efforts, d'émotions et de sacrifices. Trois choses ont caractérisé la préfecture de Hérold : sa sympathie pour les idées modernes, son accord sincère avec le conseil municipal et la population parisienne, enfin sa grande habileté d'administrateur. — De celle-ci, il ne m'appartient pas de parler; mais les deux premiers points veulent être relevés.

Le rôle du préfet de la Seine, on le sait, n'est pas un rôle ordinaire. Non seulement il représente le pouvoir central, qui l'a délégué ; mais il remplace le chef de la municipalité, le maire, choisi dans toute autre commune parmi les élus de la cité. Ce double rôle engendre une certaine délicatesse dans les rapports du préfet de la Seine avec le conseil municipal. Cette population parisienne, si mobile, si généreuse, si avide de progrès et de changements, est par là même difficile à gouverner ; elle est prompte à entrer en opposition contre ceux qui la dirigent. Elle oublie volontiers la continuité nécessaire des institutions, pour réclamer l'exécution immédiate des réformes. De là sa méfiance instinctive contre les administrateurs, même les plus honnêtes et les mieux intentionnés. Trop souvent ceux-ci sont amenés à entourer leur action de mystère, afin d'éviter qu'elle ne soit paralysée, soit par l'intervention des intérêts privés, soit par des oppositions, nées d'une vue partielle des choses à leurs débuts et que leur développement complet dissipera. Au contraire, les citoyens réclament que tout se fasse au grand jour. Ils craignent, et cette crainte n'a peut-être pas toujours été sans fondement, que le secret administratif ne masque la poursuite de vues contraires à la liberté ou au bien public.

Par une rare prérogative, à force de droiture dans ses intentions, de franchise et de bonne foi dans ses décisions, de netteté dans l'exécution, Hérold avait réussi à désarmer ces méfiances et à marcher presque toujours d'accord avec un conseil municipal dont il partageait les convictions généreuses, sinon même les passions et les préjugés. Cependant la facilité de son caractère a fait parfois illusion sur l'énergie morale de sa nature. Il ne faisait aucun sacrifice à une vaine popularité; mais il avait pour principe de laisser la volonté du conseil se développer et régler les choses de sa compétence en toute liberté; sans autre limite que la loi, ce régulateur et cette condition suprême de la stabilité dans les régimes démocratiques. Cette limite, d'ailleurs, il ne la révélait pas après coup, comme par surprise et presque en trahison, pour arrêter brusquement un courant auquel on s'était abandonné avec confiance. Au contraire, il prévenait d'avance et dès les premiers mots; puis, si le conseil persistait, le moment venu, sans vain défi et conformément à ce qu'il avait annoncé d'abord, il faisait annuler la délibération. C'est ainsi qu'il maintenait avec fermeté dans la pratique les principes généraux de notre droit public et de notre organisation centralisée, principes en dehors desquels l'unité française ne tarderait pas à se relâcher et à se dissoudre, au milieu de la lutte anarchique des intérêts contraires des communes.

Son principal appui, le motif fondamental de la confiance réciproque qui exista toujours entre Hérold et le conseil municipal, ce fut la communauté de sentiments sur les matières religieuses, spécialement en ce qui touche les relations de l'Église catholique avec la ville de Paris.

La lutte qui s'est engagée sur ce point sera jugée plus tard comme l'un des traits les plus frappants de notre époque; c'est elle peut-être qui imprimera à la fin du XIXe siècle son principal caractère dans l'histoire de l'humanité. Il s'agit, en effet, d'un problème qui n'a jamais été posé si haut dans l'ordre social et philosophique. Une société peut-elle vivre sans religion officielle, sans appui surnaturel, sans préjugés, comme aurait dit Voltaire, en un mot en tirant tous ses principes d'action de la seule autorité de la science et de la raison? Une telle conception, entrevue dès le XVIIe siècle, faisait frémir d'horreur Bossuet et les hommes de son temps. Jusqu'à notre époque, peu de politiques en aucun pays ont osé l'envisager de sang-froid. Tel est cependant l'avenir vers lequel la France et bientôt sans doute avec elle toute l'Europe civilisée sont entraînées par un courant chaque jour plus irrésistible. Les mobiles fondamentaux des actions des hommes semblent avoir changé ; les dogmes positifs des religions établies ont perdu toute créance, aussi bien parmi les gens instruits que dans les masses ouvrières qui remplissent nos villes.

Qu'on l'approuve ou qu'on le blâme, qu'on s'en réjouisse ou que l'on s'en afflige, il n'en est pas moins certain que les croyances religieuses ne sont plus, comme autrefois, la base de l'ordre social et de la moralité humaine ; et cependant les sociétés ne se sont pas écroulées dans le désordre et la corruption. La somme de vertu et de dévouement qui est dans le monde n'a pas diminué. Loin de là : l'histoire de notre temps prouve que l'amour du bien, l'honneur, le goût des devoirs de famille, aussi bien que le respect des devoirs publics, ne sont ni moins répandus dans les masses, ni moins efficaces dans les âmes d'élite : elles y ont même pris comme une dignité et une noblesse plus haute, en rejetant l'appui trompeur des opinions chimériques et des superstitions d'autrefois. Certes, il y a et il y aura toujours bien des défaillances, bien des fautes, bien des crimes dans les sociétés humaines. Mais la population de nos grandes villes n'a pas perdu le sens de l'honneur et du dévouement, pour s'être détachée des vieux dogmes. Au contraire, il semble que la moralité soit surtout une question de race et d'éducation générale, plutôt que de croyances positives : les pratiques superstitieuses des vieilles religions n'empêchent guère les défaillances de leurs partisans. En fait, parmi les races du midi de l'Europe, elles paraissent plutôt diminuer la moralité que la fortifier, en affaiblissant le sentiment de la responsabilité. Mais la séparation entre la société purement civile de l'avenir et les sociétés théocratiques du passé n'est pas facile à accomplir.

Les naturalistes ont reconnu dans ces derniers temps qu'il existe une classe de végétaux, les lichens, êtres complexes, formés par l'association d'une algue, qui pourrait subsister par elle-même, et d'un champignon parasite, étroitement entrelacés. Ces deux êtres en sont venus à vivre d'une vie commune, dans laquelle l'algue, dépouillée de son autonomie, suffit par sa matière verte à entretenir la vie commune d'un être hybride.

On pourrait dire que c'est là l'image des sociétés humaines, envahies depuis tant de siècles par le parasitisme des religions. Le grand et original effort de notre temps est d'opérer le départ entre les éléments primordiaux de l'humanité vivante, active et laborieuse, et ceux du parasite, greffés sur elle et entrelacés jusque dans les dernières profondeurs de notre vie publique et privée. Certes, un tel résultat ne saurait être atteint sans quelque déchirement, et sa poursuite exige la lenteur et la prudence méthodique d'une opération chirurgicale.

Le succès définitif de l'entreprise, engagée depuis le xvie siècle, par des forces morales et intellectuelles de plus en plus prépondérantes, ne paraîtra guère douteux au philosophe. Mais il faut éviter à tout prix la violence, qui est contraire à la justice et qui provoque les réactions ; il faut surtout éviter de froisser ces âmes délicates et pures, qui ont identifié leur être moral avec la vieille organisation théocratique, aussi bien que ces esprits honnêtes, prompts au vertige et hostiles aux brusques changements.

Aux uns, il faut faire comprendre que la société laïque est établie sur des bases plus larges et moins sujettes à trembler que les vieilles théocraties. Aux autres, plus respectables encore à mes yeux, il convient d'expliquer que la pureté morale qui les domine existe par elle-même, indépendamment de toute affirmation arbitraire et dogmatique. Ils seront à nous, le jour où ils seront convaincus que la solidarité et la fraternité humaines constituent un idéal plus haut et plus profond que la charité tant vantée des vieux âges. Mais évitons à tout prix de les blesser par la violence des compressions, ou par la brutalité des calomnies.

Étrange retour de l'histoire! Le catholicisme est aujourd'hui poursuivi des mêmes accusations de bassesse et d'immoralité; il est, disons-le franchement, victime de ces mêmes calomnies qu'il a invoquées autrefois contre le vieux culte poétique et naturaliste de l'antiquité. Dans les déclamations de la presse anticléricale, on croirait parfois entendre comme un écho des infamies reprochées au paganisme par Lactance et par Tertullien. Les Pères de l'Église, eux aussi, ont abusé de ce procédé de polémique, qui consiste à reprocher à un culte les sottises et les crimes de quelques-uns de ses adeptes, à s'armer de l'ineptie des superstitions locales contre des croyances longtemps respectées, qui ont eu leur grandeur et leur rôle dans l'histoire de l'humanité. Les mensonges à l'aide desquels le catholicisme a ameuté les peuples pendant tant de siècles contre les savants et les philosophes, les accusations imaginaires au nom desquelles il a immolé tant de milliers de victimes au moyen âge, sont aujourd'hui retournées contre lui. Si la voix qui demande du sang retentit encore parmi ses partisans les plus fanatiques, cependant les vrais libres penseurs sont tenus à montrer plus d'impartialité qu'il n'en a jamais eu et à reconnaître le rôle utile qu'il a pu jouer autrefois dans le développement moral de l'humanité. Mais cette haute justice fait partie des résultats théoriques de la science moderne. Dans la pratique, l'heure de la laïcisation est venue, et notre société est sur le point de rompre ses derniers liens.

Hérold le comprit mieux que personne. Héritier des traditions philosophiques et politiques de notre siècle, il se jeta avec ardeur dans le mouvement destiné à assurer à l'instruction populaire son autonomie.

Ce mouvement a soulevé les protestations les plus vives de la part des catholiques menacés dans une longue possession, qui jusque-là avait été à peine troublée, même au temps de la monarchie constitutionnelle de Louis-Philippe. En 1850, ils avaient fait consacrer légalement l'oppression de l'enseignement populaire. Non contents de ce succès et prompts à saisir toute circonstance favorable, ils avaient cimenté leur pouvoir, après 1870, par de nouveaux artifices, abusant de l'affaiblissement du gouvernement central et profitant de nos désastres mêmes.

Un tel pouvoir ne pouvait durer, et le principe même de leur réclamation ne saurait être accepté. On ne saurait regarder comme une persécution la perte du droit de tyranniser les consciences. Il y a là une méprise, une duperie singulière, qui s'est produite trop souvent dans l'histoire contemporaine et dans laquelle notre génération, éclairée par les événements de 1850, ne saurait retomber. « Nous vous avons demandé la liberté, s'écriait alors l'un des défenseurs les plus autorisés du cléricalisme, nous vous l'avons demandée, quand vous étiez au pouvoir, parce que c'était votre principe; aujourd'hui nous vous la refusons, parce que c'est le nôtre; nous ne devons tolérer que la liberté du bien. » Laisser l'indépendance à toutes les opinions, c'était, à l'écouter, insulter, opprimer la religion, et cette plainte s'entend encore à Rome. Rome, en effet, est troublée par là dans ses pratiques traditionnelles d'oppression. Le *Compelle intrare* a toujours été l'une des maximes fondamentales de l'Église; interrogez, même à l'heure présente, ses chefs les plus autorisés, et vous ne tarderez guère à les amener à avouer que « la dureté des temps » les oblige seule à y renoncer.

Telle n'est pas la devise de la civilisation moderne; mais elle a, au contraire, le devoir de sauvegarder les pauvres, les enfants, les malades, les mourants, contre des habitudes traditionnelles d'oppression. C'est au nom de la liberté des consciences qu'il importe de mettre un terme à une trop longue intolérance et de cesser d'imposer à tous les pratiques religieuses par le concours du bras séculier, c'est-à-dire du pouvoir civil.

A ce point de vue, disons-le hautement, la campagne entreprise par Hérold et par les municipalités des grandes villes est légitime. Mais on doit veiller avec le plus grand soin à ce que l'exclusion des pratiques religieuses obligatoires, dans toute la série des actes de la vie civile, ne dégénère pas en provocation ou en persécution contre des sentiments sincères, et dont on ne saurait méconnaître ni la légitimité ni la grandeur morale. La limite est parfois délicate à tracer, et peut-être sous ce rapport des fautes ont-elles été commises. Je veux parler de l'enlèvement public des crucifix dans les écoles. Sur ce point, les ordres de Hérold avaient été dépassés, par zèle ou par maladresse : il le reconnaissait ; la maladie l'avait empêché de surveiller les détails d'une exécution intempestive. La chose une fois faite, avec sa résolution naturelle, il eut la générosité de couvrir des agents qui l'avaient compromis. Mais, en désavouant quelques abus regrettables, il convient de maintenir le principe.

Posons nettement la question.

Il ne s'agit pas de s'opposer à des actes religieux que la conscience d'un citoyen regarde comme nécessaires, quelque opinion que l'on puisse avoir soi-même à cet égard; mais il convient d'empêcher qu'on en impose à tous indistinctement la pratique dans les lieux publics. Nous oublions trop vite le passé. Jusqu'à la fin du XVIIIe siècle, cette pratique était obligatoire, même dans la vie privée : chacun devait faire ses Pâques et recevoir les derniers sacrements; et la liberté du refus n'a pas été entière sous la Restauration. Aujourd'hui, la vie privée est devenue libre; mais les actes de la vie publique sont demeurés enchaînés jusqu'à ces derniers temps. La mairie, l'école, l'hôpital, le cimetière doivent être séparés de toute attache religieuse obligatoire, c'est-à-dire qu'ils doivent être purement laïques. Il convient de prévenir désormais l'oppression du faible, du malade, de l'enfant, si longtemps érigée en principe et en maxime d'État dans les pays catholiques.

Voilà l'œuvre à laquelle Hérold s'était voué et qu'il a poursuivie et à peu près entièrement accomplie à Paris : ce sera l'un des caractères les plus marquants de son administration dans l'histoire de notre temps. Il y fut fidèle jusqu'à la mort.

V

LA FIN

Ainsi, après une longue suite de services rendus à la patrie, à la liberté, à la démocratie, Hérold était arrivé à l'une de ces situations élevées qui permettent à un homme de jouer un rôle dans l'histoire et d'intervenir dans les destinées de son pays : ses ambitions étaient satisfaites, ambitions légitimes qui avaient eu pour mobile, non la poursuite de vains honneurs et le désir stérile d'une autorité prépotente, mais l'amour du bien public et la volonté d'y conformer la direction des choses administratives. Mais, éternelle vanité des desseins et des félicités humaines ! à peine avait-il eu le temps d'exercer cette direction, depuis si longtemps désirée, que les signes précurseurs d'une fin prochaine apparurent, signes trop visibles pour ses amis comme pour lui-même.

Le mal venait de loin. Dès 1875, une maladie grave l'obligea de subir une suite d'opérations, auxquelles il eût succombé sans l'habileté consommée de son ami, le Dr Labbé. Sa fermeté ne fut jamais troublée par un danger dont il avait pleine conscience. « Mon ami, me disait-il plus tard, vous ne savez pas dissimuler; je lisais jour par jour sur votre visage inquiet la gravité de mon état. » C'était le signe d'une affection organique profonde, le diabète, dont il était atteint à son insu depuis plusieurs années.

Il se rétablit pourtant, et il ne tarda pas à être mis en demeure de déployer une activité plus grande que jamais, lors des événements du 16 mai. L'excitation de cette lutte sans relâche, où il fut comme le centre du mouvement électoral de la France entière, le soutint contre des fatigues accumulées; mais non sans user davantage les ressorts d'une constitution faiblissante. Une fois préfet, il se donna tout entier au travail de sa nouvelle fonction, prolongeant jusqu'au milieu de la nuit la lecture des dossiers et l'examen des affaires.

C'est dans cet état de tension d'esprit qu'il fut frappé au cœur par la maladie et la mort de l'un de ses enfants, son jeune fils Georges, le préféré peut-être, à cause de sa ressemblance avec son grand-père le musicien. Cette jeune existence fut fauchée dans sa fleur, à la suite d'une longue et douloureuse maladie.

Hérold ne se consola jamais de cette perte. Depuis, sa santé demeura toujours languissante. Il s'enfonça dans un travail redoublé, pour étourdir sa douleur. « Je le vois sans cesse devant moi, disait-il, dès que je cesse de travailler. »

En vain, il chercha à relever ses forces par des séjours aux eaux de Vals, la vallée aux volcans éteints, aux chaussées basaltiques, l'une des régions les plus pittoresques de la France; par des voyages en Italie, pays de prédilection pour cet esprit artistique, et où il avait retrouvé plus d'une fois le calme intellectuel et moral, si difficile à conserver dans les surexcitations incessantes de la vie parisienne.

L'hiver de 1879 à 1880 amena un déclin définitif. Atteint d'une bronchite grave et tenace, il consentit à peine, vers le printemps, sur les instances réitérées des siens, à prendre quelques semaines de congé qu'il passa à Arcachon. Cette nature diligente, peu encline à la contemplation philosophique, ne pouvait supporter la solitude. Il ne savait pas s'absorber dans la nature et retremper dans la vue une et changeante des choses les ressorts de sa vie morale. Il avait, pour se soutenir, besoin d'une activité obligatoire.

Il revint bientôt à Paris, un peu ranimé par le repos et la douceur du climat du Midi, mais sans se faire d'illusion sur la gravité d'un état physiologique qui devenait chaque jour plus menaçant.

Il eût pu vivre sans doute quelques années de plus, s'il eût consenti alors à tout quitter, avant que l'affaiblissement de ses organes, minés sourdement par la maladie, devînt irréparable. A ce moment critique, quelques-uns de ses amis, sollicités par le calme avec lequel il envisageait son état, osèrent lui dire franchement la pénible vérité.

« Non, sans doute, répondit-il, il ne me plaît pas de mourir avant l'heure, en laissant ma famille sans appui, mes enfants non élevés. Mais j'ai entrepris une œuvre que je veux poursuivre jusqu'au bout. Je resterai et j'attendrai ma destinée. » Parmi ceux qui ont goûté cet âpre fruit de la politique active, il en est peu qui aient eu la résignation de s'en détacher d'eux-mêmes et sans y être obligés par la nécessité.

Ainsi Hérold refusait de se retirer de l'arène où il avait combattu ce grand combat, qui dure et qui durera éternellement entre l'esprit nouveau et les vieilles tyrannies, entre la science moderne et l'ignorance traditionnelle, entre la libre pensée et la superstition. A dater de ce jour, la funèbre question ne fut plus posée entre nous. Quelques allusions voilées, parfois l'échange d'un sourire attristé montraient cependant que cette pensée était toujours présente au fond de son esprit. Cette nature vaillante n'en jouissait pas moins jusqu'au bout des derniers jours de son activité. Il sentait la mort venir lentement, avec cet esprit résolu qu'il avait porté dans tous ses actes; ce n'était pas sur lui-même qu'il s'affligeait, mais sur sa femme, sur sa sœur, qui contemplaient les progrès du mal avec une tristesse inexprimable. Mais pour lui-même il avait la sérénité du sage, qui accomplit son devoir et poursuit son œuvre jusqu'au bout, prêt à se coucher dans le sillon pour y mourir, sans vaine plainte et sans vaine espérance.

Cependant son esprit pratique et naturellement optimiste ne s'arrêtait pas longtemps sur ses sombres perspectives; il ne croyait pas d'ailleurs le terme si prochain. Ce terme apparut dès le commencement de décembre aux compagnons affectueux qui observaient le malade avec la sollicitude d'une tendresse inquiète. L'échec même de sa candidature de sénateur inamovible ne l'affecta pas plus qu'il ne convient, et nul mot ne sortit de sa bouche, qui trahît l'amertume causée par la trahison d'anciens amis et la méconnaissance des longs services rendus à la cause républicaine. Il regardait son avenir politique avec plus de confiance peut-être que la durée même de sa vie. Quelques jours avant sa mort, il me parlait encore de sa candidature dans les Pyrénées-Orientales, dernier sourire d'espérance qui éclaira son intelligence près de s'obscurcir.

Il travaillait encore ce jour-là, courbé sur des dossiers que ses yeux affaiblis avaient peine à lire, et s'occupant du personnel des hôpitaux confiés à ses soins. Mais ce fut le suprême éclair de volonté.

VI

LES FUNÉRAILLES

Il s'éteignit le 1ᵉʳ janvier 1882, vers le matin, attristant à jamais cet anniversaire pour sa famille et ses amis désolés. Il avait demandé que ses obsèques fussent accomplies en écartant la pompe des cérémonies officielles : son vœu a été respecté, sans pourtant refuser à sa mémoire une consécration en harmonie avec la direction et la logique générale de sa carrière. Pour la première fois, l'armée de Paris fut associée dans ses principaux représentants à un enterrement civil. L'approbation sympathique du peuple parisien, dont il avait été le serviteur dévoué, s'y joignit avec une touchante spontanéité. De temps en temps, du sein de cette population accourue pour rendre un dernier hommage au préfet qu'elle aimait, il s'échappait sur le trajet du convoi le cri de *Vive la République !* comme pour attester jusqu'au bout la cause à laquelle Hérold s'était dévoué. Un dernier mot d'adieu, par Pelletan, a rappelé sur sa tombe que ce républicain, ce philosophe, cet homme politique ennemi de tout préjugé, avait été le modèle des vertus publiques et privées. C'est là, en effet, l'un des caractères de notre époque ; le dévouement, le désintéressement, l'élévation morale dans leur plus haute expression, loin d'accompagner d'une manière nécessaire les partisans des anciennes croyances, sont de jour en jour plus rares parmi eux, pour devenir le patrimoine des amis du progrès et de l'humanité.

LES SAVANTS

PENDANT LE SIÈGE DE PARIS

1872.

Quand vint le siège de Paris, dernière étape de nos défaites, on se tourna vers la science, comme on appelle un médecin au chevet d'un malade agonisant. Le concours de l'esprit et de la méthode scientifiques eût été sans doute plus efficace si on l'eût invoqué depuis de longues années pour organiser les forces matérielles et morales de la France : nos ennemis l'ont fait, mais on n'a pas encore su leur ravir le secret de leur puissance.

Quoi qu'il en soit, le dévouement des savants auxquels on faisait appel *in extremis* n'a pas manqué à la patrie. Les nombreux comités institués dans ce péril suprême ont donné leur temps, leur santé et leur intelligence, sans mesure ni réserve. S'ils n'ont pas sauvé la patrie d'un désastre, rendu inévitable par la destruction déjà accomplie de notre organisation militaire, ils ont pourtant imprimé au siège de Paris quelques-uns des caractères qui le distingueront dans l'histoire.

On n'avait pas encore vu cette merveille d'une correspondance méthodique, entretenue par une ville investie, à l'aide des ballons et des pigeons, avec le concours de la photographie microscopique : ce sera la légende de l'avenir, comme ce fut l'objet de l'étonnement et de la fureur de l'ennemi, attestés par de cruelles et impuissantes menaces.

C'est grâce à la science que l'on a pu fondre dans Paris ces quatre cents canons de campagne d'un nouveau modèle, supérieurs en portée aux canons prussiens et qui, du haut du plateau d'Avron, tinrent pendant un mois les Allemands en échec sur la route de Chelles.

C'est grâce à la science que la fabrication de la dynamite, presque ignorée en France, a pu être improvisée, sans ressources spéciales et dans les conditions en apparence les plus défavorables; c'est grâce à la science que la lumière électrique a joué, dans l'éclairage nocturne des travaux de défense, un rôle inattendu et dont l'emploi méthodique a rendu toute surprise impossible. C'est grâce à la science et aux moyens nouveaux enseignés par elle pour la défense des brèches que toute tentative d'assaut fut épargnée à la ville assiégée : cette tentative eût sans doute abouti à quelque grand désastre pour nos adversaires.

Mais il faudrait un volume tout entier pour énumérer les efforts et le dévouement de tant de savants patriotes.

Efforts infructueux ! l'œuvre de la faim

.... sævior armis

accomplit ce que la force armée n'avait pas osé faire.

J'ai présidé l'un des comités, appelés dans le danger suprême : « le Comité scientifique pour la défense de Paris, » institué le 2 septembre 1870 près le ministère de l'instruction publique, par M. Brame, maintenu[1] et encouragé par M. Jules Simon, après la proclamation de la République.

Nous avons fourni comme les autres, jour par

---

1. Le Comité se composait de MM. d'Alméïda, Breguet, Frémy, Jamin, Ruggieri, Schutzenberger. Sur ma demande, on nous adjoignit un second comité, dit de Mécanique, composé de MM. Delaunay, président ; Cail, Claparède, Gévelot et Rolland.

jour et sans nous lasser, notre contingent de bonne volonté, de labeur et de patriotisme. Je pourrais raconter nos travaux; mais il ne convient guère après la défaite, de faire l'histoire détaillée des efforts qui n'ont pas abouti.

Si j'ai cru devoir rappeler ces faits, c'est afin d'expliquer comment nous nous sommes trouvés écartés de la direction première de nos expériences. Adonné, dès mes débuts dans la vie, au culte de la vérité pure, je ne me suis jamais mêlé à la lutte des intérêts pratiques qui divisent les hommes : j'ai vécu dans mon laboratoire solitaire, entouré de quelques élèves, mes amis. Mais, pendant la crise suprême traversée par la France, il n'était permis à personne de demeurer indifférent; chacun a dû apporter son concours, si humble qu'il pût être. Voilà comment j'ai été arraché à mes études abstraites et j'ai dû m'occuper de la fabrication des canons, des poudres de guerre et des matières explosives. J'ai tâché de faire mon devoir, sans partager les haines étroites de quelques-uns contre l'Allemagne, dont je respecte la science, en maudissant l'ambition impitoyable de ses chefs.

Nos travaux mêmes ont été présentés au public sous cette forme générale et purement rationnelle, qu'un savant doit s'efforcer de donner à ses publications, convaincu que la grandeur de la civilisation consiste à n'être assujettie à aucun préjugé de personne, de race ou de nationalité. Toute vérité, découverte sur un point du globe, profite à l'humanité tout entière. Puisse cette guerre funeste, et les iniquités qui en ont marqué la déclaration comme le dénouement, n'avoir pas affaibli dans les intelligences la notion du rôle idéal de la science !

UN CHAPITRE DU SIÈGE DE PARIS

LES ESSAIS SCIENTIFIQUES
POUR RÉTABLIR LES COMMUNICATIONS AVEC LA PROVINCE
ET LA CORRESPONDANCE ÉLECTRIQUE PAR LA SEINE

I

La mort de M. Desains, professeur de physique à la Sorbonne, a réveillé, il y a quelques mois, le souvenir déjà lointain de l'un des épisodes les plus curieux et les moins connus du siège de Paris, celui des tentatives pour établir une correspondance électrique par la Seine entre la ville bloquée et le reste de la France. Les récits qui en ont été faits jusqu'ici sont obscurs et presque légendaires : peut-être n'est-il pas inutile d'en donner une idée plus exacte. L'histoire de ces essais présente, en effet, un double intérêt : d'un côté, elle soulève un problème scientifique, qu'ils n'ont pas résolu et qui n'est même pas éclairci à l'heure présente; tandis que, à un autre point de vue, elle est caractéristique de l'état moral étrange que la France et Paris offraient dans cette triste et terrible époque.

Si la pensée m'est venue de retracer cette histoire, c'est que j'en ai une connaissance toute personnelle. J'étais président du Comité scientifique de défense, qui proposa au gouvernement d'envoyer en province M. d'Alméida pour tenter l'aventure; et j'étais l'ami particulier de ce savant patriote, qui risqua sa vie pour poursuivre la solution pratique d'un problème à peine ébauché en théorie, mais dont le résultat pouvait être capital : nous étions réduits à un état trop critique pour laisser perdre aucune chance, si chimérique qu'elle eût pu paraître en temps ordinaire. Ce n'est pas la seule que nous ayons tentée; mais il ne convient de parler aujourd'hui que des essais ayant pour but de rétablir les communications entre la province envahie et Paris investi. Je possède des documents précis à cet égard, dans mes notes recueillies au jour le jour, depuis le 2 septembre 1870 jusqu'à la fin du siège, ainsi que dans le rapport inédit par lequel d'Alméida rendit plus tard compte de sa mission au gouvernement : M. Janet, notre ami commun, a bien voulu m'en communiquer la minute.

Rappelons d'abord l'objet de cette mission et les conditions matérielles et morales dans lesquelles elle fut accomplie. Il s'agit du siège de Paris, l'une des entreprises de résistance les plus désespérées qui aient jamais eu lieu dans l'histoire des peuples. Cette entreprise, qui frappa l'Europe d'étonnement, s'explique par le caractère des hommes appelés à succéder à l'Empire.

II

La génération qui entre aujourd'hui dans la vie et qui se précipite ardemment dans l'action politique et dans les âpres compétitions du présent a déjà quelque peine à se représenter l'état psychologique de celle qui l'a précédée et la douleur profonde qui a empoisonné notre vie. Nous aussi, nous avions rêvé d'avoir notre jour et notre heure de direction. Vaincus dans notre jeunesse, le cœur tout rempli des grandes espérances déçues de 1848, après le long abaissement moral de la France, nous voyions enfin arriver le moment où l'énergie indestructible des forces libérales qui entraînent le monde amenait le terme du régime d'oppression et de réaction qui nous avait accablés. Mais, plutôt que de céder au courant intérieur de l'opinion, le parti obstiné qui entourait Napoléon III préféra jeter la nation, peut-être malgré la volonté même d'un souverain indécis, dans la guerre étrangère. On sait ce qui suivit. Hélas! l'héritage qui nous était maintenant laissé, c'était l'horreur de la défaite et la ruine de la patrie! Quinze ans sont écoulés depuis : l'amertume de ces souvenirs est restée aussi brûlante dans nos cœurs qu'aux premiers jours. Quand l'Empire disparut de lui-même, comme un décor englouti, son chef était prisonnier, et nul de ses partisans ne se présenta pour revendiquer un pouvoir déshonoré. C'est alors que la République fut proclamée, comme le seul gouvernement qui pût encore défendre la patrie. A ce moment, la lutte contre l'ennemi était à peu près sans espérance. Nous la poursuivîmes cependant. Notre race est trop fière pour se résigner à l'humiliation sans jeter un suprême défi à la destinée. Mais il fallait justifier cette témérité, sinon par le succès, du moins par la grandeur héroïque des derniers sacrifices. Plus d'une illusion se mêla sans doute aux entreprises sérieuses : celles-ci, même les plus réfléchies, n'étaient pas destinées à une réussite finale. Aussi le récit des épisodes de cette période n'est-il guère que l'histoire des forces inutiles et des dévouements perdus : perdus en apparence du moins, et quant à leur objet prochain.

Que d'actes admirables accomplis en silence pendant le siège de Paris! J'ai vu un ingénieur des mines, d'une haute instruction et d'un esprit très cultivé, s'installer au sommet de l'une des tours de Saint-Sulpice, y vivre dans la solitude austère d'un stylite d'autrefois, sans autre espérance que d'apercevoir un signal lointain, qu'il avait l'ordre de guetter et qui n'est jamais venu. J'ai vu l'ingénieur Descos, qui était naguère l'aide dévoué du physicien Regnault dans ses recherches les plus délicates, et qui mourut un an après, des suites des misères du siège stoïquement supportées, — j'ai vu Descos passer sa vie au milieu des boyaux des champignonnières, établies dans les galeries abandonnées des carrières de pierre de taille, sous la plaine de Clamart. Il avait relevé le plan de ce réseau souterrain et il s'occupait d'en percer les impasses irrégulières et de les relier en un système continu, dans l'espérance de pouvoir quelque jour surprendre l'assiégeant ou détruire ses travaux. Un jour même, il crut avoir réussi. En compagnie du colonel Laussedat, nous cheminâmes ensemble sous terre, pendant plusieurs kilomètres, dans la pensée de faire sauter les batteries de Châtillon. J'ai assisté à bien des dévouements obscurs, qui n'attendaient et n'ont jamais recherché d'autre satisfaction que celle d'une conscience désintéressée. Nulle part ce désintéressement ne s'est mieux manifesté que dans les essais de correspondance entre Paris et la province : on y jouait continuellement sa vie en silence; nulle part ne se retrouve davantage le sentiment du devoir patriotique qui animait les Français. Pourquoi donc ces essais obstinés, cette volonté inflexible de réussir à tout prix ? C'est que le salut de la patrie dépendait du rétablissement des communications.

III

C'est dans son unité et sa forte centralisation que réside surtout la puissance de la France. Un mécanisme savant, organisé et perfectionné sans cesse depuis des siècles, en réunit les provinces à la capitale. Les citoyens les plus habiles et les plus instruits, appelés de toutes les parties du pays par le jeu des institutions, se trouvent réunis à Paris. Ils donnent l'impulsion et le reste suit, façonné par une longue habitude. Séparer Paris des départements, c'est en quelque sorte étrangler la France; c'est l'opération la plus terrible et la plus efficace que l'on puisse exécuter contre nous. Dès la fin du règne de Louis XIV, Vauban redoutait la prise de la capitale.

Mais nul ennemi n'était parvenu à en tenter l'investissement jusqu'à l'année 1870.

Les Prussiens osèrent l'entreprendre, enhardis par la destruction et par le blocus de toutes nos armées. Ils espéraient d'abord que Paris, abandonné sans défense, se rendrait à leur arrivée, comme l'avaient fait Vienne, Berlin, et Paris lui même, au début de ce siècle : c'était la nouvelle tactique inaugurée par Napoléon Ier. Au temps de Louis XIV, on n'eût pas osé attaquer une capitale, avant d'avoir conquis tout le pays dont elle était le centre. Les grands sièges d'autrefois, ceux de Carthage, de Jérusalem, de Constantinople, avaient toujours été précédés par cette conquête préliminaire, qui assurait le succès, en rendant impossible la formation de puissantes armées de secours. Napoléon Ier eut l'audace de marcher droit sur les capitales, deux fois avec succès ; la troisième tentative amena sa ruine. Mais ni Vienne, ni Berlin, ni Moscou n'ont résisté à l'agresseur. C'était une chose nouvelle dans l'histoire du monde que de prétendre à la fois assiéger la capitale d'un pays et tenir tête à la nation en armes. Les Prussiens n'y pensaient pas au début. Ils croyaient, je le répète, soumettre Paris et terminer la guerre d'emblée. Surpris de cette résistance inattendue d'une ville sans armée, ils résolurent d'isoler Paris du reste de la

France, de façon à rendre impossible toute nouvelle organisation militaire. En effet, au moment de l'investissement, les cadres matériels et les derniers officiers étant enfermés dans Paris, il n'existait plus au dehors ni armées constituées, ni administration pour en former de nouvelles. Voilà où la criminelle inaction de l'armée de Metz et la folle tentative de l'armée de Sedan nous avaient réduits !

Pour les Français, au contraire, la résistance de Paris ouvrait une nouvelle période. C'était un coup de désespoir, qui permettrait peut-être de tirer parti des ressources nationales, affaiblies mais non anéanties, de lever tous les hommes en état de combattre et de les organiser en nouvelles armées. La chose aurait pu se faire suivant des règles établies d'avance, si l'action de Paris sur la France s'était exercée sans discontinuité. Cette impulsion centrale interceptée par le blocus, il s'agissait de la rétablir à tout prix.

La nécessité de la correspondance entre la capitale et la province n'était pas moins grande, au point de vue même du maintien de l'énergie morale et de l'ordre intérieur dans Paris. Chacun se rappelle combien fut douloureuse cette privation des nouvelles générales et privées, prolongée pendant des mois. Les événements du dehors ne nous étaient communiqués que par des débris de journaux, recueillis aux avant-postes et dont on publiait les moindres fragments, en les commentant avec la subtilité des épigraphistes étudiant une inscription antique. Les Prussiens comptaient bien sur l'effet d'une semblable épreuve pour troubler et démoraliser les esprits.

On voit par là comment le premier et le plus grave problème qui se posa devant le Gouvernement de la Défense nationale fut le problème des communications et de la correspondance réciproque entre Paris et la province. Tout devait être essayé dans cet ordre, même l'impossible et le chimérique.

IV

Autrefois, pour atteindre un tel but, on ne connaissait guère qu'un seul procédé : celui des exprès se glissant à travers les lignes, transportant les ordres au dehors et rapportant les nouvelles. Mais c'est là un procédé lent, peu sûr et peu efficace. Un ennemi vigilant a toujours réussi à intercepter presque complètement ce genre de communication. S'il est incontestable que quelques individus — j'en ai connu moi-même — ont réussi à rentrer dans Paris à travers les lignes prussiennes, il n'est pas moins sûr que le nombre a été fort petit, et tout à fait insuffisant pour entretenir des communications régulières. Certaines personnes avaient pourtant gardé à cet égard des doutes pendant le siège, convaincues que le gouverneur de Paris conservait quelque mode secret de communication avec le dehors, mais qu'il le dissimulait à ses collègues, dans la crainte de le compromettre par suite des indiscrétions. J'ai eu l'occasion d'interroger à cet égard, il y a peu d'années, le général Trochu à Tours, où il vit dans la dignité stoïque d'une retraite silencieuse ; mais il m'a affirmé n'avoir jamais eu de système d'espionnage organisé à travers les lignes d'investissement. La chose était, d'ailleurs, à peu près impossible.

Les procédés d'autrefois étant paralysés, il s'agissait de savoir si l'on pouvait trouver dans la science moderne quelque méthode nouvelle, pour communiquer au loin et à travers l'ennemi. Ce fut la première question soumise par le gouvernement au Comité scientifique de défense, le 3 septembre, jour de sa constitution. Le siège de Paris était imminent et la ferme résolution des Parisiens déjà déclarée de toutes parts ; la proclamation de la République, qui eut lieu le lendemain, affirma hautement cette résolution.

Nous nous mîmes à l'œuvre aussitôt, pour examiner les procédés de correspondance déjà proposés et pour en imaginer nous-mêmes de nouveaux. Ce sont ces essais persévérants dont je vais retracer l'histoire.

Parmi les diverses méthodes de correspondance scientifique, il en est une, en effet, proposée de divers côtés, qui fut bientôt adoptée et mise en pratique. On reconnut qu'il était facile de sortir de la ville et de s'en éloigner au moyen des ballons, qui transmettraient à la province les avis et les ordres. L'ennemi, furieux de voir ainsi forcer le blocus, tenta en vain de s'opposer au départ des ballons; mais on ne manqua pas un seul jour d'hommes intrépides, prêts à braver les dangers de l'air et les menaces de l'ennemi.

Le retour des nouvelles était plus difficile : pour l'obtenir par la même voie, il eut fallu savoir diriger les ballons. Des essais furent exécutés dans ce sens et l'on construisit même un ballon spécial, en forme de poisson, d'après les indications d'un aéronaute nommé Vert. Mais il ne se pressait guère, et le ballon n'était pas fini quand Paris capitula. Le problème, d'ailleurs, n'est pas encore résolu, bien qu'il ait fait depuis de grands progrès, par suite des travaux de Dupuy de Lôme et du capitaine Renard. Ce fut par un autre procédé que l'on réalisa le retour des dépêches, fort incomplètement à la vérité : ce fut à l'aide des pigeons voyageurs, porteurs de photographies microscopiques. L'emploi des pigeons avait déjà eu lieu dans des sièges anciens, mais accidentellement et sans établir un échange régulier de correspondances. Quant aux photographies microscopiques, nous les proposâmes dès le 3 septembre et elles ne tardèrent pas à être réalisées, principalement grâce à l'habileté d'un artiste dévoué, M. Dagron. Le problème des communications trouva ainsi, par le concours des ballons, des pigeons et de la photographie, une première solution : ce fut même la seule qui réussit à être mise en pratique; malheureusement elle était imparfaite, rare et irrégulière.

V

Nous tentâmes autre chose et nous poursuivîmes des essais variés dans quatre directions principales : les engins flottants, les systèmes acoustiques, les systèmes optiques, les systèmes électriques.

On essaya d'utiliser par des engins flottants le fleuve qui traverse Paris et d'y introduire des nouvelles. Les intérêts particuliers avaient précédé : il paraît que la maison Menier a reçu par cette voie des bouteilles cachetées, expédiées de son usine de Noisiel, sur la Marne. Mais les Prussiens établirent bientôt des barrages superficiels et des filets; de façon à intercepter ce genre primitif de correspondance. Les crues subites du fleuve mirent plus d'une fois les barrages en défaut. Cependant ce procédé eut en somme peu d'efficacité.

On avait pensé aussi à jeter, à la surface de la Seine, de légers bâtons flottants, dont les formes et les longueurs relatives, réglées à l'avance, auraient représenté un système de signaux convenus. En raison de leur multitude et des variations continuelles du niveau du fleuve, un certain nombre auraient eu chance d'échapper aux barrages de l'ennemi. Les employés de la navigation, munis d'instructions spéciales, devaient les récolter à Port-à-l'Anglais, au-dessus de Paris. Le temps manqua pour étudier et régulariser un procédé facile à mettre en pratique, mais d'un succès douteux.

Un perfectionnement plus ingénieux consista à construire des boules creuses, munies d'aubes destinées à leur communiquer l'impulsion du courant. En les lestant convenablement, de façon à les maintenir au fond de l'eau, avec une densité presque égale à ce liquide, on obtient un système d'une extrême mobilité, que la moindre impulsion soulève et fait nager entre deux eaux. En fait, la boule suit en général le fond. Or, en raison des irrégularités de celui-ci, irrégularités sans cesse variables, par le fait du courant même qui creuse incessamment le lit autour de chaque obstacle, ces boules sont très difficiles à arrêter à l'aide des filets ou des barrages. Elles cheminent toujours ; tantôt elles finissent par passer sous les filets, ou bien elles remontent, par l'impulsion même de l'eau, au-dessus des barrages submergés. Les variations de niveau provenant des crues en favorisent le passage. Un système de pieux resserrés et s'élevant au-dessus de l'eau, de façon à dominer les plus hautes crues, serait seul efficace pour les intercepter. Mais ce système est long à installer. Malheureusement ces boules ne furent fabriquées que très tard : à l'époque où on les eut en mains, la Seine, déjà gelée, n'aurait guère pu les transporter. Elles offrent, d'ailleurs, les mêmes difficultés pour l'assiégé qui veut les récolter que pour l'assiégeant qui se propose de les arrêter. Quelques boules de ce genre ont été lancées, en effet, sur la Seine ; mais je ne sache pas qu'une seule soit parvenue à destination. Par contre, on en a retrouvé une, dix mois après, près du Havre, à l'embouchure de la Seine ; rien n'avait pu la fixer en route.

Les barrages et les filets retiennent les objets flottants, même entre deux eaux ; mais rien n'arrête les matières dissoutes. De là le projet d'un procédé chimique de correspondance. S'il était possible de jeter dans la Seine, à des intervalles réglés, deux ou trois substances solubles différentes, n'existant pas naturellement dans les rivières, et susceptibles d'être accusées par des réactifs suffisamment sensibles, on pourrait espérer constituer par le jeu de ces alternatives un système de signaux et, par suite, de langage que personne ne saurait empêcher. La chose fut étudiée. Peut-être serait-elle possible sur un étroit cours d'eau; mais la masse des eaux roulées par la Seine est trop grande. Il en résulte que la matière soluble est disséminée bientôt dans une quantité de liquide telle, qu'elle arrive à une atténuation échappant à toute analyse. D'après les calculs exécutés à cette occasion, il eût fallu jeter dans la Seine à Corbeil, chaque fois, plusieurs centaines de kilogrammes de la matière soluble, choisie parmi les solutions métalliques les plus sensibles, pour pouvoir la reconnaître facilement et sans retard à Paris. Encore les intervalles de ces projections auraient-ils dû être très longs, la diffusion mélangeant les eaux, de telle façon que le passage de la masse principale dissoute à travers Paris eût exigé plusieurs heures, peut-être plus d'un jour. C'était encore là un espoir sans réalité.

Les systèmes acoustiques furent aussi étudiés. Le bruit de la canonnade et des explosions peut être entendu jusqu'à une certaine distance. Les signaux fondés sur le nombre de coups de canon et leurs intervalles sont usités dans la marine. Toutefois, lorsque le bruit est transmis par l'air, cette distance ne s'élève pas au delà de quelques dizaines de kilomètres, dans les conditions les meilleures. Or le pays ne tarda pas à être occupé autour de Paris par l'ennemi dans un rayon si étendu, que le son même du canon ne pouvait plus parvenir par l'air. Il arrive cependant encore par l'eau des cours d'eau et surtout par la terre, et il arrive de distances incomparablement plus grandes que par l'air : surtout quand il est produit par le tir simultané de batteries entières. On prétend que la bataille de Waterloo a été ainsi connue à Paris, le jour même où elle fut livrée. Un renseignement qui paraît plus certain, c'est que l'on perçut à Paris, pendant le siège de 1870, le bruit lointain de la canonnade, le jour de la bataille d'Orléans. On avait donc pensé à utiliser ce mode de communication. Mais les circonstances ne permirent pas de le soumettre à un examen systématique et de définir les règles de son emploi. Peut-être aurait-il abouti à quelque résultat.

Les signaux optiques donnèrent des espérances moins vagues. S'ils eussent été étudiés à l'avance, et surtout s'ils eussent été mis en œuvre avec un dévouement complet et une discrétion inflexible, il n'est pas douteux qu'ils n'eussent réussi. On sait, en effet, qu'à la suite du siège de Paris, ils sont entrés dans la pratique courante des expéditions militaires.

Le problème se pose à cet égard de deux manières bien différentes, suivant que les communications ont lieu entre deux points dont on est maître; ou bien qu'elles sont destinées à être transmises à travers un pays occupé par l'ennemi.

Dans le premier cas, rien n'est plus simple, du moins quand le temps est clair. Les signaux de feu, visibles surtout la nuit à plusieurs dizaines de kilomètres, étaient déjà usités chez les Gaulois et chez chez les anciens; les Arabes en Algérie les emploient encore couramment. Les phares ne sont autre chose que le perfectionnement de ce procédé.

Les signaux de jour, plus faciles encore à instituer, avaient abouti à l'ancien télégraphe, transmettant des signaux méthodiques à des stations établies à l'avance.

Mais, au moment du siège les points voisins de Paris étaient occupés jusqu'à des distances telles, que les procédés anciens cessaient d'être praticables. On proposa d'abord de les étendre à des distances plus grandes et sans stations spéciales, par une autre méthode, qui consiste à lancer au zénith le rayon d'un puissant foyer électrique. L'illumination qui en résulte est visible, la nuit, par un beau ciel, jusqu'à une distance de 80 kilomètres. La succession de ces éclairs et la durée de leurs alternances peuvent dès lors donner lieu à un système de signaux, d'après des conventions faciles à concevoir. — Dans les premiers temps du siège, et tant que le cercle du blocus ne fut pas trop étendu, ce système eût été encore praticable. Mais l'agrandissement croissant du cercle envahi obligea à diriger les recherches dans un autre ordre d'idées.

Au lieu de lancer à travers l'atmosphère, à partir d'une station connue, des signaux optiques visibles de tous, on proposa, au contraire, d'échanger ces signaux d'une façon secrète et telle que nul, en dehors des initiés, ne pût les soupçonner. On conçoit qu'en temps ordinaire, il serait facile à un homme de se placer sur la terrasse de Saint-Germain ou sur quelque autre point découvert des coteaux qui entourent Paris, et d'échanger des signes arrêtés à l'avance avec une personne placée sur le mont Valérien, par exemple. Chacun des deux observateurs, muni d'une longue vue, apercevra les gestes de son interlocuteur, et les objets convenus, qu'il pourra tour à tour cacher ou mettre en évidence. En temps de guerre même, ce procédé serait encore praticable. La terrasse de Saint-Germain n'a pas cessé d'être ouverte aux promeneurs pendant le siège de Paris, et alors que la ville de Saint-Germain était occupée par les Prussiens. Toutefois, c'eût été supposer à l'ennemi une étrange naïveté et un grand défaut de prudence que de croire qu'un tel échange de signes, fait dans un lieu public, fût demeuré longtemps inaperçu; son auteur n'eût pas tardé à être arrêté et fusillé. A la vérité, on eût peut-être pu l'organiser avec une personne habitant sa propre maison et correspondant de l'une de ses fenêtres, si le secret eût été susceptible d'être gardé.

Ce fut, en effet, à une idée analogue mais plus parfaite que l'on s'arrêta; je dis plus parfaite, parce que les précautions étaient prises pour correspondre à longue distance, sans qu'aucun intermédiaire pût apercevoir ou même soupçonner les signes de cette correspondance. Elle reposait sur le système des lunettes conjuguées, proposé par M. Maurat, professeur au lycée Saint-Louis. En deux endroits situés, l'un dans l'intérieur de la ville assiégée et spécialement dans un fort, l'autre au dehors et dans une maison privée, on installe deux bonnes lunettes et on les règle en sens inverse, suivant le même axe optique, de façon à conjuguer leurs foyers. Cela fait, il suffit de faire apparaître un point brillant, une lampe, par exemple, en arrière de l'une des lunettes et de transmettre un pinceau de rayons parallèles émis par ce point et limités par des diaphragmes, pour que l'image du point se manifeste au foyer de l'autre lunette. En arrêtant à l'avance les conventions relatives au nombre des apparitions de l'image et à la durée des intervalles, il est facile d'obtenir un système complet de signaux. Si l'on place la lunette dans la profondeur d'une chambre, les signaux sont invisibles pour tout autre que les deux observateurs ; sauf le cas où la ligne optique suivant laquelle ils sont dirigés viendrait à raser le sol. Or cette condition défavorable peut être, en général, évitée. Dans le cas même où elle aurait lieu, par malechance, il suffirait de masquer par un étroit diaphragme la ligne de visée de l'observateur placé en ce point du sol : du moment où il cesse d'être aperçu de la personne qui regarde dans la lunette, il cesse en même temps de pouvoir apercevoir le rayon lumineux lancé par celle-ci.

Ce procédé de correspondance est excellent et praticable les jours clairs, jusqu'à dix ou quinze kilomètres au moins. Mais il exige une discrétion absolue de part et d'autre, si l'on veut éviter que l'observateur situé dans l'intérieur des lignes ennemies soit soupçonné et saisi. Deux circonstances surtout rendent cette discrétion difficile. L'une, c'est la nécessité pour les agents du gouvernement situés au dehors, de transmettre régulièrement la correspondance à la personne qui opère dans les lignes de l'ennemi, Cette transmission, si elle a lieu par des exprès, sera bientôt soupçonnée et interceptée. Cependant on pourrait la faire par les journaux du dehors, qui vont partout, même dans les régions occupées, en opérant à l'aide d'un système de conventions, connu seulement de la personne chargée de la correspondance. Toutefois c'est là une complication et une cause de retards. Une autre circonstance dangereuse, c'est la difficulté de soustraire aux journaux de la ville investie l'existence de ce mode de correspondance. Pendant le siège de Paris, toute nouvelle communiquée au conseil de la Défense nationale, dans ses séances de nuit de l'Hôtel de Ville, était publiée aussitôt dès le lendemain matin, par plusieurs journaux. Les moyens d'information organisés par la presse sont aujourd'hui si nombreux et si puissants, que le secret d'une semblable correspondance serait presque impossible à garder. Or, dès qu'elle serait soupçonnée par l'ennemi, les moindres indices surpris par ses espions, voire même publiés par l'indiscrétion des feuilles publiques, amèneraient des perquisitions fatales à l'opérateur. Il y aurait donc un grand risque à courir pour se faire l'agent d'une telle correspondance. Cependant on pensa dans Paris qu'il ne serait pas difficile de trouver des patriotes assez dévoués pour s'y exposer.

Après une étude méthodique, et cette fois suffisante, du procédé optique fondé sur l'emploi des lunettes conjuguées, une mission fut envoyée en province. M. Lissajoux partit en ballon, pour tenter d'appliquer ce procédé, avec l'indication du lieu voisin de Paris où il devait s'établir, et du système des signaux qu'il devait employer.

Par suite de quelles circonstances cette tentative échoua-t-elle? pourquoi M. Lissajoux, au lieu de chercher à s'installer à l'endroit désigné, s'en alla-t-il à Marseille fonder une école de télégraphie optique, destinée à former des élèves capables d'appliquer plus tard la méthode, école qui n'était pas encore organisée lors de la capitulation de Paris? C'est ce qui n'a pas été suffisamment éclairci. La personne chargée de la mission recula-t-elle devant les risques qu'elle présentait? ou bien rencontra-t-elle des difficultés insurmontables pour s'installer au point convenu, lequel d'ailleurs n'était pas et n'a jamais été occupé en fait par les Prussiens? Le Gouvernement de la Défense nationale, installé à Tours, lui refusa-t-il, comme il paraît l'avoir fait à d'autres, la protection et les moyens d'action indispensables? Aucun rapport officiel, à ma connaissance, n'a été fait sur la mission de M. Lissajoux, qui permette de savoir pourquoi ce mode de communication, si facile en principe et si bien défini, n'a pas donné de résultats pratiques. Depuis lors, le génie militaire a repris le système que nous avions proposé pendant le siège de Paris, il l'a perfectionné, et il en a fait de nombreuses applications, au Tonkin notamment.

VI

Les signaux électriques furent discutés aussi avec méthode et c'est des travaux entrepris pour les mettre en œuvre que nous allons maintenant nous occuper. La forme la plus simple de leur emploi consiste dans l'établissement d'un fil entre les deux points mis en correspondance. Nous possédions, en effet, un fil aérien, qui fut coupé par l'ennemi, dès le premier jour de son arrivée. Il existait aussi un fil caché, immergé dans la Seine entre Paris et Rouen. Ce dernier, d'abord inaperçu, continua à fonctionner pendant quelques jours. Mais il ne pouvait guère durer longtemps. Les journaux en parlèrent, et une trahison inévitable en livra le trajet. L'ennemi le coupa près de Bougival. Cependant nous verrons que d'Alméida pensa à en tirer parti dans ses nouveaux essais.

Ceux-ci eurent pour origine une idée plus hardie, celle de prendre la Seine même comme fil conducteur et de s'en servir pour transmettre les dépêches entre la province et Paris investi. En théorie, la chose est faisable. L'eau, en effet, conduit l'électricité; quoique sa conductibilité soit incomparablement plus faible que celle des métaux. Avec l'eau distillée, à la vérité, l'électricité transmise ne peut être accusée que par les procédés les plus délicats. Mais l'eau des fleuves n'est pas de l'eau absolument pure; elle contient en dissolution des substances salines; or, la moindre quantité d'une matière de cet ordre, étant dissoute dans l'eau, en accroît la conductibilité dans une proportion relative considérable. Au lieu de transmettre l'électricité par un fil métallique de quelques millimètres de section, on peut d'ailleurs la faire circuler par un conducteur d'eau, dont la section s'élève à quelques dizaines de mètres carrés : dans un cas, comme dans l'autre, il se produit un courant susceptible d'agir sur le galvanomètre, et par conséquent de fournir par ses alternatives réglées des signaux et une correspondance. A la vérité, une portion considérable de l'électricité lancée dans l'eau se perd à mesure, en se transmettant à la terre qui forme le lit du fleuve. Mais il en reste assez, si la quantité initiale a été assez grande, et si l'on sait recueillir ce qui reste, même à des distances considérables.

En fait, au lieu d'origine, il est facile de lancer dans le fleuve une assez grande quantité d'électricité à l'aide d'une pile suffisamment puissante. La tension de cette électricité n'a pas besoin d'être énorme; mais il est bon de la conduire dans l'eau à une distance notable du fond, à l'aide de fils métalliques de forte section, et d'instituer la communication avec l'eau sur une large étendue. On peut, par exemple, établir un flotteur métallique de grande dimension.

C'est surtout à l'arrivée qu'il convient de recueillir l'électricité sur de vastes surfaces. Pour recueillir toute l'électricité qui subsiste dans le fleuve en un point donné de son cours, il serait nécessaire de faire passer le fleuve entier dans un tube métallique isolé et convenablement disposé, ou tout au moins d'employer des dispositions équivalentes; dispositions que certains canaux, transportés sur des points métalliques, permettraient peut-être de réaliser. Mais cette condition n'existant pas pour la Seine, il n'est possible de récolter qu'une fraction de l'électricité contenue dans le fleuve en un lieu donné, fraction proportionnelle à la section de l'eau mise en contact avec le conducteur métallique. Ce dernier conducteur forme en réalité une dérivation et dès lors l'électricité se partage entre le fleuve et le conducteur, suivant les lois physiques des courants dérivés.

Un bateau doublé de métal, fer ou cuivre, ou à son défaut, une grande plaque métallique flottante remplit cette condition. On y attache un fil de cuivre, qui ne doit toucher immédiatement ni l'eau ni le sol, et qui est réuni à un galvanomètre, communiquant d'autre part avec la terre afin de fermer le circuit.

Telles étaient les disposition qui furent reconnues les plus favorables en principe pour établir une correspondance électrique par la Seine, lorsque la proposition en fut faite au comité par M. Bourbouze, préparateur à la faculté des sciences de Paris.

Il s'agissait maintenant de savoir si ces dispositions pouvaient être réalisées en pratique; si les quantités d'électricité transmises étaient suffisantes pour fournir des signaux et jusqu'à quelle distance ceux-ci seraient perceptibles; enfin, s'il n'existait pas de cause perturbatrice, capable de troubler le jeu de ces derniers. Nous nous mîmes à l'étude immédiatement. M. Desains plaça une pile sur le pont Napoléon à Bercy, au milieu de la neige et des glaçons du mois de novembre, et les essais commencèrent, avec le concours des deux professeurs de la Sorbonne, MM. Desains et Jamin, qui se placèrent, avec un désintéressement admirable, sous les ordres de leur préparateur. Ces premiers essais ayant été satisfaisants, j'obtins du Gouvernement de la Défense nationale les facilités nécessaires. Nous nous installâmes dans une salle souterraine, située à l'extrémité du pont au Change ; c'est l'un des points centraux des égouts parisiens. Il n'y faisait pas froid et l'odeur fade et nauséeuse des égouts qui y régnait ne tarda pas à nous devenir tolérable par l'habitude. Il était facile d'ailleurs de communiquer de la salle à la Seine, sans être incommodé par cette foule de curieux qui ne tardaient guère à entourer et à entraver toute opération exécutée à l'air libre. M. Desains, avec ce dévouement modeste et silencieux bien connu de ses collègues et de ses amis, se hâta de disposer dans cette première station ses appareils, pile, galvanomètre, plaques métalliques plongées dans le cours du fleuve. L'autre station fut établie à Saint-Denis, dans l'usine de M. Claparède, si je ne me trompe. L'intervalle des deux stations, allongé par les méandres de la Seine, s'élevait à une vingtaine de kilomètres. On trouva que les signaux, envoyés par des piles d'énergie moyenne et recueillis par des galvanomètres très sensibles, étaient transmis avec une facilité qui donnait les plus grandes espérances de succès, même pour des intervalles notablement plus considérables, tels que Poissy, situé au delà de la ligne d'investissement, et peut-être même Rouen. Nous ne pouvions pousser nos essais à de plus longues distances; nous proposâmes au Gouvernement de la Défense nationale de tenter l'entreprise, et une mission fut décidée et placée sous les ordres de M. Rampont, directeur général des postes. Mais il s'agissait, avant tout, de trouver un homme capable et dévoué pour l'accomplir. Ce fut l'un de nos physiciens les plus distingués, M. d'Alméida, professeur de physique au lycée Henri IV, membre du Comité scientifique de défense, qui s'en chargea.

VII

Nul choix ne pouvait être meilleur. Non seulement d'Alméida possédait les connaissances pratiques nécessaires et était rompu à la pratique de l'expérimentation; mais son caractère personnel offrait toute garantie. Il avait gardé quelque chose de l'ardeur aventureuse de la noble race portugaise du duc d'Alméida, son père. Privé de tout appui, il s'était fait sa place à force de travail. Il avait beaucoup souffert dans sa jeunesse. C'était une nature distinguée, inquiète, mélancolique, bienveillante cependant et dévouée à ses amis, quoique ne se livrant à eux que par parties; chacun ne connaissait qu'un côté de sa vie. Son buste, exécuté par M. Guillaume, exposé au siège des séances de la Société de physique, exprime admirablement sa physionomie morale. Ce qui le caractérisait surtout, c'était sa préoccupation d'être utile aux hommes, et son désir de faire quelque chose de grand, désir qui le tourmenta jusqu'au jour où la disproportion entre sa volonté et la force des choses et la révolte contre les amertumes de sa destinée le conduisirent à une fin tragique : le douloureux souvenir n'en est pas éteint dans les cœurs qui l'ont connu. Cependant il avait accompli plus d'une création féconde. C'est ainsi qu'après la guerre, il fonda le *Journal de Physique* et organisa la Société de physique de Paris, sur les bases à la fois les plus solides et les plus désintéressées. D'Alméida était dévoué, et il savait se tirer d'affaire dans les conjonctures les plus difficiles. Un jour, fatigué de la routine journalière, il était parti seul et sans mission pour voir de près la guerre de sécession en Amérique. Il y avait passé une année, tantôt chez les Sudistes, tantôt chez les gens du Nord, assistant au siège de Vicksbourg, puis emprisonné comme espion à Washington. On ne pouvait comprendre là-bas comment la curiosité avait suffi pour pousser un tel homme à travers tant de dangers.

Enfermé dans Paris en 1870, il était dévoré d'un besoin impatient d'action et l'absence de famille lui permettait de donner libre carrière à son dévouement. Il se proposa pour essayer d'établir la correspondance électrique et fut accepté volontiers. Cette mission était entreprise dans des conditions presque désespérées.

En effet, le cercle de l'occupation ennemie, d'abord voisin de Paris, avait reculé successivement, d'abord jusqu'à Rouen, puis jusqu'au Havre. Au moment où d'Alméida quittait Paris, le Havre était le seul point où l'on pût s'établir en pleine sécurité et avec la libre disposition des ressources de l'État. Mais le courant électrique irait-il de Paris jusqu'au Havre? La déperdition d'électricité ne serait-elle pas trop grande sur la route, et surtout dans la vaste embouchure du fleuve? Jusqu'à quel point les essais faits entre le pont au Change et Saint-Denis pouvaient-ils s'appliquer à des distances vingt fois plus considérables? A supposer que le courant envoyé de Paris arrivât jusque-là, n'existait-il pas des causes perturbatrices, des courants terrestres, aggravés par la distance et susceptibles de fausser toutes les indications? Il y a plus : tout nous accablait à la fois, et une cause de difficultés nouvelles s'était élevée en raison de la saison. La Seine avait gelé à Paris : il fallait donc mettre les appareils destinés à recueillir les dépêches électriques en contact avec les couches inférieures de la rivière, c'est-à-dire au voisinage du sol où l'électricité se perd. Jusqu'à quel point d'ailleurs un fleuve recouvert d'une couche de glace transmet-il régulièrement l'électricité? C'est un problème non résolu. En raison de ces incertitudes, il n'était pas possible de s'installer au Havre pour opérer, et il devenait indispensable de se placer au sein même de la région envahie et de se rapprocher aussi près que possible des lignes d'investissement. Poissy ou Corbeil étaient naturellement désignés. Mais dès lors le problème devenait singulièrement difficile et périlleux. En effet, il fallait transporter et installer un matériel considérable dans un pays occupé par l'ennemi et y organiser, à son insu, le service des correspondances.

D'Alméida parvint en effet, après de longs efforts, à établir son matériel à Poissy. Mais ce ne fut qu'au moment même de la capitulation de Paris. Eût-il réussi à transmettre ses correspondances, sans être soupçonné et arrêté par l'ennemi? Nous ne pouvons répondre à cette question, puisqu'il était alors trop tard pour poursuivre l'expérience. Les longs délais qui l'avaient ainsi retardée furent dus en partie à des difficultés d'ordre moral, quelques-unes inattendues et sur lesquelles d'Alméida insiste avec amertume dans son rapport : il était envoyé par le

Gouvernement de la Défense nationale, siégeant à Paris : il trouva peu d'aide officielle en province et demeura convaincu, à tort ou à raison, que le concours du Gouvernement de la Défense nationale, siégeant à Bordeaux, lui avait fait défaut. En fait, il n'opéra guère qu'avec ses propres forces et le concours des sympathies personnelles qu'il excitait. Reproduisons, d'après son rapport, le récit de son voyage en province, et celui des traverses au milieu desquelles il poursuivit son entreprise. Il y a toujours intérêt à suivre la lutte d'un homme contre la destinée, comme à rappeler le souvenir des dévouements patriotiques que l'on rencontrait alors de toutes parts en France.

VIII

Le 14 décembre 1870, sur la proposition officielle de M. Rampont, directeur général des postes, un décret chargeait d'Alméida d'une mission ayant pour objet de rétablir les communications entre Paris et la province. Cette mission était demandée depuis plus d'un mois par le Comité scientifique de défense. Un mois avait donc été perdu, pendant un siège dont les jours étaient nécessairement comptés. La saison de plus en plus froide, la surface envahie par l'ennemi de plus en plus étendue, aggravaient encore les difficultés. Il était déjà bien tard! Quoi qu'il en soit, le décret définitif était rendu et la mission instituée à Paris; il restait à la faire réussir en province, et à réussir en temps utile, dans des délais que chaque heure raccourcissait. Elle s'appliquait principalement à la correspondance électrique par la Seine. Mais elle avait été étendue à d'autres objets. Dans le même ballon partaient avec d'Alméida : M. Lévy, photographe habile, chargé de réduire à de petites dimensions les correspondances destinées à être expédiées par des flotteurs lancés dans la Seine ; M. Reboul, homme d'action, chargé de lancer le plus près possible de Paris ces flotteurs attendus à Port-à-l'Anglais ; M. Luizzi, homme de lettres, chargé de faire un résumé des journaux de province, pour les flotteurs et la correspondance électrique.

D'Alméida s'était muni en conséquence des appareils électriques et photographiques convenables. Il emportait en outre, conformément à l'usage des ballons du siège, un certain nombre de pigeons voyageurs. On verra qu'ils ne furent pas l'un des moindres embarras du voyage. Quelques kilogrammes de dynamite, fabriqués dans Paris, lui avaient été confiés pour faire connaître cette substance en province : précaution inutile, car la dynamite avait été aussi fabriquée au dehors. L'échantillon confié à d'Alméida ne devait pas d'ailleurs arriver à destination. Au moment de la descente du ballon et du voyage précipité qui suivit, cette matière encombrante fut enterrée dans un bois où l'on devait l'envoyer reprendre. Elle y est encore à l'heure présente. Le missionnaire parisien était en outre chargé de diverses missions spéciales, telle que celle de préparer, pour sa part, le ravitaillement de Paris, et de porter au général Faidherbe un nouveau chiffre de correspondance, en remplacement d'un chiffre perdu, précédemment convenu avec le Gouvernement. Nous avions préparé à cet objet un système très sûr, dont il n'est pas superflu de dire quelques mots. Il consistait dans l'emploi d'un double exemplaire d'un petit dictionnaire de poche, renfermant les mots principaux de la langue française. Six chiffres dont trois représentent la page, deux la ligne, un la colonne, permettent d'exprimer un mot quelconque. Ces chiffres sont additionnés chacun d'un nombre convenu, pour dérouter plus complètement les interprétations. Ils sont transcrits à la suite, sans solution de continuité. Celui qui reçoit une page ainsi écrite commence par partager les chiffres, en groupes de six chacun. Il en retranche le nombre convenu, puis il cherche dans son dictionnaire. Le tout se fait rapidement, sûrement. Mais il arriva de ce nouveau chiffre la même chose que de la dynamite ; il ne parvint pas à destination. D'Alméida, une fois descendu de ballon, gagna Lyon et Bordeaux : il ne vit jamais le général Faidherbe.

Les flotteurs, non plus, ne purent être ni pourvus du système de correspondance convenu à Paris ni lancés utilement et d'une manière régulière, malgré le dévouement audacieux de M. Reboul, qui s'avança aussi près que possible de Paris, sur la haute Seine. Quelques-uns seulement furent lancés en fait vers le 20 janvier; mais ils ne furent pas recueillis. J'ai dit plus haut comment l'un d'eux a été retrouvé au Havre, près d'un an plus tard.

En ce qui touche la correspondance électrique, objet principal de la mission, des conventions précises avaient été arrêtées avec d'Alméida, conventions auxquelles la force des choses l'empêcha de se conformer. Un groupe d'employés du télégraphe avaient reçu l'ordre de veiller aux signaux pendant dix jours, à une heure déterminée, à partir du 25 décembre. Nous verrons plus loin ce qu'il advint de cette surveillance, prolongée jusque vers les derniers jours du siège, et quels furent les obstacles imprévus et les incertitudes, dus à des causes physiques, qu'elle rencontra. Les appareils de d'Alméida, retardé par mille difficultés, ne furent pas prêts d'ailleurs à l'époque convenue; ils ne furent en état de fonctionner que vers le 23 janvier, époque à laquelle la capitulation de Paris, devenue inévitable, en rendait l'emploi inutile.

Le 17 décembre, à une heure du matin, le ballon qui portait notre ami partit de la gare d'Orléans; nous nous serrâmes la main une dernière fois, après qu'il m'eut confié quelques recommandations suprêmes, au cas où il ne reviendrait pas; et je rentrai seul, le cœur gros, en traversant la ville silencieuse et glacée, à la lueur incertaine des rares lampes à pétrole qui remplaçaient le gaz. Pendant ce temps, le ballon, entraîné par un vent d'ouest, poursuivait sa marche. A huit heures du matin, par un léger brouillard, il atterrit sans accident dans les plaines désertes de la Champagne pouilleuse. Vers midi, après cinq heures de marche, les voyageurs découvrirent le village de Montepreux, hameau de 63 habitants, où le maire se mit à leur disposition avec un dévouement patriotique, qu'ils rencontrèrent à peu près partout et malgré les dangers de ce dévouement, dans une région déjà enveloppée et dépassée par l'envahisseur. Cinq journées de voyage, à travers un pays également occupé, les conduisirent, le 21 décembre, à Nevers. L'interruption des chemins de fer et des diligences ramenait ainsi la circulation aux lenteurs d'une course faite au xvie siècle et avec les ressources d'un particulier.

Quelques détails montreront les difficultés et les périls de la route : on y verra comment on voyage dans un pays occupé par l'ennemi. Il fallait d'abord passer par Troyes, ville dangereuse à traverser. Le maire de Plancy partit en avant, prévint le directeur des postes, M. Poinsot, qui envoya deux employés au-devant des voyageurs, à une lieue de la ville. Tous y entrèrent ensemble, comme revenant de promenade; tandis que d'autres employés rapportaient les bagages, les pigeons, les appareils photographiques et électriques : il y avait entente universelle de la population et dévouement commun pour la patrie. L'administration française continuait à fonctionner, avec sa méthode ordinaire, par les ordres et au profit du gouvernement national, au milieu des cantonnements de l'ennemi. Une voiture, donnée par le directeur des postes, et dirigée par le conducteur Pierre, qui connaissait le pays, conduisit les missionnaires de Troyes à Nevers, en voyageant jour et nuit à travers mille péripéties.

Ainsi, en arrivant à Tonnerre à deux heures du matin, on trouva la ville envahie depuis les dernières heures de la soirée précédente. Dès l'entrée, il fallut s'expliquer avec un capitaine prussien : les explications données d'un ton de bonne humeur écartèrent les soupçons. Mais, en arrivant chez le maître de poste, au premier mot de confidence :

— Emportez-moi tout ça! s'écria-t-il d'une voix rude, je n'ai pas envie de me faire fusiller.

Par malechance, les pigeons réveillés par tout ce mouvement roucoulaient à l'envi. On passa ainsi devant les sentinelles disséminées dans la ville, jusqu'à ce qu'on parvînt à un autre hôtel, celui de la *Ville de Lyon*, rempli de soldats et de chevaux. Le maître d'hôtel fut plus dévoué que son collègue. Mis au courant par un mot, il n'hésita pas; il emporta les pigeons dans un local reculé et donna aux voyageurs fatigués une chambre pour dormir. « Je me couchai, dit d'Alméida, aux ronflements sonores de deux officiers allemands, mes voisins : l'un d'eux était un collègue; il était attaché à la télégraphie militaire. »

Le 20 décembre, il s'agissait de continuer sa route, en passant entre les régiments en marche, au milieu desquels les voyageurs s'étaient laissés prendre. Le receveur des postes s'en chargea; il les confia à M. Émery, qui conduisit la voiture par des routes de traverse, en mauvais état, mais libres et demeurées en dehors du mouvement ennemi. C'est ainsi que l'on parvint à Nevers, le 21 décembre, l'après-midi. On était enfin en pays français ! Mais Nevers n'était pas le siège du Gouvernement. Il fallut gagner Lyon, où se trouvait alors Gambetta. D'Alméida l'atteignit à neuf heures du matin. Là commencèrent de nouvelles difficultés.

IX

C'était un état vraiment étrange que celui de la France, séparée entre deux gouvernements nationaux et dirigée dans des sens divergents, devenus peu à peu étrangers l'un à l'autre, je n'oserais dire hostiles.

Paris avait résisté à l'ennemi, avec un acharnement que la famine seule réussit à dompter. L'administration centrale enfermée dans Paris obéissait au Gouvernement de la Défense nationale et continuait à fonctionner à vide, formant des plans et des projets, qu'elle ne pouvait exécuter elle-même et pour lesquels elle envoyait par ballons des ordres souvent inexécutables. Pendant ce temps, il s'était constitué en province, sous l'impulsion énergique de Gambetta, une seconde administration, celle-ci sans documents et sans traditions, mais tout entière occupée à l'action, et qui s'efforçait de lever des armées, de les pourvoir d'armes et de provisions, et de lancer aussitôt contre l'ennemi ces forces improvisées.

Dans une situation aussi désespérée que la nôtre, livrés à un ennemi organisé de longue main et docile aux ordres d'une dictature unique, cette double résistance de Paris et de la province avait quelque chose d'héroïque : elle avait développé de part et d'autre un sentiment d'estime réciproque. Paris admirait les armées de province formées par Gambetta et Freycinet et applaudissait à leurs succès, dont il s'exagérait, hélas! l'étendue et la portée.

Pendant ce temps, la province, elle aussi, applaudissait à la résistance de Paris : elle dénombrait les centaines de milliers de gardes nationaux formés en bataillons de marche; elle grossissait outre mesure leurs plus petites actions; elle croyait à l'efficacité de leurs efforts, même isolés, pour débloquer Paris.

Mais, tandis que l'opinion se livrait à ces illusions réciproques, les inconvénients pratiques d'une double direction se faisaient sentir de jour en jour.

Le gouvernement de Paris, mal renseigné et ignorant l'état réel des choses, envoyait en province des ordres impraticables; tandis que le gouvernement de province, simple délégation de Paris, à l'origine, avait été amené, par la force des choses, à agir de lui-même et à cesser d'obéir à des injonctions parfois mal digérées ou nuisibles. De là une gêne réciproque entre les chefs et une hostilité sourde, qui faillit s'accentuer d'une façon tragique au moment de l'armistice, lorsque Gambetta hésita à se soumettre aux ordres du gouvernement central transmis par Jules Simon.

Dans ces conditions, toute mission envoyée de Paris devait rencontrer peu de facilités pour son accomplissement.

— Soyez assuré, disait à d'Alméida, dès Lyon, un familier de Gambetta, soyez assuré, monsieur, que les Parisiens n'ont rien trouvé qui n'ait été déjà découvert et essayé en province. Vous ne pouvez rien nous apporter de nouveau. »

Un mot cruel fut même prononcé à cette occasion :

— Une ville assiégée doit être rationnée de nouvelles.

Cependant Gambetta, supérieur à ces petites jalousies, accueillit avec beaucoup de cordialité personnelle notre missionnaire. Mais il refusa les services de M. Luizzi, n'admettant pas l'envoi, à Paris, d'un compte rendu de journal autre que celui du *Moniteur*, « suffisant, disait-il, pour la connaissance des faits »; c'est la prétention de tous les dictateurs. Il fit également interdire à MM. Lévy et Reboul, sous menace de cour martiale, d'expédier directement des dépêches photographiques microscopiques au gouvernement de Paris, par flotteurs ou pigeons. Néanmoins M. Janet de l'Institut, alors à Bordeaux, fit poursuivre l'entreprise de ces envois avec zèle et ténacité, dans certaines conditions permises par le Gouvernement. Mais les photographies, mêmes celles du *Journal officiel* du mois de décembre, ne furent pas prêtes avant le milieu de janvier 1871.

Quant aux procédés destinés à rétablir les correspondances, il est clair que Gambetta n'avait pas le temps de s'en occuper lui-même. Il renvoya d'Alméida à M. Steenackers, directeur général des postes et télégraphes en province.

Il fallut donc reprendre le voyage et le pousser jusqu'à Bordeaux, ce qui prit jusqu'au 29 décembre. Le directeur se montra très aimable pour d'Alméida, mais peu favorable aux nouveaux essais.

— Oui, dit-il familièrement, je comprends,

monsieur d'Alméida, vous venez ici pour nous prouver que nous sommes des imbéciles; mais vous allez voir que nous avons fait tout ce qu'il était possible de faire pour donner à Paris des nouvelles.

Il lui communiqua, en effet, toutes ses dépêches et toutes ses tentatives, et lui demanda d'écrire à M. E. Picard, pour en témoigner. En attendant, il n'essaya rien de ce qu'on lui apportait, pas plus la télégraphie électrique qui méritait un effort spécial, que la télégraphie optique dont le succès était certain. Nous avons dit plus haut comment, au lieu de se conformer aux prescriptions précises envoyées de Paris, et de faire parvenir au lieu désigné un agent chargé de se mettre en mesure de correspondre avec Paris, on n'y envoya personne et on prit cette décision étrange, d'organiser à Marseille une école de télégraphie optique!

Le procédé même des pigeons voyageurs souffrait d'étranges retards. Au lieu de les faire partir au voisinage de Paris, pour en assurer le retour dans cette ville, on les expédiait de Tours, et même de Bordeaux. Dans cette saison brumeuse et glacée, la plupart se perdaient. Aussi le gouvernement de Paris recevait-il peu de nouvelles. Pour les particuliers, c'était bien pis. Les dépêches privées ne pouvant être transmises vers Paris que sous la forme de photographies microscopiques, on imagina d'abord qu'il fallait en faire une impression typographique préalable, impression que les imprimeurs de Bordeaux, absorbés par des travaux sans nombre, ajournaient de jour en jour. De là ces cruels retards, dont les familles parisiennes ont tant souffert. Ils étaient dus en partie à des circonstances indépendantes de volontés individuelles.

C'était, en effet, une rude besogne que celle de l'administration des postes et télégraphes, au milieu de la perturbation de tous les services, due à la guerre et à l'investissement de Paris. Il fallait sans cesse modifier les dispositions réglementaires, construire de nouvelles lignes, établir des stations, prévoir les progrès incessants de l'invasion. Joignez à cela le pédantisme involontaire de toute hiérarchie, troublée par des propositions nouvelles et imprévues, et l'hésitation bien naturelle d'un gouvernement à qui l'on propose d'organiser un système de correspondance autonome, susceptible de fonctionner indépendamment des ordres venus d'en haut.

A cet égard, un sentiment spécial, et qui n'a peut-être pas été suffisamment compris, se manifestait. Le gouvernement de la province ne désirait pas au fond avoir avec le gouvernement de Paris des relations trop directes et trop continues; de crainte sans doute d'être subordonné et entravé. C'est là un sentiment humain et peut-être justifiable, dans les cas où il s'agit d'accomplir une initiative immédiate et puissante. On prétend que le général Pélissier, avant de livrer les derniers assauts qui enlevèrent Sébastopol, fit couper sur la côte de Crimée le câble télégraphique par lequel il recevait à chaque heure les injonctions parfois intempestives du ministère de la guerre et de l'empereur. Quelque chose d'analogue dut arriver ici.

X

Cependant d'Alméida ne cessait d'insister pour accomplir sa mission. Le directeur des postes finit par le laisser libre d'organiser sa correspondance comme il l'entendrait, en lui donnant tous les permis de circulation nécessaires, joints à une recommandation spéciale pour M. Guyon, inspecteur du télégraphe au Havre; et en mettant sous ses ordres un jeune employé, M. Xambeu, qui se montra aussi dévoué que courageux.

Il partit ainsi le 30 décembre de Bordeaux, pour se rapprocher de Paris, avec ce dernier encouragement « qu'il ne serait pas trois jours sans être découvert et fusillé ».

Il y avait déjà deux semaines qu'il avait quitté Paris, et rien n'était même ébauché pour réaliser l'objet de sa mission. Le concours officiel, sans lui être refusé, ne lui apportait presque aucune aide. Bref, il était livré à lui-même et aux concours patriotiques qu'il pourrait susciter par son zèle personnel. En attendant, la Seine était gelée à Paris et dans une notable partie de son cours, la saison tout à fait défavorable ; l'invasion avançait sans cesse : on mangeait à Paris du pain d'avoine, qui n'allait même pas tarder à manquer. Bref, la fin du siège approchait. D'Alméida ne se découragea pas. Le 1er janvier 1871, il arriva à Honfleur, où il trouva les bons offices de M. Sorel, grand industriel de la localité, pour lequel il avait une lettre de son fils, attaché à cette époque au ministère des affaires étrangères et depuis secrétaire du Sénat. Le concours de tous les hommes de cœur lui fut aussitôt acquis, notamment celui de M. Van Blaremberghe, ingénieur en chef des ponts et chaussées; de M. Allard, ingénieur ordinaire de la Seine; de M. Guyon, ingénieur du télégraphe au Havre, qui alla lui-même à Londres acheter les appareils nécessaires. Cet achat fut encore un nouveau retard, inévitable d'ailleurs comme les précédents.

D'Alméida avait désormais à sa disposition le

câble télégraphique de la Seine, intact depuis le Havre jusqu'à Bougival, où les Prussiens l'avaient coupé. Il suffisait de le saisir en quelque point, là où l'on organiserait les appareils, pour communiquer librement par le Havre avec le gouvernement de Bordeaux : opérations difficiles et dangereuses d'ailleurs, car elles devaient être exécutées sous les yeux des Prussiens. Peut-être même aurait-on pu utiliser ce câble pour lancer directement des dépêches sur Paris à partir du Havre, dans le cas où le bout coupé eût été plongé dans la rivière, ou bien si l'on avait réussi à immerger quelque part un bout de câble où le fil eût été mis à nu. A la vérité, les dépêches de retour n'auraient pu être recueillies par cette voie; mais c'eût été déjà un grand point que de communiquer dans un sens, d'autant plus que l'essai n'exigeait aucun appareil, et qu'il eût pu être fait dès les premiers jours de janvier. D'Alméida ne semble pas y avoir songé.

En tout cas, il fallait disposer des appareils spéciaux pour recueillir les dépêches de Paris, et des appareils les plus voisins possibles de cette ville. Il s'agissait donc d'avancer vers Paris. M. Sorel d'Évreux, neveu de celui de Honfleur, accueillit d'Alméida avec le même empressement que son oncle.

Un autre membre de la même famille, M. Chevrier, lui chercha une maison à Poissy. Il y trouva un industriel habile et patriote, que nous connaissions de longue main, M. Coupier, réputé dans la fabrication des matières colorantes dérivées du goudron de houille. M. Coupier mit sa personne et son usine à la disposition de d'Alméida : bravant ainsi les risques que la découverte de la correspondance par l'ennemi entraînerait pour lui-même menacé d'être fusillé, et pour sa fortune exposée à être anéantie par la destruction certaine de son usine.

Pendant ce temps, un lourd chariot, contenant quinze énormes caisses d'appareils, traversait les lignes prussiennes et tout le pays, grâce au concours de M. l'ingénieur Van Blaremberghe et de M. Honoré, directeur de la papeterie de Pont-Audemer. Pour réaliser ces trajets audacieux, accomplis au milieu des troupes et des agents de l'ennemi, on eut besoin du dévouement obscur et méritoire d'un charretier, qui risquait sa vie par patriotisme. Pendant la route, on était à la merci du premier venu ; mais on était assuré de trouver partout un concours désintéressé et le risque de trahison était à peu près nul. Ainsi chacun était heureux de servir la patrie opprimée et acceptait le danger comme un honneur.

Ce qui rendait d'ailleurs la circulation possible, et même assez facile, c'était la nécessité d'approvisionner l'armée prussienne, campée autour de Paris. Le droit de saisie et de réquisition exercé sur les grandes routes eût affamé Versailles. Il suffisait d'éviter la traversée des lignes en mouvement, en s'arrêtant jusqu'à ce qu'elles eussent dépassé les voyageurs. La surveillance ennemie était fort imparfaite. Les Allemands laissaient échapper l'imprévu, se bornant à opérer avec une méthode toute mécanique; de telle sorte qu'il était facile, après tout, et avec du sang-froid, de passer à travers leurs rouages.

Citons un incident de ce voyage, qui témoigne à la fois de l'audace du charretier français et de la bonhomie du soldat germanique. La charrette chargée des instruments arrivant à Évreux, le charretier a besoin d'aide : la maîtresse de la maison appelle quatre soldats prussiens logés chez elle et leur dit de prêter leurs bras au déchargement; ils s'empressent, rangent le tout sous un hangar, sans avoir la curiosité de visiter le contenu.

« Ailleurs, dit d'Alméida, à la sortie des lignes, à Tôtes, on procédait à l'examen attentif des voyageurs. Un sous-officier exigeait un passeport signé du quartier général pour laisser continuer. Il arrête un monsieur du coupé et examine très longuement les voyageurs de l'impériale; mais il n'a pas l'idée de soulever la bâche où nous étions six. » La circulation devenait une question de psychologie.

XI

C'est ainsi que d'Alméida arriva le 14 janvier à Poissy, par un froid très intense, sous la protection de M. Coupier et du docteur Doumic, qui connaissait tous les habitants. Pour éviter les soupçons, il fut présenté aux gens de la ville comme un Parisien pressé de rentrer à Paris et venant attendre la fin de l'investissement. Il était à 60 kilomètres seulement de Paris par la Seine, il avait avec lui une pile de 1200 éléments et des instruments puissants. Il avait d'ailleurs pris soin, autant que possible, de faire perdre ses traces, afin de se mettre à l'abri de l'indiscrétion des journaux. Le procédé électrique offre cet avantage de pouvoir être mis en pratique sans qu'on sache où est l'opérateur; celui-ci est dès lors à l'abri des indications des journaux : à une condition grave cependant, c'est de ne pas se mettre directement en communication avec le Gouvernement, ce qui l'expose à expédier seulement des nouvelles banales. Autrement, toute relation régulière et méthodique risque d'être surprise par les recherches que l'ennemi, une fois prévenu, ne tardera guère à entreprendre.

Il semble donc que l'on touchait au but. En réalité, il n'en était rien; rien n'était fait encore au moment où d'Alméida parvenait à Poissy : je veux dire que l'expérience proprement dite de la correspondance électrique restait tout entière à tenter, et cela dans des conditions singulièrement défavorables. Les efforts nécessaires pour en triompher exigèrent neuf jours et conduisirent l'opérateur jusqu'au 23 janvier, c'est-à-dire presque jusqu'au jour de l'armistice. Ainsi la tentative était déjà devenue inutile, au moment même où elle aboutissait. Décrivons rapidement ces derniers travaux, rendus extrêmement pénibles par la saison et par la présence de l'ennemi.

Il s'agissait de faire flotter sur la Seine, à une certaine distance du bord, et sans contact avec le fond, une plaque ou un ensemble de plaques métalliques de grande surface, destinées à établir une communication étendue entre l'eau du fleuve et les appareils de transmission ou de réception électrique. La communication même entre la plaque et la pile ou le galvanomètre devait avoir lieu par des fils isolants. Ces conditions, en temps ordinaire, sont aisées à remplir. Mais elles offraient de grandes difficultés à Poissy, à la fin du mois de janvier 1871. En effet, le travail devait être exécuté sur le fleuve et sur le chemin de halage sous les yeux des habitants et de l'ennemi, dans une ville remplie d'agents occupés au ravitaillement de l'armée prussienne, et cependant sans exciter ni soupçons ni étonnement de la part de personne. Or, chacun sait comment toute démonstration, toute manipulation sur la voie publique attire à l'instant les curieux et les indiscrets. En outre, les berges du fleuve étaient couvertes de glaçons, qui formaient une muraille épaisse, retenant les herbes et les arbrisseaux. Le sol était partout durci par la gelée; les travaux d'ailleurs ne pouvaient pas être exécutés par des ouvriers ordinaires, mais seulement par un petit nombre de personnes sûres et initiées. Ajoutons que la santé de d'Alméida, homme déjà mûr, était très délicate, et éprouvée par un mois de voyages pénibles; il souffrait beaucoup du froid et craignait chaque jour de n'être pas en état de continuer le lendemain. C'est ainsi qu'il monta lui-même sa pile, sous un hangar ouvert, par un temps de brouillard glacé. Cependant on acheta un canot, on le plaça devant l'usine, on fixa à sa coque et le long de ses bords des tuyaux de cuivre, submergés en dessous et reliés au bord du fleuve par un fil isolé et invisible, également immergé. Ce travail fut exécuté à la brune, pour dépister les curieux, par un froid vif et dur à supporter.

Restait à faire parvenir le fil depuis la rivière jusqu'au hangar, à travers le chemin de halage. Pratiquer une tranchée n'était pas possible sans susciter l'intervention des agents de la voirie, les soupçons de tous et une demande d'explication. On résolut de passer par une conduite de décharge de l'usine, longue de quinze mètres. Ici nouvel obstacle : l'orifice était obstrué de glaçons, qu'il fallut écarter, toujours secrètement. « Nous profitions du brouillard et des heures du soir, pour donner sans bruit de bonnes impulsions aux fragments disposés à se séparer. »

Cependant le dégel vient et seconde les opérateurs : les liquides colorés commencent à passer par la conduite, de l'usine à la Seine. Mais le fil, introduit aussitôt dans la conduite, y rencontre un obstacle infranchissable. En désespoir de cause, on allait tout risquer et tenter de faire une rigole à la surface du chemin, lorsque l'on réussit à dégager le conduit, à l'aide d'un levier de fer de quinze mètres, formé de trois barres assemblées sur commande par un serrurier. Deux jours encore s'étaient écoulés pendant ces tentatives. Le 22 janvier au soir, l'appareil fut enfin prêt à fonctionner, et l'opérateur commença ses essais de correspondance.

Il était trop tard! Paris, épuisé, traitait des conditions de la capitulation, et la correspondance avec le dehors n'avait plus d'objet. Aussi nul signal de Paris ne répondit à ceux de l'expérimentateur désespéré. Tant de dévouement et d'énergie obstinée avaient été perdus!

XII

Après avoir résisté pendant quatre mois et demi à l'investissement et au bombardement, après avoir mangé 72 000 chevaux et consommé tous les aliments jusque-là destinés aux animaux, la ville était forcée de se rendre par la famine. La correspondance avec la province était inutile, car on avait commencé à traiter de la capitulation. Cependant les conventions faites avec d'Alméida, lors de son départ le 17 décembre, avaient été fidèlement observées. Un bateau armé de fer fut disposé vis-à-vis du quai d'Orsay et mis en communication avec le poste central de la direction télégraphique, rue de Grenelle. J'étais allé moi-même, muni d'ordres de

M. Proust, alors délégué au ministère de l'intérieur, veiller à l'organisation du service. Celui-ci fut fait par des gens habiles et avec un entier dévouement.

A partir du 29 décembre, on observa chaque jour aux heures convenues, c'est-à-dire entre une heure et deux heures de l'après-midi, en épiant et notant les moindres mouvements du galvanomètre. Ces mouvements étaient enregistrés à mesure. J'ai surveillé jour par jour ces observations et j'ai eu pendant longtemps en mains les papiers quadrillés sur lesquels elles étaient reportées ; je les ai remises depuis à M. Bourbouze, l'auteur de la proposition scientifique que nous nous étions efforcés de mettre en œuvre.

Il était convenu avec d'Alméida que ce travail serait poursuivi pendant dix jours consécutifs. A partir du 25 décembre, pensait-il, il aurait échoué ou réussi ; mais un délai plus long lui paraissait superflu. On a vu combien il s'était fait illusion à cet égard sur les lenteurs inévitables de l'exécution. Malgré toute son activité, il lui fallut trente-sept jours pour être en mesure de correspondre. Mais les télégraphistes parisiens avaient prévu ce retard. Les observations furent poursuivies bien au delà du terme convenu. Le 10 janvier, on observait encore et l'on continua presque jusqu'aux derniers jours : tant qu'il resta quelque espérance de secours à la ville assiégée, et quelque utilité au rétablissement de la correspondance. On cessa seulement au moment où commencèrent les négociations pour la capitulation de Paris. A cette époque, l'entreprise devenait superflue. D'ailleurs, le bombardement de la rive gauche de la Seine désorganisait de jour en jour tous les services, et il n'était plus possible d'obtenir les mêmes sacrifices d'un personnel exposé à un danger continuel, épuisé par les privations, et qui avait perdu comme tout le monde l'espérance du succès.

Ce n'est pas tout : Les observations électriques poursuivies pendant plusieurs semaines avaient révélé des perturbations, qui jetaient une grande incertitude sur la possibilité même d'une correspondance régulière et contribuaient à décourager les observateurs. En effet, les signes notés pendant cette période d'attente ne répondirent pas à un silence absolu de l'expéditeur placé en province : ils étaient tels que l'on ne pouvait distinguer nettement s'il existait ou non des dépêches envoyées du dehors.

A priori, on pourrait croire que l'aiguille du galvanomètre, dont les mouvements sont destinés à tenir lieu de signaux, demeure immobile tant qu'aucune dépêche électrique n'est lancée dans la Seine : ses mouvements, au contraire, doivent traduire fidèlement les courants alternatifs envoyés par les appareils du dehors. Mais, en fait, il n'en est pas ainsi. Il circule sans cesse dans le sol terrestre des courants électriques, qui font osciller l'aiguille aimantée. La plupart de ces oscillations étaient fort petites, à la vérité; mais, de temps en temps il s'en produisait de considérables. A dix ou vingt kilomètres, on distingue encore aisément les oscillations dues aux dépêches véritables, de celles qui résultent des courants terrestres; mais à cinquante ou cent kilomètres, la certitude cesse.

Pendant les premiers jours des observations, faites à la fin de décembre et au commencement de janvier, nous attribuâmes d'abord ces fortes oscillations à l'envoi effectif de dépêches par d'Alméida. Mais les essais tentés pour en tirer quelque interprétation ne donnèrent aucun résultat et démontrèrent l'irrégularité arbitraire des signaux transmis à l'appareil. Cela constaté, un doute s'éleva. Y avait-il réellement envoi de dépêches? Si ces envois avaient lieu, comment en séparer les signes de ceux des courants irréguliers? Aucune nouvelle, d'ailleurs, ne venait par pigeons sur la mission de d'Alméida, pour aider et diriger les observateurs parisiens.

En somme, d'Alméida arriva trop tard à installer ses appareils; malgré son dévouement, il fut vaincu par la force des choses. La méthode même à laquelle il avait consacré tant d'efforts est restée incertaine. Il y a quelque chose de plus triste à dire à cet égard : son succès n'eût rien changé à notre destinée. Alors même que la découverte improvisée au moment du danger eût atteint son but, alors que la correspondance électrique eût été rétablie avec la province et que l'opérateur eût réussi à accomplir son œuvre sans être découvert, la marche générale des événements n'aurait guère été modifiée. Ce n'était pas la correspondance seule qu'il eût fallu rétablir, c'est l'approvisionnement même de Paris, afin de pouvoir faire durer la lutte jusqu'au jour où le succès militaire du dehors serait devenu possible.

Ne poussons pas trop loin ce douloureux scepticisme. Il y avait, malgré tout, quelque chose d'utile et de grand d'accompli. Si les sacrifices faits à la patrie par d'Alméida et par tant d'autres n'ont pas eu de résultats immédiats, ces sacrifices, disons-le hautement, n'ont pas été stériles. C'est l'effort moral des sentiments généreux développés dans cette crise suprême qui a relevé si vite la France après sa défaite. Les forces morales, on l'a dit bien souvent, sont le principal ressort qui maintient les hommes et les nations.

FIN

TABLE DES MATIÈRES

Préface... 1
La science idéale et la science positive; à M. E. Renan..... 1
La synthèse des matières organiques...................... 41
Les méthodes générales de synthèse (leçon d'ouverture du cours du Collège de France, créé en 1864).............. 68
La théorie mécanique de la chaleur et la chimie............ 97
Les matières explosives : leur découverte et les progrès successifs de leur connaissance 104
Les origines de l'alchimie et les sciences mystiques......... 151
Les sept métaux et les sept planètes...................... 155
Les cités animales et leur évolution...................... 172
L'Académie des sciences.................................. 185
Balard 215
Victor Regnault... 218
H. Sainte-Claire Deville.................................. 236
Adolphe Wurtz.. 246
L'enseignement supérieur et son outillage................. 252
La Caisse des écoles et l'enseignement supérieur ; lettre à M. A. Hébrard... 277
Les conférences de la Faculté des sciences de Paris en 1881.. 280
Même sujet en 1882....................................... 292

Même sujet en 1883... 303
Les boursiers de l'enseignement supérieur.................... 307
Les écoles primaires de Morcenx (Landes).................... 316
L'université de Genève.. 321
Les relations scientifiques entre la France et l'Allemagne;
    lettre à M. A. Hébrard... 351
Les signes du temps et l'état de la science allemande....... 364
F. Hérold... 370
Les savants pendant le siège de Paris........................... 416
Un chapitre du siège de Paris : les essais scientifiques pour
    rétablir les communications avec la province et la correspon-
    dance électrique par la Seine.................................... 421

FIN DE LA TABLE DES MATIÈRES

BOURLOTON. — Imprimeries réunies B.